생각은 세계적으로
행동은 마을에서

생각은
세계적으로

행동은
마을에서

- 나비효과 2 -

김성환 지음

타커스

Think Globally, Act Locally

아무래도 동네일을 하다 보면 시야가 좁아져 세상을 넓게 보기가 어렵고, 반대로 시야를 지구촌 전체로 넓히다 보면 마을에서 작은 일부터 차근차근 하기가 쉽지 않습니다.

그런 면에서 '생각은 세계적으로 하고(Think Globally), 행동은 마을(지역)에서 하라(Act Locally)'라는 슬로건은 주민 밀착행정을 해야 하는 일선 구청장에게는 참으로 공감 가는 표현입니다. 1992년 브라질 리우 환경회의에서 권고된 '지방의제 21'에서 지구환경보전과 지속가능한 지역발전을 촉구하며 사용한 이 슬로건의 취지를 저는 노원에서 최대한 구현해보려고 했습니다.

특히, 날이 갈수록 기후변화로 인한 자연의 역습이 심각해지고 있고, 2008년 세계 금융위기 이래 신자유주의 물결이 일부 퇴조하는 흐름은 있지만 새로운 미래에 대한 방향과 갈피가 잘 잡히지 않는 상황에서 마을에서는 어떤 일을 해야 할지 많은 고민을 했습니다.

저는 신자유주의 이후 시대는 '공존의 시대'여야 한다고 생각합니다. 현재와 같이 화석연료에 기반하여 이윤 극대화와 무한성장만을 추구하는 신자유주의 방식으로는 하나밖에 없는 지구가 물리적으로 더 이상 버틸 수 없습니다. 앞으로는 지구의 유한성의 범위 내에서 인간과 자연이 공존하고 그 속에서 인간과 인간이 공존하는 지속가능한 발전 방식을 준비해야 합니다.

공존의 시대를 맞이하기 위한 준비는 지구촌과 국가 그리고 마을 단위 등 모든 곳에서 동시에 진행해나가야 합니다. 지구촌은 전체적으로 구속력 있는 기후변화협약을 조속히 마련하고 실천해야 하며, 국가는 신자유주의 모델에서 탈피하여 지속가능한 복지국가 모델로 체질을 개선하는 한편, 마을 단위에서는 공존의 시대에 맞는 새로운 생활방식을 작은 것부터 교육하고 참여하고 실천하여 주민들의 생활을 점진적으로 바꾸어가야 합니다.

그런데 이 세 주체의 호흡이 꼭 잘 맞는 것은 아닌가 봅니다. 지구촌 차원의 실효적 기후변화협약은 기약이 없고, 국가는 여전히 원자력이나 값싼 화석연료에 의존하면서 구시대적 경제방식을 고수하고 있는 상황에서 마을이 마냥 기다릴 수는 없었습니다. 하여 노원구는 지금 당장 가능한 모든 방법을 동원하여 마을공동체를 복원하고, 지속가능성을 높이기 위한 여러 가지 사업을 최초로 시도했습니다. 그럴 때는 그야말로 '맨땅에 헤딩하는' 심정이었지요. 그럼에도 이 길이 미래 노원과 지구촌을 위해 가장 올바르면서, 빠른 길이라는 믿음이 있었기에 한 걸음씩 앞으로 나아갔습니다.

이 책을 쓰면서 지방자치 민선5기가 시작된 2010년부터 그 끝이 임박한 2014년 초까지 대략 4년간의 활동 중에 노원에서 처음 시작했던 일들을 되돌아봅니다.

- 자치구 단위에서 실행되던 복지서비스를 동 단위까지 확대하여 말 그대로 주민 밀착형 복지서비스가 가능하도록 복지전달체계를 개편한 일
- 국가도 엄두를 내지 못했던 자살예방사업을 자치구 차원에서 체계적으로 추진하여 마침내 전국적 자살률을 낮추는 데 기여한 일
- 소방서나 민방위교육 때 시범으로만 해오던 심폐소생술 교육을 전 구민에게 확대하여 생존율을 두 배로 높인 일
- 생활임금제도를 도입하여, 최저임금에 허덕이는 저임금근로자의 생활에 활력을 불어넣은 일
- 노동부와 협업하여 음식, 숙박업 등 구청 행정과 밀접하게 연관된 10인 미만 영세사업장의 4대 사회보험 가입률을 높인 일
- 늘어나는 고독사를 막기 위해 연고 없는 독거 어르신들을 사전에 등록받아 장례서비스를 제공한 일
- 독거 어르신에게는 말벗이 되고 대학생에게는 주거 공간을 제공

하는 룸셰어링 사업을 통해 공유도시의 새로운 모델을 만든 일

- 한 아이를 키우는 데 온 마을이 필요하다는 생각으로 마을 전체를 교육장화하는 '마을이 학교다' 사업을 추진한 일
- 구립 위탁형 대안학교 등 예방적 청소년 정책으로 한 해 500명에 달하는 학업 중단 청소년을 절반으로 줄이는 일
- 화석연료를 사용하지 않는 환경교육장인 노원에코센터를 통해 환경교육장의 새로운 모델을 만든 일
- 240억 원의 국토부 과제인 일반주택에서 화석연료를 획기적으로 줄이는 에너지 제로 주택단지를 노원에 유치하여 새로운 주거 모델을 만든 일
- 탈핵-에너지전환 도시선언을 통해 핵에너지에 대한 의존을 줄이고 재생에너지를 늘리는 계기를 만든 일 등등.

4년. 어찌 보면 긴 시간 같지만 46억 년의 지구 역사와 비교해보면 찰나의 순간에 불과합니다. 그렇지만 이 찰나의 순간순간이 쌓여서 하나의 역사가 되고, 그 역사들이 곳곳에서 만들어져 지구 전체의 역사를 이루어가듯이, 노원에서의 새로운 실천이 훗날 지구의 역사에 한강의 모래알 하나 만큼의 역할이라도 할 수 있기를 바랍니다.

나비효과 2

2012년 7월, 4년 구청장 임기의 절반을 지날 무렵, '노원의 날갯짓이 세상을 바꾼다'라는 생각으로 《나비효과》라는 제목의 책을 펴낸 바 있습니다.

'나비효과'라는 제목은 노원의 노력이 다른 지방자치단체나 정부의 정책추진에 조금이라도 보탬이 되었으면 좋겠다는 바람을 반영한 것입니다. 이번에 펴낸 책 《생각은 세계적으로, 행동은 마을에서》역시 2년여 전과 같은 바람을 담고 있습니다. 이 책에는 《나비효과》를 쓸 때 기록했던 사업들 중 가장 의미 있는 내용을 간추려 정리하고 최근 2년의 성과와 한계를 추가했습니다. 그리고 임기 반환점 이후 새롭게 시작한 사업도 함께 기록했습니다. 따라서 이 책을 《나비효과》의 증보판인 '나비효과 2'로 봐주셔도 좋을 듯합니다.

실제로 노원에서 새로운 의미를 부여하며 시작한 일들이 지속가능한 지구촌을 만드는 데 '나비효과'가 되었을까요? 그런데 대부분의 일이 여전히 현재진행형이고 정책달성의 목표연도가 남아 있어서 아직 단정 짓기가 쉽지 않습니다.

예를 들면 노원구가 처음 시작한 자살예방사업의 경우, 사업을 시작한 지 2년 만에 노원구의 자살률이 서울 25개 자치구 중 7위에서 21위로 낮아지는 성과를 보였습니다. 그러자 서울시에서는 노원구의

모델을 시 전체로 확대하였고, 전국적으로도 많은 지방자치단체에서
본격적으로 자살예방사업을 추진하게 되었습니다. 그리고 2013년 들
어 매년 세계 최고를 갱신해가던 우리나라의 자살률이 처음으로 낮
아졌다는 통계가 발표되었습니다. 여기까지만 놓고 보면 노원의 시
도는 성공한 것으로 보입니다.

그런데 지속적으로 낮아질 것으로 예상했던 노원의 자살률이
2014년 소폭 상승했다는 소식을 접했을 때, 저는 여러 가지 생각을
하지 않을 수 없었습니다. 전국에서 기초수급권자와 장애인이 가장
많이 사는 노원에서 자살률을 절반으로 줄이겠다는 당초의 목표가
무리였을까? 아니면 정책추진 과정에서 사각지대가 있었거나 생각
하지 못한 오류가 있었던 것일까?

그래서 '나비효과 2'에 해당하는 이 책에는 그동안 노원구가 추진
한 정책의 성공한 부분과 더불어 아쉬움과 부족한 점을 함께 담아보
았습니다.

정치인들이나 행정가들의 책은 대부분 1인칭 시점으로 쓰는 성공
담 위주입니다. 그러나 정책추진 과정에서 겪은 오류나 아쉬움을 솔
직하게 담아낸 책도 필요하다고 생각합니다. 그런 경험을 공유함으
로써 풀뿌리 운동을 하는 분들이나 지방자치 발전을 위해 노력하는
많은 분들이 새로운 도전을 할 때 실패를 최소화할 수 있기 때문입
니다. 이 책《생각은 세계적으로, 행동은 마을에서》가 그분들에게 조

금이나마 도움이 되기를 기대해봅니다.

든든한 이웃, 행복공동체 노원

하버드대에서 20년간 총장을 역임한 데릭 보크는 그의 책《행복국가를 정치하라》에서 "소득이 일정 수준을 넘어서면 절대소득 증가는 행복과 연관이 없게 된다. 돈보다는 오히려 사람과의 관계가 행복에 더 큰 영향을 미친다"라고 했습니다. 대체로 절대빈곤을 넘어서는 수준이 1만 달러라고 할 때, 소득 2만 달러를 넘어선 우리나라도 이제는 양적인 성장이 아니라, 질적인 발전과 국민 행복이 정치와 행정의 목표가 되어야 한다고 생각합니다. 이는 중앙정부뿐만 아니라 지방자치단체도 마찬가지이지요.

노원을 영문으로는 'NOWON'으로 표기합니다. 사람들은 돈이 없는 서민동네(No-Won)라고도 하고, 살기가 가장 좋은 동네(No.1)라고도 합니다. 다 맞는 말입니다. 서울에서 기초수급권자가 가장 많이 살고, 등록 장애인도 가장 많이 사는 동네이니 No-Won 도시이고, 교육특구에 안전도시 1위, 행정자치부 평가 '살기 좋은 도시' 1위이니 No.1 도시이기도 합니다.

저는 말합니다. 노원구가 지금 당장 서울에서 가장 부자 구가 되기는 어렵겠지만(No-Won), 가장 행복한 구(No.1)가 될 수 있다고. 그리고 그 행복이 멀리 있는 것이 아니라 '지금 이 자리'에서 느낄 수 있는 노원(Now-On)이 되어야 한다고……. '내 삶의 든든한 이웃, 행복 공동체 노원'이 우리 구의 메인 슬로건이 된 것도 위와 같은 이유 때문입니다.

노원의 미래를 위해 힘써주신 모든 분들께 감사드립니다.

이 책을 쓰고 있을 무렵 서울대 교수진이 발표한 자료에서 노원구가 서울 25개 자치구 가운데 강력범죄 발생 관련 건수가 가장 낮은 안전한 자치구 1위를 차지했습니다. 이 소식이 알려지자 주민들의 자긍심이 한층 올라가는 것을 느낄 수 있었습니다. 그 밖에도 2년째 진행중인 '마을이 학교다'와 같은 마을공동체 복원 운동, 에너지 제로 주택단지 유치, 주민 맞춤형 복지서비스의 정착, 북서울미술관 개관 등등 일일이 열거하기 어려울 정도로 많은 일들이 점차 현실화되면서 구민들의 삶의 질이 점점 좋아지고 있다고 느끼는 주민들이 늘어나고 있습니다.

당연한 말이지만, 이 같은 변화는 결코 단체장 혼자의 노력으로는 불가능합니다. 전국 최초 CCTV 공유 사업 등을 통해 안전한 마을 만들어준 노원경찰서, '마을이 학교다' 사업을 함께 해준 북부교육청과 학교, 각종 재난이 발생했을 때마다 솔선해준 노원소방서와 57사단 223연대, 자살예방사업 등으로 생명의 소중함을 일깨워준 종교기관과 의료단체 및 병원, 영세사업장 4대 보험 가입률 제고를 위해 노력해준 서울북부고용노동지청, 여러 사업에 자문이 필요할 때마다 지혜를 나누어준 관내 대학교, 주민의 각종 민원업무를 적극적으로 도와준 노원세무서와 우체국, 한전, 건강보험공단 등 주요기관의 기관장님과 직원 분들께 이 자리를 빌려 감사의 말씀 올립니다.

그리고 어린이부터 어르신에 이르기까지 60만 구민의 교육·복지·문화·환경·안전 등 전 분야에서 구청과 함께 힘써주신 주민자치위원회, 노인회, 보훈단체, 복지협의회, 아파트공동체협의회, 통·반장, 새마을 등 각종 직능단체, 생활체육단체, 보육단체, 문화예술단체, 생명지킴이를 포함한 각 자원봉사단체, 복지관 직원들, 개인택시·버스 등 운수업 종사자분들, 음식·제과업분들 및 이·미용 종사자분들, 여성·환경·장애인 등 각 분야의 시민사회단체 대표분들 및 회원분들 그리고 일일이 다 언급하지 못하지만 노원의 미래를 위해 함께 노력해주신 모든 분들께 머리 숙여 깊은 감사를 드립니다.

더불어 정당은 다르지만 마을일이라면 앞장서 도와주신 노원의 갑, 을, 병 지역의 국회의원님과 지역위원장님, 가난한 구 살림살이를 걱정하여 밤낮없이 시비사업을 유치해주신 서울시의원님, 한 푼이라도 허튼 데 예산이 사용되지 않도록 감시하고 새로운 정책을 제안해주신 22명의 노원구의원님, 그리고 구청장과 고락을 함께 해준 1,400여 노원구청 식구들에게 감사드립니다.

　마지막으로 멀리 고향 거문도에서 늘 막내아들을 걱정해주시는 부모님과 항상 감사한 장모님 그리고 4년 동안 바깥일을 핑계로 집안의 가장노릇을 제대로 못했음에도 알뜰하게 도와준 사랑하는 아내와 두 딸에게도 고마운 마음을 전합니다.

차례

5부 백척간두진일보

Think Globally, Act Locally

1부

나의 소망
— 공존의 시대를 준비하며

50억 년 살 것인가?
50년 살 것인가?

나는 우리나라가 세계에서 가장 아름다운 나라가 되기를 원한다.

가장 부강한 나라가 되기를 원하는 것은 아니다.

우리의 부력은 우리의 생활을 풍족히 할 만하고,

강력은 남의 나라를 막을 만하면 족하다.

오직 한없이 가지고 싶은 것은 높은 문화의 힘이다.

문화의 힘은 우리 자신을 행복하게 하고,

나아가서는 남에게 행복을 주겠기 때문이다. (중략)

백범 김구 선생의 《나의 소원》 중 〈내가 원하는 우리나라〉에 나오는 유명한 구절입니다. 저는 가끔씩 《나의 소원》에 나오는 글귀를 읽어보곤 하는데, 첫째도 둘째도 셋째도 오직 대한의 자주독립을 원했고, 경제력이나 국방력보다는 행복한 문화 국가를 원했던 그의 소망이 60년이 지난 지금도 절절하게 다가옵니다.

그런 저에게도 최근에 소망이 하나 생겼습니다. 요약하면, 태양계가 영속하는 한 하나밖에 없는 지구별에서 인류가 자연과 공존하며

행복하게 살았으면 하는 바람입니다.

최근에 저는 천문학 관련 책을 여러 권 읽었는데, 새로운 사실을 하나 알게 되었습니다. 태양의 나이는 지구 나이와 같은 46억 살인데, 태양은 대략 100억 살까지 살다가 생명을 다하면 연탄재처럼 백색왜성이 되어 현재 지구의 위치만큼 부풀어 올랐다가 폭발하여 우주 속으로 사라진다고 합니다.

지구는 태양이 만들어질 때 함께 태어난 태양의 부스러기별입니다. 학교 다닐 때 늘 암기했던 '수금지화목토천해'(제가 학교 다닐 때는 '명왕성'까지 포함되었는데, 명왕성은 얼마 전에 행성의 지위를 잃었지요) 등 8개의 행성을 포함한 태양계에서 태양은 99.84%의 비중을 차지합니다. 나머지 행성들이 0.16%의 비중을 나눠 가지는데 그나마 90%를 차지하는 목성과 토성을 빼고 나면 지구는 그야말로 소보로빵에서 떨어져 나온 작은 부스러기 수준도 채 되지 않을 정도입니다. 따라서 50억 년쯤 후에 태양이 생명을 다하면 지구도 생명 활동을 멈추게 되겠지요.

50억 년. 100년을 살기에도 벅찬 인생을 기준으로 하면 참으로 긴 시간이고, 137억 년 전 빅뱅을 통한 우주 탄생의 시간으로 보면 그리 긴 시간이 아닙니다. 저는 남은 50억 년 동안 기적과도 같이 탄생한 푸른 별 지구에서 신의 창조가 아니면 불가능할 정도의 지혜로움을 가진 인류가 함께 공존하며 살아갔으면 좋겠습니다.

앞 페이지의 사진은 70억 인류가 살고 있는 지구의 모습입니다. 자세히 보면 우리가 사는 대한민국도 구름 사이로 보이네요. 참 아름답지요.

저는 1965년에 태어나 이제 50년 가까이 살았고, 길게 살아야 50년 정도 더 살다 흙으로 돌아갈 것입니다. 하지만 저는 저를 지극히 사랑하시는 부모님으로부터 DNA를 절반씩 물려받은 것처럼 저와 아내의 DNA를 절반씩 물려받은 사랑스러운 두 딸이 또 누군가와 사랑하여 그 DNA를 물려주는 방식으로 인류가 생물학적으로 영속하기를 바랍니다. 뿐만 아니라 70억 분의 1의 몫으로 사회적, 영성적으로 제가 살아온 삶이 한 사회의 공동체 속에 누적되듯, 찬란하게 빛나는 인류의 문명이 누적적으로 발전하여 지구가 살아 있을 때까지 함께 하기를 바랍니다.

그런데 걱정이 태산 같습니다. 최소한 50억 년을 더 살아가야 할 인류가 이대로 가면 기후변화로 인해 50년이나 더 살 수 있을까 하는 걱정 때문입니다. 50년 후면 저를 포함한 현 세대는 대부분 큰 고통 없이 세상을 떠나고 없겠지만, 우리 다음 세대는 현재까지 쌓아 놓은 모든 문명의 붕괴를 목도할 가능성이 큽니다. 그 징후는 이미 여러 곳에서 나타나고 있습니다.

이산화탄소 농도 400ppm의 지구

2013년 5월, 전 세계 이산화탄소 농도의 준거지표인 미국 하와이 마우나로아(Mauna Loa) 산에서 측정한 대기 중 이산화탄소의 농도가 400.03ppm을 기록했다는 소식을 접했습니다.

이 사실을 알고 저는 전문적 환경운동가는 아니지만 상당한 충격을 받았습니다. 400ppm은 인류가 과학적으로 이산화탄소 농도를 측정한 이래 가장 높은 수치입니다.

오른쪽 그래프는 세계의 환경 대통령이라는 별칭을 갖고 있는 엘 고어가 쓴 책《불편한 진실》에 담겨 있는 유명한 그래프입니다.

이 그래프는 60만 년 전부터 현재까지의 이산화탄소 농도와 지구의 온도 변화 추이를 보여주는데, 그래프 위쪽의 이산화탄소 농도가 올라가거나 내려가면 그래프 아래쪽의 지구 온도 역시 궤적을 함께 하며 변동하는 것을 볼 수 있습니다.

이 그래프에서도 알 수 있듯이 인류가 과학적으로 측정한 60만 년 동안 지구의 이산화탄소 농도는 단 한 번도 280ppm을 넘어본 적이 없습니다. 그런데 산업혁명이 시작된 최근 200년 동안 인류가 수억

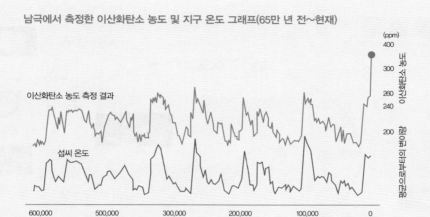

남극에서 측정한 이산화탄소 농도 및 지구 온도 그래프(65만 년 전~현재)

이산화탄소 농도 측정 결과

섭씨 온도

출처 : 〈사이언스〉

년간 지구 몸속에 저장되어 있던 석탄과 석유 등 화석연료를 그야말로 물 쓰듯 하면서 그래프의 오른쪽 끝에 나타난 것처럼 이산화탄소의 수치가 수직상승하며 매년 세계 신기록을 갱신한 끝에 2013년 드디어 400ppm을 넘게 된 것입니다.

산업혁명 이래 200년. 인류문명사에 가장 찬란했던 풍요의 시대가 이어져오고 있습니다. 이 기간 동안 인류는 석탄으로 기차를 움직이고, 석유로 자동차와 비행기를 만들어 지구촌을 좁혔습니다. 또 원자력과 석탄 및 석유발전소에서 생산된 전기로 어둠을 밝히고, TV, 컴퓨터, 스마트폰의 에너지원으로 이용해 시공간을 압축하였습니다.

이와 같이 화석연료에 기반을 둔 풍요는 산업혁명 이전 10억 명에서 70억 명으로 인구폭증을 가져왔고, 인구의 증가는 다시금 화석연료 사용량을 급격하게 늘리는 상황을 반복해가고 있습니다.

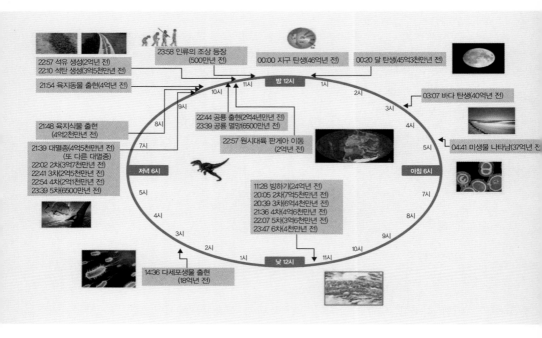

이 200년의 시간을 지구 전체의 시간과 비교하면 얼마나 될까요?

위 그림은 지구 역사 46억 년을 하루 24시간에 비교한 그림입니다. 시간대별로 보면 자정을 넘어 새벽 4시까지는 생물이 살지 않다가, 4시가 넘어서야 미생물이 출현하고, 이 미생물이 다세포 생물로 진화하는 오후 2시까지 장구한 시간(대략 20억 년)이 걸렸습니다. 그리고 다시 진화를 거듭하여 오후 10시에 임박하여 육지에 식물과 동물이 출현하고, 이 식물과 동물이 땅에 묻혀 석탄과 석유가 된 시간은 밤 10부터 11시 사이(3억 5천만 년~2억 년 전)입니다. 이어 영화 〈쥬라기 공원〉을 통해 우리 곁에 살아서 돌아온 공룡은 10시 44분(2억 4천만 년 전)에 출현하여 11시 39분(6,500만 년 전)에 멸종합니다. 인류의 조상은 자정이 되기 2분 전에 등장하는데, 그나마 직접적 조상인 호모 사피엔스류는 1분이 채 되기 전에 출현합니다. 그리고 최근 산업 혁명 후 200년의 시간은 지구 역사 24시 기준으로 하면 0.37초에 불과합니다.

요약하면 지구 역사 전체에서 자정 2분 전에 나타난 인류가 수십억 년 동안 변화를 거듭하며 쌓아온 자연의 유산을 그야말로 눈 깜짝할 사이인 200년(지구 역사 24시 기준으로 0.37초) 만에 마구 써대면서 '기후변화'라는 대혼란을 만들고 있는 것이죠.

널리 알려져 있는 이야기이지만, 이산화탄소 농도가 중요한 이유는 이 농도가 올라갈수록 햇빛이 지구 밖으로 반사되지 못해 지구의 온도가 올라가기 때문입니다. 이산화탄소 농도가 과거에는 매년 1ppm가량 올라가더니 최근 10년 동안에는 매년 2ppm씩 올랐습니다. 현재와 같은 상태라면 갈수록 가속도가 붙어서 2050년에는 이산화탄소 농도가 대략 560ppm까지 오르고, 지구의 온도는 4~5도가량 오를 것으로 과학자들은 예측합니다.

오른쪽 그림은 지구 온도가 1℃씩 오를 때 지구가 변화하는 것을 상징적으로 보여주고 있습니다.

2013년 11월. 순간 풍속 379km의 슈퍼태풍 하이옌(HAIYAN)이 필리핀 복판을 가로지르는 바람에 1만여 명이 사망한 사건이 있었습니다. 바닷물의 온도가 1℃ 올라가면 태풍의 강도는

1℃	생명체의 10% 멸종
2℃	북극곰 등 생물 15~40% 멸종
3℃	전 세계 생물종 20~50% 멸종
4℃	지구상의 모든 빙산 사라짐
5℃	대규모 지진, 해일 발생
6℃	생물종 95% 이상 멸종

6,500만 년 전

기후변화로 인한
인간 멸종

인류가 멸종한다면 그것은 오로지 화석연료에 기반을 둔 물질적
풍요에 취해 자연을 파괴한 인간의 이기심과 탐욕의 결과일 것
이다.

5% 정도 강해진다고 합니다. 또 지난해 여름 50℃가 넘는 폭염이 지
속된 미국에서 2014년 1월에는 영하 50℃의 혹한이 발생하는 사건도
있었습니다. 이처럼 지역마다 약간의 편차가 있지만 현재 대략 지구
의 온도가 1℃쯤 오른 상태인데도 곳곳에서 이상기후가 속출하고 있
습니다.

지구의 온도가 2℃ 오르면 북극의 빙하가 모두 녹아 없어지고, 영

화 〈설국열차〉의 마지막 장면에서 관객을 바라보던 북극곰도 멸종하게 됩니다. 3℃가 오르면 지구상의 생물종 중 약 50%가 사라지고, 4℃가 오르면 남극의 빙하마저 모두 녹아서 바닷가 근처의 모든 도시는 높아진 해수면을 피해 육지로 대이동을 해야만 합니다. 또한 5℃가 오르면 후쿠시마 원전 사고의 원인이 되었던 대지진과 쓰나미 등이 일상적으로 반복되고, 6℃가 오르면 지구상의 거의 모든 생물종이 멸종한다고 합니다.

지구과학자들은 이를 여섯 번째 멸종이라고 부릅니다. 앞선 다섯 번의 멸종은 빙하기와 간빙기를 오가며 생겼거나, 6,500만 년 전 공룡이 멸종했던 때와 같이 거대한 운석의 충돌과 같은 자연적인 재해 때문에 일어났습니다. 그런데 인류가 멸종을 맞는다면 그것은 오로지 화석연료에 기반을 둔 물질적 풍요에 취해 자연을 파괴한 인간의 이기심과 탐욕의 결과일 것입니다.

지구의 마지노선 2℃, 450ppm

    그렇다면 인간으로 인한 여섯 번째 멸종을 막으려면 어떻게 해야 할까요? 2007년 IPCC(기후변화에 관한 정부간 협의체) 4차 보고서에 따르면 지구 온도는 2℃, 이산화탄소 농도는 450ppm 이하로 억제해야 합니다. IPCC는 이를 위해서 2015년부터는 온실가스 배출량을 실질적으로 감소시키고, 2050년에는 온실가스 배출량을 2000년 대비 50~85%가량 감소시켜야 한다는 대응책을 내놓았습니다.

    한발 더 나아가 많은 과학자와 환경운동가들은 이산화탄소 농도를 현재보다 더 낮은 수준인 350ppm 이하로 관리해야 한다고 말합니다. 오른쪽 사진은 이산화탄소 농도를 350ppm 이하로 낮추자는 환경단체들의 퍼포먼스와 캠페인 사진입니다.

    지구가 생존할 수 있는 마지노선이라 할 수 있는 지구 온도 2℃, 이산화탄소 농도 450ppm 이하라는 목표를 일개 국가 차원에서 달성하는 것은 불가능합니다. 이 문제를 해결하기 위해서는 지구촌 차원의 대책이 필요한데, 이를 해결할 대표적인 기구가 '유엔기후변화협약'입니다.

지구의 이산화탄소 농도를 350ppm 이하로 유지하자는 캠페인과 퍼포먼스 장면

　1992년 브라질 리우데자네이루에서 채택된 이 협약은 1997년 일본 교토에서 선진국을 중심으로 1차 의무이행국가를 정하고 2012년까지 온실가스 배출을 1990년 수준보다 5.2% 감소시키자는 '교토의정서'를 채택하면서 순조롭게 출발하는 듯했습니다. 그러나 2001년 당시 이산화탄소 발생 1위 국가인 미국이 자국의 산업보호를 명분으로 기후변화협약을 탈퇴하면서 사실상 종이호랑이가 되어버렸습니다. 그리고 이산화탄소의 배출량은 1990년 이후 40% 이상 증가했습니다.

　현재도 1년에 한 번씩 관련 총회가 열리고 있지만, 세계 G2국가이자 현 이산화탄소 발생 2위인 미국은 의무이행을 강제하지 말자고

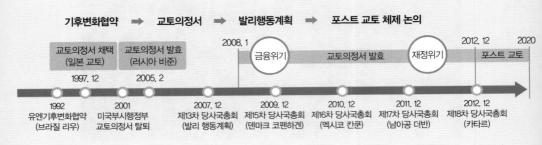

기후변화협약 ➡ 교토의정서 ➡ 발리행동계획 ➡ 포스트 교토 체제 논의

| 교토의정서 채택 (일본 교토) | 교토의정서 발효 (러시아 비준) | | 금융위기 | 교토의정서 발효 | 재정위기 | 포스트 교토 |

2008. 1

2012. 12 / 2020

1997. 12 / 2005. 2

1992
유엔기후변화협약
(브라질 리우)

2001
미국부시행정부
교토의정서 탈퇴

2007. 12
제13차 당사국총회
(발리 행동계획)

2009. 12
제15차 당사국총회
(덴마크 코펜하겐)

2010. 12
제16차 당사국총회
(멕시코 칸쿤)

2011. 12
제17차 당사국총회
(남아공 더반)

2012. 12
제18차 당사국총회
(카타르)

1992년 유엔기후변화협약이 채택된 후 현재까지 진행 상황. 현재 자국의 이해관계에 의해 기후변화
대응을 위한 행동과 논의가 답보상태에 머물러 있다.

하고, 1위인 중국은 선진국에게 책임을 미루는 줄다리기를 하고 있습니다. 상대적으로 유럽연합이 적극적이기는 하지만, 한국을 비롯한 많은 나라들이 자국의 이익에 눈이 어두워 미국과 중국 사이에서 눈치를 보는 사이에 지구는 하루하루 멸종의 길로 다가가고 있습니다. 마치 차가운 냄비 안에 든 개구리가 조금씩 온도를 높이면 삶아져 죽을 때까지 냄비에서 뛰쳐나오지 않는 것처럼……

신자유주의와의 결별이 불가피

2000년대 초까지만 해도 세계의 가장 큰 관심사는 아프리카 등의 빈곤문제 해결이었습니다. 2002년 유엔 산하 191개국은 2015년까지 지구상의 빈곤을 절반 이하로 줄이고, 2025년까지 극단적 빈곤을 종식시키는 사업을 주요 골자로 한 밀레니엄 개발 목표(MDG, Millennium Development Goals)를 수립했습니다.

MDG는 2000년대 초반의 시대상을 반영한 상징적인 목표입니다. 그러나 아쉽게도 이 사업의 목표연도인 2015년을 목전에 둔 지금 빈곤문제를 절반으로 줄이겠다는 야심찬 목표는 실현되지 못했습니다.

지구촌이 빈곤문제를 해결하지 못하고 있는 사이, 2008년 세계 금융위기와 유로존 위기 등으로 세계 경제는 더 불안해지고, 경제 양극화는 확대되었습니다. 뿐만 아니라 그동안 일부 과학자와 환경운동가의 주장으로 치부되었던 기후변화 문제가 이제는 가장 우선적으로 해결해야 할 과제로 떠올랐습니다. 이 같은 상황에서 우리는 어디서부터 엉킨 실타래를 풀어나가야 할까요?

저는 우선 지구가 유한한 존재라는 사실을 인정하는 것에서 출발해야 한다고 생각합니다. 그런데 불행하게도 현재의 자본주의 경제 시스템에는 이와 같은 안전장치가 빠져 있습니다. 고전경제학의 원조인 아담 스미스가 1776년 국부론(국부의 성질과 원인에 관한 연구)을 쓸 당시에만 해도 기후변화 문제는 고려의 대상이 아니었고, 어쩌면 알 수도 없는 문제였을 것입니다. 이후 1929년 세계대공황을 거치며 케인즈주의가 등장한 당시에도 정부가 유효수요를 적극적으로 창출해야 한다는 데 방점을 두었을 뿐 고전경제학과 마찬가지로 기후변화에 대한 고려는 없었습니다. 그리고 1980년부터 최근까지 세계 경제의 주류를 이루고 있는 신자유주의는 다시금 시장을 중심으로 무한성장을 추구하고 있지만 기후변화에 대해서는 여전히 해답을 내놓지 못하고 있습니다.

2050년이면 현재 70억의 인류가 90억이 될 전망입니다. 만약 전 인류가 현재의 선진국 수준의 물질적 풍요를 누리려면 2050년까지 약 15배 이상, 그리고 금세기 말에는 약 40배 이상으로 경제 규모가 커져야 한다고 합니다.

이와 같은 경제 규모를 지탱하려면 지구가 최소 4개 이상 있어야 하는데, 유감스럽게도 지구는 하나밖에 없습니다.

"사회주의는 시장이 경제적 진실을 말하도록 허용하지 않았기 때문에 붕괴했다. 자본주의는 시장이 생태적 진실을 말하도록 허용하지 않고 있기 때문에 붕괴할지도 모른다"라는 어느 환경운동가의 경고를 우리는 귀담아들어야 합니다. 유한한 생태계 안에서 무한정 성장하는 경제 시스템은 물리적으로 존재할 수 없기 때문입니다. 따라서 더 이상 늦기 전에, 화석연료에 기반을 둔 채 새로운 상품을 쓰고

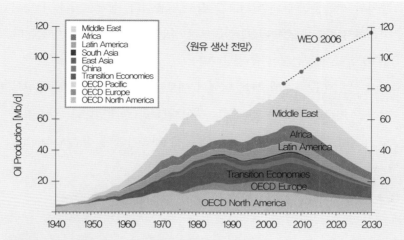

〈원유 생산 전망〉

출처: 2005년 말 국제에너지기구(IEA)에서 발표한 '2006 세계에너지전망'

전 세계 석유생산은 2008년을 정점으로 줄어들기 시작하여 30~40년 후면 고갈될 예정이다. 그 전에 우리의 삶의 방식을 무한성장에서 지속가능한 발전으로 바꾸어야 할 것이다.

버리면서 무한성장과 이윤추구만을 목적으로 하는 신자유주의와 결별할 필요가 있습니다. 현실적으로도 2008년을 정점으로 석유생산이 줄어들기 시작하여 앞으로 30~40년 후면 고갈될 예정인데, 석유가 고갈되기 이전에 우리의 삶의 방식이 더 이상 석유를 필요로 하지 않도록 변화해야만 합니다.

"나의 아버지는 낙타를 탔고, 나는 롤스로이스를 타고, 나의 아들은 제트기를 타지만, 나의 손자는 다시 낙타를 탈 것이다."

사우디아라비아에서 유행하는 이 말은 2차 산업혁명의 중심인 자동차와 석유문명에 대한 경고를 담고 있습니다. 실제로 인류 문명이 석유의 편리함에 중독된 채 빨리 3차 산업혁명으로 넘어가지 않는다면 이 유행어는 현실이 될 것입니다.

이제는 지구의 생태 한계 안에서 새로운 방식으로 인간의 성취와 발전을 이루는 새로운 경제 시스템이 필요한 상황입니다. 일반적으로 이를 생태경제(Green Economy) 혹은 지속가능한 발전(Sustainable Development)이라 부릅니다.

공존의 시대
▶▶▶ **지속가능한 복지국가를 위하여**

2008년 세계 금융위기로 많은 사람들은 신자유주의의 맨얼굴을 보았습니다. 미국의 서브프라임 모기지의 부도로부터 시작된 금융위기는 이와 연결된 각종 파생상품이 연쇄부도를 맞으면서 굴지의 은행들이 파산하는 등 오로지 이윤만을 추구하는 견제되지 않은 시장의 추한 모습을 적나라하게 보여주었습니다. 이에 1989년 베를린 장벽이 붕괴하자 자본주의가 인류 역사상 최후의 단계라며 역사의 종언을 선언했던 미국의 보수적 경제학자 프랜시스 후쿠야마 교수마저 주주자본주의, 감세, 노동유연화 등 각종 규제완화로 상징되는 신자유주의의 종언을 선언한 것은 매우 상징적인 사건이었지요.

그런데 아이러니하게도 세계 금융위기를 치유하는 과정에서 주요 국가의 정부는 금융권의 안정화를 위해 대략 7조 달러라는 엄청난 공적자금을 쏟아 부으면서도 경제의 근본적 패러다임을 바꾸기 위한 노력에는 여전히 미온적이었습니다. 당장 자국의 경제침체가 실업률을 높이고 정치지도자의 재선을 위협하는 요인이 되자 지구가 죽든 살든 우선 자기 나라의 경제를 살리자는 근시안적인 태도를 취한 것입니다.

하루하루 일상을 영위하면서 새로운 시대를 예감하기는 쉽지 않지만, 그럼에도 불구하고 저는 후쿠야마 교수의 주장처럼 이제 신자유주의 시대는 역사의 뒤안길로 퇴장하고 있다고 생각합니다. 그렇다고 다시 케인즈주의로 돌아갈 수도 없습니다. 흘러간 물로는 물레방아를 돌릴 수 없기 때문입니다.

저는 신자유주의 이후의 시대는 '공존의 시대'여야 한다고 생각합니다. 공존의 시대는 유한한 지구 생태계의 범위 내에서 인간과 자연이 공존하고, 또한 인간과 인간이 공존하는 사회를 말합니다. 1929년 세계대공황 이후 두 차례의 세계대전을 거치며 변화해온 1980년대까지를 세계는 복지국가 시대라 부릅니다. 이 시대의 키워드는 '국가'였지요. 이후 1980년부터 최근까지를 사람들은 신자유주의 시대라 칭하는데 이 시대의 키워드는 '시장'이었습니다.

그렇다면 공존의 시대의 키워드는 무엇일까요? 저는 새로 다가온 공존의 시대의 키워드는 '공동체'라고 생각합니다.

공동체는 국가가 모든 것을 대신해주는 곳도 아니지만, 개개인이 시장의 불평등에 노출되어 시름하는 곳도 아니어야 합니다. 공동체는 유한한 지구의 생태계 범위 안에서 인간의 자유의지가 발현되면서 동시에 공동체의 번영을 함께 이루는 사회입니다.

신자유주의 시대에서 공존의 시대로 전환하기 위해서는 그야말로

시대 구분	복지국가의 시대	신자유주의 시대	공존의 시대
시기	1940~1980	1980~2008	2008~
키워드	국가	시장	공동체

1차 산업혁명	2차 산업혁명	3차 산업혁명
석탄과 기차	석유와 자동차	재생에너지와 인터넷

새로운 패러다임이 필요합니다. 미국의 저명한 사회학자 제러미 리프킨은 이를 3차 산업혁명이라 표현했습니다. 그는 1차 산업혁명은 석탄과 기차가 중심이었고, 2차 산업혁명은 석유와 자동차가 중심이었다면, 3차 혁명은 재생에너지와 인터넷 중심이 되어야 한다고 주장합니다.

또한, 이를 위해서 다음의 다섯 가지를 제안합니다.

첫째, 화석에너지를 재생에너지로 전환한다. 둘째, 모든 건물을 재생에너지 생산 미니 발전소로 바꾼다. 셋째, 수소 저장기술 등을 보급하여 생성된 재생에너지를 저장한다. 넷째, 인터넷 기술을 활용하여 에너지 공유 인터그리드를 구축한다. 다섯째, 교통수단을 재생전기 및 연료전지 차량으로 교체해야 한다.

저는 제러미 리프킨 교수의 주장이 산업혁명 이후의 변화과정과 향후의 과제를 압축적으로 잘 표현한다고 생각합니다.

그렇다면 3차 산업혁명이 가능하려면 현재의 패러다임이 어떻게 변해야 할까요?

첫째, 성장에서 발전으로 가치를 전환해야 합니다.

지난 세기 동안 대부분의 국가는 경제성장의 척도인 GDP(국내총생산) 증가를 가장 중요한 정책 목표로 삼았습니다. 현재 지구의 경제 규모는 1800년대보다 68배 성장했습니다. 그 결과 지구는 기후변화를 포함하여 급속한 산림파괴, 생물 다양성의 훼손, 자원고갈과 수자원 오염 등 심각한 문제에 봉착했습니다. 특히 신자유주의 시대에는 무한성장과 이윤추구를 위한 자본의 세계화가 더욱 기승을 부렸고 성장의 후유증은 경제 양극화와 지구생태계의 파괴라는 이중고통을 확대시켰습니다.

이제는 달리는 자전거를 세워야 할 때입니다. 달리는 자전거가 넘어지지 않게 하기 위해 계속 페달을 밟는다면 그 자전거는 아마도 낭떠러지 아래로 추락하고 말 것입니다. 또한 1950년대보다 미국의 경제가 크게 성장했지만 국민의 행복도는 오히려 떨어졌다는 조사에 대해서도 주목할 필요가 있습니다.

따라서 이제는 성장이 목표가 아니라 지속가능한 발전을 목표로 해야 합니다. 지속가능한 발전이란 유한한 지구가 지닌 한계의 범위 내에서 행복한 삶을 바라는 인류의 열망을 실현하는 것입니다. 이를 위해서는 먼저 GDP 산정 방식을 바꿀 필요가 있습니다. 현재의 GDP 산정 방식은 인류의 삶에 도움이 되는 자원봉사, 가족유지를 위한 가사노동, 각종 환경보존 활동 등은 포함하지 않으면서, 전쟁을 위한 무기의 생산, 치안불안 해소를 위한 경찰력의 증원, 환경파괴의 복원비 등은 포함하고 있습니다.

2008년, 당시 프랑스 대통령인 사르코지는 노벨경제학상을 수상한 스티글리츠 교수에게 경제성장을 측정하는 GDP 방식이 아니라 국민의 삶의 질 향상을 객관적으로 측정하는 새로운 도구를 개발해달라고 요청했습니다. 이제는 모든 나라에서 이와 같은 변화가 필요하다고 생각합니다.

한편, 무너진 생태계를 복원하고, 재생에너지를 확대하고, 화석연료 사용을 줄이는 등 지속가능한 발전과 관련한 기술혁신과 녹색투자 그리고 일자리 확대는 여전히 중요한 과제이자 새로운 블루오션입니다.

둘째, 상품의 가격에 생태적 가치가 반영되어야 합니다.

지속가능한 발전을 위해서는 생산되는 모든 상품에 생태적 가치를 반영해야 합니다. 대표적인 것이 '탄소세'의 부과입니다. 예를 들면 석탄발전소에서 생산되는 전기의 발전원가에는 석탄의 채굴과 수송 그리고 발전소의 설비비용과 인건비는 반영되어 있지만, 발전소 굴뚝에서 나오는 이산화탄소 발생으로 인한 생태계의 파괴는 비용에 포함되어 있지 않습니다.

일반적으로 원자력발전소에서 생산된 전기의 원가가 가장 저렴하다고 알려져 있습니다. 그러나 이웃 일본의 후쿠시마처럼 원자로가 파괴되거나 혹은 원전 폐쇄 이후 수만 년 동안의 관리비용을 반영한다면 가장 비싼 에너지가 되는 것처럼 석탄발전소 역시 석탄 사용이 기후변화에 미치는 영향을 발전비용에 포함시킨다면 결코 저렴한 에너지원이 될 수 없습니다.

행정학이나 경제학에는 공히 원인자 부담의 원칙이 있습니다. 기후변화의 원인이 이산화탄소의 발생에 있다면 석탄과 석유가 사용되는 모든 공정에 탄소세를 부과하는 것은 당연합니다. 그러나 여전히 대부분의 나라에서는 저렴한 생산 비용으로 질 좋고 값싼 상품을 만들어 세계에 내다 파는 경제구조에 익숙한 탓에, 기후변화의 비용을 그저 '외부효과'로 돌려버리고 있습니다. 미국 워싱턴에 있는 지구정책연구소의 소장 레스터 브라운은 탄소세를 부과하는 대신 근로 소득세를 낮추자고 제안합니다. 저도 이 의견에 동의합니다.

탄소세를 부과하여 얻은 세금으로 재생에너지 확대를 위한 인프라에 집중적으로 투자하는 한편, 근로소득세를 낮춘다면 개개인의 세 부담은 크게 증가하지는 않으면서도 여섯 번째 멸종을 막는 데 크게 기여할 것입니다.

셋째, 경제 양극화를 해소하고 복지국가를 만들어야 합니다.

지구 전체의 생태계를 복원하고 지속가능한 발전을 가로막는 가장 큰 걸림돌이 빈곤을 포함한 경제 양극화입니다. 경제 양극화가 확대되면 빈곤한 한 축은 소비할 돈이 없어 유효 수요가 줄어들고, 부유한 다른 한 축은 불필요한 과잉소비를 하게 되어 경제의 순환구조가 제대로 작동하지 않게 됩니다.

또한 빈곤과 양극화가 심화될수록 계급간 갈등, 범죄의 증가 등 각종 사회갈등에 따른 불필요한 비용 지출이 늘어납니다. 빈부격차와 상대적 빈곤이 심한 국가일수록 기후변화 등 중장기적 인류 미래에 대한 계획을 세우기가 어렵습니다. 당장 눈앞의 빵의 크기가 중요하기 때문이죠. 세계적으로 유럽이 기후변화 문제에 가장 적극적인 이유도 유럽 국가 내에 양극화를 완화하기 위한 복지국가 시스템이 미국 등 다른 선진국보다 발전되어 있기 때문입니다.

이와 같은 경제 양극화를 해결하기 위해서는 우선 '토빈세'와 같은 제도 도입이 필요합니다. 토빈세는 노벨 경제학상 수상자인 미국 예일대 토빈(James Tobin) 교수가 제안한 것으로, 오직 이윤추구만을 목적으로 국경을 넘나드는 단기 투기자금에 부과하는 세금을 말합니다. 토빈세는 브라질이 처음으로 도입했고, 현재 유럽에서 프랑스와 독일 등이 제도 도입을 준비하고 있습니다. 토빈세는 특성상 관련 국들이 동시에 제도를 도입해야 실효성이 커지는데, 이 제도가 안착되면 환율의 변동성을 예측가능하게 되어 자국의 경제가 안정적으로 성장하는 데 기여할 것으로 보입니다. 만약 토빈세가 일찍 도입되었더라면 우리나라가 1997년에 겪은 외환위기와 같은 일도 없었겠지요.

토빈세뿐만 아니라 선진국들의 공적개발원조(Official Development Assistance: ODA) 확대도 필요합니다. 특히, 다국적기업의 상품이 자유롭게 국경을 넘나들고, 기후변화 등 한 국가 차원에서 해결하기 어려운 문제가 갈수록 많아지는 상황에서 저발전국가들의 경제사회적 발전을 위한 선진국들의 지원은 우리나라가 한국전쟁 직후 미국 등으로부터 원조를 받아 초기 성장의 원동력을 마련한 것처럼 세계적 양극화 해소를 위해 매우 중요한 정책수단이라 할 것입니다.

세계적 양극화 해소뿐만 아니라 국내적 양극화 문제를 해결하기 위해서는 경제 민주화와 정치 민주화가 실현되어야 합니다. 우리나라의 경우 외환위기 이후 비정규직 양산 등 경제 자유화의 확대로 최저 출산율과 최고 자살률이라는 사회 현상이 동시에 나타나자 경제 민주화와 복지국가 만들기가 국가의 주요 정책과제가 되었습니다.

우리나라의 경우 이웃 일본에서 후쿠시마 원전 사태가 발생했음에도 불구하고 에너지 문제가 국가의 핵심 의제가 되지 못하는 이유는 경제 양극화로 인한 각종 사회문제가 전면에 있기 때문이라고 생각합니다.

따라서 양극화를 해소하고 복지국가를 만들어 사회를 안정시키는 일은 기후변화에 대응한 지속가능한 시스템을 구축하기 위한 수레의 두 바퀴와 같다고 하겠습니다.

넷째, 개인적 성공의 기준을 바꾸고 불편하게 살아가야 합니다.

지구촌 모두의 부를 한 사람에게 몰아준다고 해도 그 사람은 더 많은 부를 가지려고 한다는 말이 있습니다. 지금까지 성공의 개인적 기준은 많은 부을 축적하여, 큰 집과 큰 자동차를 갖는 것이었습니다. 그러나 유한한 지구에서 무한한 경제성장이 불가능한 것처럼 개개인에게도 지금까지와 같은 성공의 기준으로는 지구가 버틸 수 없습니다.

따라서 이제는 큰 부, 큰 집, 큰 자동차가 성공의 기준이 아니라, 적당한 부, 작은 집, 작은 차와 자전거로 이를 대체하는 대신 지구를 살리는 기술혁신, 공익과 사회연대를 위한 헌신과 자원봉사, 영성적 생활, 수준 높은 예술·문화·스포츠 활동 등을 통해 자신이 속한 공동체를 풍요롭게 하는 것을 성공의 가치로 삼아야 합니다.

특히, 석유문명의 편리함으로부터 벗어나 불편한 생활습관에 익숙해져야 합니다. 겨울철 내복 입기, 여름철 에어컨 대신 부채 쓰기, 가까운 거리는 걷거나 자전거를 타기, 불필요한 전등을 끄고 대기전력을 차단하기, 육식을 줄이고 채식 위주로 식단 짜기, 신상품 구입보다 자원 재활용 늘리기, 1회용품 안 쓰기 등등.

화석연료 사용을 줄이기 위한 생활습관의 변화는 흡연자가 금연을 시작할 때 금단현상이 나타나는 것처럼 불편함을 초래합니다. 전 인류가 한꺼번에 습관을 바꾸기는 쉽지 않겠지만, 지구와의 공존을 위한 새로운 방식이 오히려 편안하게 느껴질 때까지, 누군가 먼저 시작하고, 이를 확산하며 궁극적으로 모두가 새로운 생활방식으로 살아갈 수 있어야 합니다.

공존의 시대.
인류는 아직 이 새로운 시대를 살아본 경험이 없습니다. 하여 두려움이 있습니다. 그러나 지구공동체의 붕괴를 막으려면 두렵다고 멈춰 있을 수 없습니다. 우리는 인간과 자연이 공존하고 그 속에서 인간과 인간이 공존하는 새로운 시대를 만들어나가야 합니다. 인간과 자연의 공존을 일반적으로 지속가능성이라고 표현하고, 인간과 인간의 공존을 복지국가라 말합니다.
저는 공존의 시대를 위한 국가의 목표는 '지속가능한 복지국가'여야 한다고 생각합니다.

희망.
희망이란 본래 있다고도 할 수 없고 없다고도 할 수 없다. 그것은 마치, 땅 위의 길과 같은 것이다. 본래 땅 위에는 길이 없었다. 걸어가는 사람이 많아지면 그곳이 곧 길이 되는 것이다.

중국의 소설가 루쉰의 수필 〈고향〉에 나온 유명한 말입니다.
저는 그 희망을 가슴에 담습니다. 공존의 시대-지속가능한 복지국가를 위해 걸어가는 사람이 많아지면 그곳이 곧 길이 되고 새로운 희망이 될 것입니다.

인류는 지구를 탈출할 수 있을까?

헐리웃 영화 중에는 우주와 지구를 소재로 한 영화가 꽤나 많습니다. 그중에는 2013년 상영된 〈그래비티〉처럼 비교적 현실적으로 우주와 지구를 그린 영화도 있지만, 대부분은 외계인의 침략이나 핵전쟁 혹은 기후변화 등으로 위험에 처한 지구촌에서 살아남은 인류의 용감한 투쟁을 소재로 한 영화들입니다. 현재까지 한국 사람들이 가

장 많이 본 영화 〈아바타〉도 에너지 고갈 위험에 처한 지구를 구하기 위해 머나먼 행성 판도라에서 대체 에너지를 구하는 것이 주 내용입니다.

우리는 이런 종류의 영화를 보면서 실제로 영화와 같은 일이 생긴다면, 언젠가 과학기술의 발달로 파괴된 지구를 탈출하여 이와 유사한 환경을 가진 곳으

출처 : http://new.astronote.org

위에서 바라본 우리은하 상상도. 나선팔이 둘러싼 중앙에 2만 7천 광년에 달하는 거대한 막대가 보인다. 태양계는 가장자리에서 중앙을 잇는 선의 3분의 1쯤 되는 위치에 있다.

로 옮겨갈 수 있을 것이라고 상상하곤 합니다. 영화 속 상상은 언젠가 현실이 된다고 하는데 인류는 과연 파괴된 지구를 탈출하여 새로운 별에 정착할 수 있을까요?

미래의 가능성을 완전하게 차단할 필요는 없지만 펼쳐진 우주의 현실을 보면 이는 낙타가 바늘구멍을 지나는 일보다 훨씬 어렵다는 것을 쉽게 알 수 있습니다.

위 그림은 지구행성이 속해 있는 우리은하의 상상도입니다. 우주에는 우리은하와 같은 은하계가 대략 1천억 개가 있고, 그중 하나인 우리은하도 태양계를 포함하여 약 1천억 개의 별로 구성되어 있다고 하니 우주의 크기를 짐작하기란 쉽지가 않습니다. 현대 천문학에서는 우주의 한쪽 끝에서 다른 쪽 끝까지는 빛의 속도로 940억 광년을 달려야 한다고 하니 그 크기가 거의 무한하다고 하겠지요.

우리은하의 모양은 마치 '계란프라이'처럼 생겼습니다. 앞 페이지의 그림 가운데 밝은 부분이 계란 노른자처럼 두툼하고 나머지는 얇고 넓게 퍼져 있는 모양입니다. 태양계는 우리은하의 중심에서 약 2/3 부근에 위치하고 있습니다.

이제, 시야를 태양계 주변으로 좁혀보겠습니다. 지구에서 태양까지 거리는 빛의 속도로 약 8분 20초가량 떨어져 있습니다. 그런데 태양계를 벗어나면 지구에서 가장 가까운 별인 프록시마 센타우리까지 가는 데 약 4.3광년이 걸립니다. 빛의 속도로 4년이 넘게 걸리는 별까지 사람이 만든 가장 빠른 로켓의 속도로 가면 얼마나 걸릴까요? 대략 1만 년의 시간이 걸린다고 합니다. 만약 사람이 그 로켓을 타고 간다면 로켓 안에서 수백, 수천 세대의 대를 이어야만 갈 수 있는 거리입니다. 더욱 유감스러운 것은 현재까지 확인한 바에 따르면 태양계와 가장 가까운 프록시마 센타우리에는 지구와 같은 환경이 조성되어 있지 않다고 합니다. 설혹 인간이 우여곡절 끝에 그 별에 가더라도 살아갈 수 없다는 것이죠.

1977년 미국 나사에서 우주탐험을 위해 쏘아올린 보이저 1호가 35년 만인 2013년 드디어 태양계를 벗어나 우주로 진입했다고 합니다.

저는 지금까지 보이저 1호가 고장 나지 않고 태양계를 벗어나 성간우주로 진입하여 인류에게 각종 데이터를 전송해준 것만으로도 인류의 위대한 과학적 진전을 이루었다고 생각합니다. 인류는 보이저 1호 등의 과학적 성과를 축적하며 우주의 탄생과 변화의 신비에 더 가까이 갈 것입니다.

저는 천문학 관련 책을 보면 볼수록 지구의 존재가 참으로 기적과도 같다는 생각을 지울 수 없습니다. 예를 들면 산소의 농도입니다. 제가 감동적으로 읽은 책 《지구의 노래》에 보면 대기 중의 산소 농도는 다세포 생물이 급격하게 늘어나는 3억 5천만 년 전부터 21% 정도를 지속적으로 유지하고 있다고 합니다. 그런데 이 산소의 농도가 조금만 올라가도 불이 나면 전체 대지가 순식간에 재로 변하고, 반대로 농도가 조금만 낮아져도 생물이 살 수 없는 환경이 된다고 합니다. 이 얼마나 자연의 오묘한 조화입니까.

그리스 로마신화에 대지의 여신으로 불리는 가이아가 있습니다. 영국의 대기과학자 제임스 러브록은 1978년 지구의 생물계와 무생물계는 서로 영향을 미치며 지구 전체가 하나의 생물권으로 살아 있다는 이론을 발표했는데 이를 '가이아이론'이라 합니다.

가이아이론에 따르면 이름 없는 풀 한 포기나 돌멩이 하나하나가 서로 교감하며 살아가고 있는 것입니다.

저는 인간이 파괴된 지구를 탈출하여 다른 별에서 살아간다는 헐리웃 영화의 상상은 환상에 불과하다고 생각합니다. 만약 우리가 그렇게 할 능력이 있다면, 우선 지구를 더 이상 망가뜨리지 않는 데 온 힘을 쏟아야 합니다. 그리하여 현재 46억 살 된 태양이 100억 살이 되어 백색왜성으로 생명이 다할 때까지 지구와 인류가 공존하며 수많은 창조의 기적을 만들어가기를 진실로 소망합니다.

한없이 아름다운 푸른 별 지구와 우리 후손들의 미래를 위해……

Think Globally, Act Locally

2부

공존의 도시,
노원

대한민국 에너지 정책, 변화가 필요하다
▶▶▶ **탈핵—에너지전환 도시선언**

녹색성장에 대한 기대와 실망

2008년 8월 15일, 취임하고 첫 번째로 맞이하는 광복절 기념사에서 이명박 대통령은 저탄소 녹색성장을 화두로 제안했습니다. '녹색'과 '성장'은 잘 어울리지 않는 언어조합이지만, 갈수록 기후변화가 심각해지는 가운데 이산화탄소 발생 7위 국가의 지도자로서 시의 적절한 제안이었습니다. 그러자 재생에너지 관련 기업의 주가가 뛰기 시작하고, 태양광 등에 대한 투자가 늘어나기 시작했습니다. 대통령의 발언 한 마디에 시장이 움직이기 시작한 것입니다.

그러나 시장의 기대는 오래 가지 못했습니다. 대통령의 광복절 기념사 이후, 정부의 각종 부서에 녹색성장이라는 이름이 늘어났지만, 이를 실효적으로 뒷받침할 만한 정책은 추진되지 못했습니다. 녹색성장을 위해 재생에너지에 투자되어야 할 예산은 대부분 '4대강 살리기'라는 이름으로 진행된 대운하 파기 사업에 투자되었습니다.

그 결과 옆 페이지의 그래프와 같이 세계적으로 신재생에너지 관

신재생에너지 산업 시장 현황

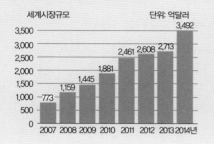

세계시장규모 · 단위: 억달러

773 (2007), 1,159 (2008), 1,445 (2009), 1,881 (2010), 2,461 (2011), 2,608 (2012), 2,713 (2013), 3,492 (2014년)

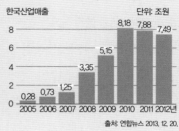

한국산업매출 · 단위: 조원

0.28 (2005), 0.73 (2006), 1.25 (2007), 3.35 (2008), 5.15 (2009), 8.18 (2010), 7.88 (2011), 7.49 (2012년)

출처: 연합뉴스 2013. 12. 20.

련 시장은 2013년 2,713억 달러로 해가 갈수록 확대되는 것과 정반대로 우리나라의 재생에너지 관련 산업 매출규모는 2008년 3.35조 원 수준에서 2010년 8.13조 원으로 대폭 확대되었다가 그 후로는 오히려 줄어들었습니다. 녹색성장의 구호는 거창했으나 구체적인 제도와 정책으로 뒷받침되지 않으니 시장의 규모가 축소되는 것은 당연한 결과였습니다.

발전차액지원제도 폐지로 재생에너지 확대에 찬물

녹색성장이라는 구호가 형해화되는 상황에서 재생에너지 확대를 결정적으로 후퇴시키는 정책이 시행되기까지 했습니다. 2002년부터 도입되어 운영되던 발전차액지원제도(FIT)가 2012년에 폐지되고 의무할당제(RPS)가 도입된 것입니다. 발전차액지원제도는 독일에서 처음 도입된 제도로, 재생에너지인 풍력이나 태양광 발전을 장려하기 위해 시중의 에너지 가격 차액을 지원해주는 제도입니다. 의무할당제는 한전 등 발전회사가 에너지를 생산할 때 의무적으로 일정한 양의 재생에너지를 생산하게 하는 제도입니다. 얼핏 보면 두 제도가 별 차이 없어 보이지만 실질적으로는 큰 차이가 있습니다.

재생에너지는 특성상 분산형 에너지입니다. 햇빛이 많은 마을에서는 태양광을, 바람이 많은 곳에서는 풍력을, 산림자원이 많은 곳에서는 바이오메스를 에너지화하는 등 마을 가까운 곳에서 에너지를 생산하고 소비하여 에너지를 자립하는 형태가 이상적입니다.

이 같은 에너지 자립 마을을 만들기 위해서는 발전차액지원제도를 통해 초기 투자비를 마을 단위로 지원해주어야 합니다. 그런데 이 제도가 중단되고 의무할당제가 도입되니 마을 단위로 확산되어가던 재생에너지 사업은 사실상 중단되고, 재생에너지 시장마저 한전 등 일부 에너지 대기업의 손에 넘어가게 되었습니다. 전 세계가 기후변화에 대응하기 위해 재생에너지 확대를 위해 녹색투자를 적극적으로 하고 있는 상황에서 우리나라는 정반대의 선택을 하게 된 것이죠. 참 안타까운 일입니다.

탈핵-에너지전환에 나선 45개 지자체

재생에너지 확대를 가로막는 가장 큰 걸림돌은 원전정책입니다.

2011년 3월 11일, 진도 9.0의 대지진으로 쓰나미가 발생하여 일본 동부를 강타했습니다. 그런데 쓰나미보다 더 큰 재앙이 일본을 덮쳤습니다. 쓰나미의 영향으로 후쿠시마 핵발전소의 원자로에서 폭발사고가 일어나 연료봉이 녹아내린 것입니다.

1986년 체르노빌 핵발전소의 폭발사고 이래 26년 만에 발생한 이 사고로 세계는 엄청난 충격에 빠졌습니다. 사고 직후 독일은 2022년까지 모든 핵발전소를 폐쇄하겠다고 발표했고, 원전 왕국 프랑스는 원전 비중을 75%에서 50%로 낮추겠다고 했으며, 이웃 스위스도 원전을 중단하기로 했습니다.

그러나 일본과 가장 가까운 우리나라만 유독 현재 운영중인 21기의 원전 이외에 19기를 추가로 건설하는 원전 확대정책을 변함없이 고수하였습니다.

저는 정부의 이 같은 결정을 보면서 마음이 많이 아팠습니다. 2012년 초 후쿠시마 원전 사태 1주년이 다가올 무렵 더 이상 이 문제에 침묵하는 것은 옳지 않다고 생각했습니다. 특히 '원전에서 생산된 전기의 혜택을 가장 많이 보고 있는 서울에서 무엇을 할 수 있을까?' 하는 고민을 했습니다. 하여 몇몇 단체장과 협의 끝에 '탈핵-에너지전환'에 동의하는 지방자치단체들이 모여 공동선언을 하기로 했습니다.

선언문은 제가 직접 쓰고, 전국 234개 기초자치단체에 참여 여부를 물었습니다. 제안을 하면서도 재생에너지에 대한 관심을 가진 시, 군, 구청은 많지만 탈핵을 포함할 경우 얼마나 동의를 구할 수 있을지 알 수 없었습니다. 그런데 의외로 45개 지방자치단체에서 참여해 주셨습니다.

2012년 2월 13일, 후쿠시마 원전 사태 1주년을 앞둔 시점에서 '원자력을 넘어 지속가능한 도시를 함께 만들겠다'는 다짐을 담은 '탈핵-에너지전환 도시선언문'을 채택하였습니다. 마침 원전 1기 줄이

2012년 2월 13일, 탈핵–에너지전환을 위한 지방자치단체장 모임에서 탈핵–에너지전환 도서선언문을 채택했다. 이 선언문은 '원자력을 넘어 지속가능한 도시를 함께 만들겠다'는 다짐을 담고 있다.

기 정책을 발표한 박원순 서울시장이 함께 참석해 더욱 빛나는 자리가 되었고, 특히 환경 관련 시민단체들이 상당히 기뻐했습니다. 그동안 탈핵에 대해서 시민단체나 전문가 수준에서 주장하는 경우는 많았지만 행정을 직접 책임지는 지방자치단체가 공동으로 선언한 경우는 처음이었기 때문입니다. 물론 탈핵 단체장 모임을 제안한 저로서도 무척 기쁜 날이었습니다.

노원구에서 발주한 '기후변화 대응 실행방안 수립을 위한 연구용역' 결과에 따르면 지자체에서 계획적으로 에너지 다이어트를 하면 대략 원전 1/10 정도를 줄일 수 있습니다. 탈핵 도시선언에 참여한 지자체가 45개이니 단순하게 계산하면 원전 4.5기를 줄일 수 있습니다. 저는 이것이 가능하다고 생각합니다.

그동안 대한민국의 에너지 정책에는 수요절감이라는 항목이 빠져

국가별 이산화탄소 배출량

국가	1990년 (10억t)	2009년 (10억t)	2010년 (10억t)	2010년 국가순위	1990년 대비(%)	2009년 대비 (%)
미국	4.99	5.04	5.25	2	5.2	4.2
EU-27	4.35	3.94	4.05	–	-6.9	2.8
러시아	2.44	1.67	1.75	4	-28.3	4.8
일본	1.16	1.09	1.16	5	0.0	6.4
독일	1.02	0.79	0.83	6	-18.6	5.1
캐나다	0.45	0.52	0.54	8	20.0	3.8
영국	0.59	0.48	0.50	9	-15.3	4.2
한국	0.25	0.54	0.59	7	136.0	9.3
중국	2.51	8.10	8.94	1	256.2	10.4
인도	0.66	1.69	1.84	3	178.8	8.9

출처 : 기후변화행동연구소, 2011

있었습니다.

위 도표를 보면 독일을 포함한 유럽이나 러시아, 일본 등은 1990년 대비 2010년의 이산화탄소 배출량이 줄어든 반면, 우리나라를 포함한 중국과 인도는 배출량이 2~3배가량 증가했음을 알 수 있습니다. 특히 독일의 경우 에너지를 절감하고 재생에너지 비율을 지속적으로 확대하면서도 세계 최고의 산업경쟁력을 유지하고 있는 점을 볼 때, 우리나라도 지금과 같은 에너지 다소비형 산업구조를 저소비형으로 바꾸는 한편, 에너지 수요를 근본적으로 줄이기 위한 본격적인 노력을 해야 할 때입니다.

노원구, 2020년까지 이산화탄소 19% 감축 목표

노원구는 이와 관련하여 2012년 8월 탈핵-에너지전환 종합실천 계획을 세웠습니다. 목표는 아래 도표와 같이 이산화탄소를 2020년까지 2010년 대비 19% 감축하는 것입니다.

이 목표를 달성하기 위해 가정과 상업, 교통 및 공공부문에서 태양광 보급, 빛 공해 없는 거리 만들기, LED 확대, 카셰어링사업, 그린

노원구 온실가스 발생량 및 기간별 감축 목표량과 추진사업

부문별	배출량(tCO_2)			감축 목표량 (tCO_2)	달성목표량(tCO_2)					중기 ('15~'18)	장기 ('19~'25)
	2008년	2009년	2010년		단기						
					소계	2012	2013	2014			
계	2,284,881	2,255,803	2,325,025	506,484	144,731	43,218	47,903	53,610		149,245	212,508
가정 부문	679,431	673,622	699,486	154,644	40,079	12,021	11,637	16,421		43,795	70,770
상업 부문	754,027	749,579	777,998	176,844	59,006	19,493	19,716	19,797		56,270	61,568
교통 부문	731,516	730,332	734,720	146,392	36,162	10,050	13,058	13,054		41,605	68,625
공공 부문	119,907	102,270	112,821	28,604	9,484	1,654	3,492	4,338		7,575	11,545

분야	추진사업
가정 부문	아파트 및 일반주택 그린발전소·WAP, 지역난방 효율개선, 단독·다가구주택 태양광 보급
상업 부문	빛 공해 없는 아름다운 거리 만들기, LED 전구 보급, 상업용 건물 2℃ 줄이기
교통 부문	공회전 10분 줄이기, 카셰어링사업, 주행거리 15% 단축 캠페인, 자전거 이용률 증대
공공 부문	학교 및 공공기관 그린발전소, 학교건물 신재생에너지 확대, 온실가스 목표관리제 추진, 공공기관 신재생에너지 보급, 지역연계형 그린캠퍼스 추진, 지구의 친구들 구성

발전소 확대 등 다양한 사업계획을 수립하고 추진했습니다. 그 결과 2010년 대비 2012년까지 약 11만 4천 톤의 CO_2를 절감하여 '서울시 원전 하나 줄이기 인센티브사업' 최우수 구로 선정되기도 했습니다.

주요 에너지원	2010년 사용량	2012년 사용량	절감량
전기에너지	1,707,953,000kWh	1,581,137,383kWh	126,815,617kWh(7.4%)
도시가스(LNG)	278,743,000㎥	253,977,000㎥	24,766,000㎥(8.9%)

최근 정부는 2차 국가에너지 기본계획을 확정했습니다. 2035년까지 에너지 청사진이 담긴 계획에 따르면 현재 26%인 원전의 비중을 2035년에는 29%까지 늘리는 대신 신재생에너지의 비중은 11%를 목표치로 제시했습니다. 이명박정부의 에너지 정책 기조 하에 원전의 비중을 조금 더 확대하겠다는 것입니다.

그러나 일본의 핵 재앙을 어느 나라보다 가까운 곳에서 지켜보면서도 원전의 비중을 높이겠다는 현 정부의 정책을 보면서 양식 있는 많은 국민들은 실망을 금치 못했습니다. 이제 어찌해야 할까요?

2001년 미국의 부시 대통령이 자국의 산업보호를 명분으로 유엔기후변화협약을 탈퇴한 일이 있습니다. 이 사건으로 지구환경을 걱정하는 많은 나라들이 충격을 받았지요. 그런데 미국 내 상당수 지방정부는 연방정부의 결정과는 달리 유엔기후변화협약의 의무를 이행하여 연방정부를 무색하게 했습니다.

우리의 사정도 마찬가지입니다. 저는 정부의 에너지 정책이 원전과 화력발전에 의존하는 방식에서 하루빨리 벗어나야 한다고 생각합니다. 신규로 예정된 원전 건설을 중단할 뿐 아니라 수명이 다한 원전

해마다 배출량 느는 '갈 길 먼 온실가스감축'

〈앵커 멘트〉
내일까지는 기후변화 주간인데요.
기후변화에 대한 관심이 높아지고 있지만, 정작 온실가스 배출량은 해마다 기록을 갈아치우고 있습니다.
특단의 조치가 없는 한 온실가스를 줄이겠다는 국제사회와의 약속은 지키기 어렵게 됐습니다.
나신하 기자의 보도입니다.

〈리포트〉
도심 한복판의 흥겨운 춤판.
체감온도를 낮춰 에너지를 아끼자는 호소입니다.
이 지자체는 친환경에너지로 전기의 15%를 충당합니다.
야외 주차장 지붕까지 태양광 발전소가 됐습니다.
햇빛과 햇볕, 지열까지 이용해 에너지를 자급하는 건물입니다.
3중 유리창과 건물 바깥의 차광막 등으로 단열 효과를 높였습니다.

〈인터뷰〉김성환(노원구청장) : "지금 단계에서 건축단가는 높지만 부자 늘리는 것이 기후변화 대응도 되고 건축기술 발전에 도움이 된다고 생각합니다."

은 안전하게 폐기해야 합니다. 그리고 폐지된 발전차액보전제도를 부활하여 재생에너지 비중을 획기적으로 늘려야 합니다. 모든 건물은 재생에너지 발전소를 겸하도록 만들고, 단열 성능을 대폭 강화하는 건축계획 하에 새로운 녹색투자와 일자리를 늘려나가야 합니다.

이 같은 정책은 정부 차원에서 추진해야 하겠지만, 미국의 경우처럼 중앙정부가 하지 못한다면 지방자치단체라도 솔선하여 모범을 보일 필요가 있습니다. 그런 측면에서 노원구는 지속가능한 녹색도시를 만드는 데 많은 노력을 기울이고 있습니다.

주택 패러다임을 바꿀 국토부의 실험
▶▶▶ **에너지 제로 하우스**

한국판 베드제드를 만드는 꿈

한 사람이 꿈을 꾸면 꿈으로 끝나지만 여러 사람이 함께 꿈을 꾸면 그 꿈은 현실이 된다는 말이 있습니다. 2013년 9월 17일은 저의 꿈이 현실이 되는 날이었습니다. 그날은 국토교통부가 240억 원을 투자하여 추진한 에너지 제로 실증단지를 노원으로 유치한 날입니다.

저는 구청장이 된 직후부터 소위 '한국판 베드제드' 사업에 관심이 많았습니다. 베드제드(BedZED: Beddington Zero Energy Development)는 영국 런던 남부 외곽에 위치한 주거단지로, 그동안 주택부분에서 에너지 제로 하우스에 접근한 대표적 사례로 인정받아 세계인들이 견학을 하는 곳입니다.

베드제드는 3개 동에 약 100여 세대로 2002년에 조성되었고, 인근 지역보다 난방에너지 81%, 물 58%, 전기 45%를 절약하는 친환경 주거단지입니다.

저는 이곳을 직접 방문한 적은 없지만 워낙 많은 곳에서 소개되어

영국 런던의 베드제드 단지. 3개 동 약 100여 세대로 구성되어 있고, 인근 지역보다 난방에너지 81%, 물 58%, 전기 45%를 절약하는 친환경 주거단지이다.

노원구에 이와 같은 친환경 에너지 제로 주택을 건립해보고 싶었습니다. 왜냐하면 노원구는 베드타운이라 대부분 주택단지로 구성되어 있어서 주택단지에서 에너지를 절약하지 않으면 화석연료를 달리 줄일 방법이 없다고 생각했기 때문입니다. 실제로 화석에너지는 대략 산업분야에서 1/3, 자동차 등 교통분야에서 1/3, 그리고 건물 등에서 1/3을 사용하고 있는데, 노원구의 특성을 감안할 때 주거분야에서 새로운 대안을 만드는 것이 그나마 접근 가능한 방법이었습니다.

땅을 확보하다

한국판 베드제드 사업이 가능하려면 우선 이를 실현할 토지가 필요했습니다. 연구용 주택이라면 작은 규모면 되겠지만, 영국의 베드제드 수준의 주거단지를 조성하기 위해서는 일정한 규모 이상의 땅이 필요한데, 이미 택지개발이 끝난 노원에서 이만한 땅을 찾기란 쉽지 않았습니다.

그런데 마침 기회가 찾아왔습니다. 노원구 하계동 서울온천 건물 뒤편에 고등학교 부지가 오래 전에 조성되어 있었는데, 최근에 저출산 등의 영향으로 더 이상 학교를 지을 수요가 없다고 판단하여 교육청이 포기 의사를 밝혔기 때문입니다. 이 땅의 소유주는 토지주택(LH)공사였습니다. LH공사는 학교용지를 가능하면 사립학교에라도 매각해보려고 했지만 마땅히 매입하려는 학교가 없자 노원구에 조성원가에 이자를 더하여 66억 원에 매각했습니다.

가난한 살림에 66억 원을 한번에 낼 형편이 못 되어 2년간 돈을 나눠서 내기는 했지만, 7호선 하계역에서 10분 거리에 위치한 11,344㎡의 네모 반듯한 땅을 66억 원에 확보한 것은 노원구로서는 행운이었습니다.

노원구 에너지 제로 하우스 건립을 추진하다

2012년 4월, 저는 전체 면적 11,344㎡ 중 절반은 인근 주민들의 정서를 감안하여 주민들에게 필요한 문화복지시설을 짓는 것을 염두에 두고, 나머지 절반에 해당하는 5,099㎡를 활용하여 지상 7층 규모의 공동주택 3동 총 112세대로 에너지를 60% 절감하는 주택을 짓는 사업을 추진했습니다. 노원구의 예산 사정상 에너지 절감 100% 건물을 짓기 위해서 필요한 예산까지를 감당하기는 쉽지 않았고, 또한 현재까지는 고작 20%를 절감하는 공동주택이 등장하고 있는 상황이라 60%를 절감하는 주택도 매우 획기적이라고 판단한 것입니다.

2012년 10월, 위와 같은 사업계획을 가지고 서울시 투자심사까지 통과할 무렵 에너지 제로 하우스를 설계하던 명지대 이명주 교수로부터 새로운 사업에 대한 이야기를 들었습니다. 국토교통부가 2013년에 180억 원의 R&D 예산과 60억 원의 현물출자 등 240억 규모의 에너지 제로 실증단지 사업을 공모할 예정이라는 것이었습니다. 귀가 솔깃했습니다. 국토교통부 사업을 염두에 두고 시작한 일은 아니지만 예산지원이나 공신력, 그리고 향후 주택시장에 미칠 영향 등을 고려해볼 때 기왕이면 국토부 과제를 수주하는 것이 좋겠다는 생각이 들었습니다.

꿈이 현실이 되다

국토부 과제 수주를 위해 토지의 절반을 쓰기로 했던 계획을 수정하여 전체 부지를 활용하기로 하고, 에너지 절감도 60%에서 100%로 높이는 것으로 수정하며 준비를 시작했습니다. 정부의 예산은 예정대로 확정되었지만, 2013년이 박근혜정부가 새로 일을 시작하는 해라 장관 인선 등 때문에 연초에 공모 예정인 사업이 6월에 들어서야 정식 공모절차에 들어갔습니다.

그동안에도 화석연료를 줄이기 위한 국토부 R&D 공모가 몇 차례 있었지만, 실제 주민들이 거주하는 실증단지를 구축하는 사업은 처음으로 제안되었기에 사업설명회에 세종특별시, 대구광역시, 광주광역시, 대전광역시 등 많은 지방자치단체가 관심을 보였습니다.

다른 지자체는 모든 광역지자체인데 노원구만 유일하게 기초지자체여서 불이익을 받지 않을까 하는 고민이 생겼습니다. 마침 상가집에서 박원순 시장님을 만나 고민을 말씀드렸더니 서울시가 함께 참여하는 것이 좋겠다고 하여 이후부터는 서울시와 SH공사도 함께 준비하게 되었습니다. 총괄 기획은 처음부터 함께 했던 명지대 이명주 교수팀이 맡고, 건설사는 소재 분야에서 국내 최우수 기업인 KCC건설이 참여하여 응모제안서를 제출했습니다.

응모하면서도 저는 내심 노원구로 최종 낙점되기 쉽지 않을 것 같다고 생각했습니다. 현실적으로 노원구는 소위 야당이 구청장인 반면 최종적으로 응모에 참여한 대구시는 대통령의 고향이고, 세종시는 LH공사와 에너지기술연구원이 컨소시엄으로 참여하고 있어서 어느 곳보다 경쟁력이 강할 것으로 보였기 때문입니다.

최종 선정이 있기 며칠 전, 결정 당일 현장에 단체장이 참여해주면 좋겠다는 제안을 받았습니다. 비록 최종 후보지가 되지 못하더라도 최선을 다하자는 심정으로 의회가 열리는 날임에도 양해를 구하고 함께 하기로 했습니다.

2013년 9월 17일, 오전 10시.

이명주 교수의 프레젠테이션과 심사위원의 질의응답이 진행되었습니다. 저도 이 분야에 워낙 관심이 많아서 몇 차례 직접 답변도 하다 보니 100여 분의 시간이 순식간에 지나가버렸습니다. 그리고 그날 저녁 무렵, 노원구가 매우 근소한 차이로 선정되었다는 소식을 들었을 때 그 기쁨이란 이루 말할 수 없었습니다. 경쟁 지자체 단체장 중에는 저만 유일하게 심사과정에 참여했는데, 이 점이 당락에 중요한 변수가 되었다는 후문도 이 사업의 유치를 위해 최선을 다한 저에게 상당한 자부심을 갖게 해주었습니다. 드디어 꿈이 현실이 된 것입니다.

하계동 주민들께 양해를 구하다

대부분의 노원구 주민들은 이 사업이 노원에 유치된 것을 기뻐했습니다. 하지만 정작 에너지 제로 하우스가 지어질 인근 지역주민들은 반대가 많았습니다. 이곳 주민들은 전체적인 취지에는 공감하지만 우리집 옆에는 공원이나 도서관 같은 시설이 만들어지길 기대했다고 말씀하셨습니다. 만약 제가 그곳에 살았더라도 그런 생각을 했

노원구 '제로에너지' 주택단지 조감도

국내 첫 '제로에너지 주택' 단면도 및 기술

❶ **폐열회수환기** 겨울철 외부에서 유입되는 차가운 공기를 실내에서 빠져나가는 따뜻한 공기로 데워 주는 역할. 여름철에는 외부에서 유입되는 더운 공기를 실내에서 빠져 나가는 시원한 공기로 냉각시켜 냉방비 절감

❷ **외부 차양막** 건물 외부에 차양막 설치해 계절별로 태양광 자동 조절(여름:태양광 차단, 겨울:태양광 흡수)

❸ **3중 단열창** 아르곤 가스로 충전한 3중 단열창과 창틈엔 기밀테이프 사용해 단열효과 높여

❹ **두꺼운 외벽** 외벽의 두께를 일반주택(10㎝)보다 5배 두꺼운 50㎝로 늘려 단열효과 극대화

❺ **자연환기** 창문 열면 집안 전체에 맞바람 불도록 설계해 환기·냉방효과 높여

❻ **자연채광** 벽면에 창호비율 40% 확보해 태양광 흡수율 높여, 지하주차장 지붕에도 투명창 설치해 낮 동안에는 조명 사용 안 함

❼ **신재생에너지** 지붕뿐 아니라 벽면에도 태양광 패널 설치해 발전 효율 높임

겨울철 태양 에너지 획득   여름철 태양 에너지 차단

출처: 중앙일보

을 것입니다. 하여 그분들께 에너지 제로 하우스 내에 약 570㎡ 규모의 주민 문화복지시설을 짓는다는 사업설명을 하면서도 내내 미안한 마음이 들었습니다.

그러나 한국의 주택정책은 그동안 평당 분양가와 실용성에 초점이 맞춰져 있을 뿐, 에너지 효율에 대해서는 독일, 영국 등에 비해 훨씬 뒤쳐져 있는 상황임을 고려한다면, 공원을 만드는 것보다 장차 수백 배 이상 효과가 있을 것이라는 믿음이 있었기에 반대하는 일부 주민들께 양해를 구하는 수준에서 마무리할 수밖에 없었습니다.

대한민국 건축사에 새로운 전환점

꿈은 현실이 되었지만 남은 일이 첩첩산중입니다. 그동안 연구 차원에서 패시브 기술과 액티브 기술을 복합하여 100% 에너지 제로 주택이 만들어진 적은 있지만, 122세대가 실제로 거주하는 아파트와 연립 및 단독주택 단지가 만들어지기는 이번이 처음이기 때문입니다.

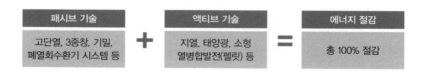

계획대로라면 목업주택을 지으면서 동시에 설계를 마무리하여 2014년 하반기에는 착공을 해야 합니다. 그리고 2016년 입주하여 최소 1년간 모니터링을 해서 그 결과값이 좋아야 이 과제가 마무리됩니다.

시작이 반이라지만 처음 하는 일이니 시행착오가 있을 수도 있고, 계획된 목표치를 달성하지 못할 수도 있습니다. 결과를 예측하기 어렵지만 2002년에 지어진 영국의 베드제드보다 화석연료를 훨씬 더 절감하는 주택단지를 만들어보고 싶습니다. 더하여 한국의 발전된 IT 기술을 접목하면 이 주택단지는 세계적인 명소가 될 것이라 생각합니다.

이 주택단지는 외부적으로는 세계적 명소가 되겠지만, 단지에 입주하여 생활하는 주민들에게는 매우 쾌적하면서도 알뜰한 주거 공간이 될 것입니다. 요즘 한여름 냉방비와 한겨울 난방비가 갈수록 늘어나고 있는데 이 주택은 냉난방비가 별도로 들지 않고 자신이 사용하는 가전제품에 드는 전기료만 부담하면 되기 때문입니다.

하여 벌써부터 입주 자격을 문의하는 주민들이 많습니다. 아직 운영주체를 확정하지 않았지만, 만약 노원구가 운영하게 된다면 상계8동 주공 15단지 공무원임대아파트와 같이 4~6년간 중기전세 임대아파트로 운영하여 더 많은 주민들이 이 주택을 체험할 수 있도록 할 예정입니다. 입주자격은 소형은 노원구민에게 우선권을 주고, 중형은 20년 장기전세 주택 청약조건을 참조할 생각입니다. 또한 이미 자가주택이 있는 주민이나 교육을 원하는 분들을 위해서 단독주택 일부를 체험형 주택으로 만들어 펜션처럼 초단기로 운영할 것도 검토 중에 있습니다.

2012년 기후변화와 관련하여 독일에 연수를 갔을 때의 일입니다. 가이드가 한 권의 잡지를 보여주었습니다. 우리로 치면 마트 수준의 건축자재를 파는 곳의 상품 브로셔였습니다. 독일에서는 일반 주민들이 잡지에 나와 있는 단열재와 3중 유리창을 직접 구매하여 설치한다는 이야기를 듣고 너무나 부러웠습니다.

상상해봅니다. 노원구에 새롭게 지어지는 에너지 제로 실증단지가 장차 대한민국 건축에 새로운 전환점이 되어, 훗날 한국 건축사의 한 페이지를 장식할 수 있기를……

첫 에너지 플러스 환경교육장
▶▶▶ **노원에코센터의 진화**

대한민국 녹색건축대상 최우수상의 영광

2012년 11월 21일, 노원에코센터가 이명박정부가 대통령 직속기구로 만든 국가건축정책위원회와 국토해양부가 공모한 '2012 제1회 대한민국 녹색건축대전'에서 최우수상을 받았습니다. 녹색건축대전은 녹색건축물의 조기정착과 국민생활 속에서 녹색건축 실현에 대해 공감할 수 있는 계기를 만들기 위해 '지속가능한 녹색건축 창출'이라는 주제로 공모했는데, 노원에코센터가 그 취지에 걸맞은 건축물로 공인받은 것입니다. 영광스러운 일이었지요.

그러나 이 같은 영광이 있기까지의 과정은 그렇게 순탄하지 않았습니다. 당초 이 건물은 오래전부터 야외수영장 관리동으로 사용되어왔는데 전임 구청장 말기부터 노원구의회 동의 없이 자연사유물보관소로 변경하는 리모델링이 진행 중이었습니다.

제가 구청장이 되어서 살펴보니 전임 구청장 당시 100만 명 넘게 서명하며 추진했던 자연사박물관 유치 운동이 정부의 정책변경으로

건물 자체가 환경교육의 교재인 노원에코센터가 '2012 제1회 대한민국 녹색건축대전' 최우수상을 받았다.

사실상 불가능하게 되었고, 이와 연관하여 건축 중이던 유물보관소 역시 불필요한 시설이 되어 자칫 흉물로 남게 될 상황이었습니다.

국내 첫 에너지 제로 환경교육장이 되다

저는 이 건물을 흉물로 방치할 수가 없기에 노원구민의 체계적인 환경교육센터로 변경하기로 했습니다. 그리고 기왕이면 건축물 자체가 환경교육에 쓰일 수 있도록 화석연료를 사용하지 않는 에너지 제로 하우스로 만들기로 했습니다.

이때 처음 만난 분이 노원에 에너지 제로 실증단지를 유치하는 데 결정적 역할을 해준 명지대 이명주 교수였습니다. 저는 이 교수님께 전권을 드릴 테니 환경교육센터의 새로운 이정표를 설계하여 줄 것

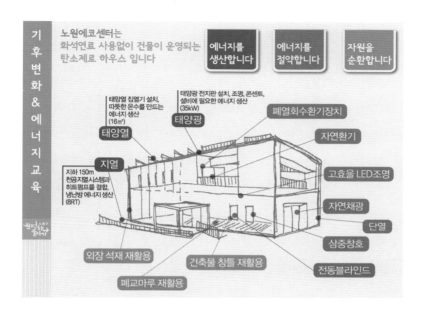

기
후
변
화
&
에
너
지
교
육

노원에코센터는
화석연료 사용없이 건물이 운영되는
탄소제로 하우스 입니다

에너지를 생산합니다

에너지를 절약합니다

자원을 순환합니다

태양열 집열기 설치, 따뜻한 온수를 만드는 에너지 생산 (16㎡)

태양광 전지판 설치, 조명, 콘센트, 설비에 필요한 에너지 생산 (35kW)

폐열회수환기장치

태양열

태양광

자연환기

지열

고효율 LED조명

지하 150m 천공지열시스템과 히트펌프를 결합, 냉난방 에너지 생산 (8RT)

자연채광

단열

삼중창호

외장 석재 재활용

건축물 창틀 재활용

전동블라인드

폐교마루 재활용

을 요청했습니다. 그런데 자연사유물보관소 건물은 이미 상당 정도 건축이 진행되고 있었던 터라 햇빛을 받아야 할 남쪽에는 유리창이 없고, 에너지를 지켜야 할 서향 등에는 큼지막한 유리창이 난 상태였습니다. 때문에 건물을 신축하는 것보다 오히려 더 어려움이 많았습니다. 에너지 제로 건축물은 단열재와 삼중유리창이 필수인데 국내에서는 양산이 되지 않아 공기를 맞추는 데도 애로가 많았습니다.

2012년 2월 10일, 17억 원의 예산을 들여 환경교육센터로는 국내 처음으로 에너지 제로 건축물이 정식개관을 했습니다. 이날은 개관식이 시작되는 시간에 맞춰 함박눈이 잠시 내렸는데 하늘도 함께 축하해주는 듯했고, KBS 방송을 비롯한 많은 언론사에서 관심을 보여 주셨습니다.

에너지 제로에서 에너지 플러스로

노원에코센터는 앞 페이지의 개념도에서 확인할 수 있는 것처럼 에너지생산과 에너지절약 그리고 자원재활용 등의 개념을 융합하여 만들었습니다. 냉난방은 지열을 활용하고, 조명과 엘리베이터 가동 등을 위한 전기에너지는 태양광을 통해서, 온수는 태양열을 통해서 확보했습니다. 에너지는 폐열회수 환기장치를 활용하여 최대한 보존하고 삼중창호와 외단열, LED 조명, 햇빛차단 전동블라인드 등을 통해 에너지의 손실을 최소화하는 한편, 폐교 마루를 재활용하는 등 자원의 순환을 위해서도 많은 노력을 기울였습니다.

그로부터 2년여의 시간이 흐른 지금 연간 에너지 사용량을 비교 검토해보았더니 매우 놀라운 사실이 확인되었습니다. 당초 에너지 제로 개념으로 설계했던 노원에코센터는 사용하는 에너지보다 더 많은 에너지를 생산하고 있었던 것입니다.

환경교육의 메카를 지향하다

노원에코센터는 하드웨어뿐만 아니라 소프트웨어 분야에서도 알차게 운영되고 있습니다. 2012년 2월에 개관하여 2013년 12월까지 기후에너지교실, 친환경 생활제품을 만드는 에코디자인, 생태환경교실, 청소년 에너지캠프, 목공예 체험 등 다양한 프로그램을 통해 약 3만여 명의 주민들과 학생들이 교육에 참여하였습니다.

뿐만 아니라 존경받는 환경운동계의 대 선배인 서울여대 이은희

노원구와 서울여대가 공동으로 운영하고 있는 노원그린맘은 동네에서 녹색생활을 실천하기 위한 교육과 다양한 활동들을 하고 있다.

교수님과 함께 매년 2기씩 그린맘 스쿨도 운영하며 지구를 지키는 노원의 여성을 풀뿌리부터 늘려나가고 있습니다.

그러나 여전히 기후변화에 대한 대응을 먼 훗날의 문제로 미루는 주민들이 많아서 2014년부터는 본격적으로 노원구민을 대상으로 한 기후변화 대응 상설 교육장을 운영하는 한편, 대기전력 체험부스를 통한 에너지 절약 교육도 함께 실시해 어느 지방자치단체보다 환경 의식이 높은 노원구가 될 수 있도록 노력할 예정입니다.

요즘 환경교육 하면 노원구를 제일로 꼽는 사람들이 늘어나고 있습니다. 노원의 생태해설가나 에코가이드 분들은 이런 면에서 상당한 자부심을 갖게 되었습니다. 그 변화의 중심에 노원에코센터가 있습니다. 저는 노원에코센터가 한없이 자랑스럽습니다.

오마이뉴스

"핵 발전소 없애는 방법? 노원구가 알려드리죠"
[행복하려면, 풀뿌리부터③] 김성환 서울 노원구청장 인터뷰(1)

▲ 김성환 노원구청장이 12일 오후 서울 노원구 상계동 마들 근린공원내 '노원에코센터'에서 〈오마이뉴스〉와 만나 옥상에 설치되어 있는 태양열 조리기를 보여주며 "학생들이 에너지를 절약하고 자연에서 에너지를 얻는 방법을 체험할 수 있게 만들어 놓았다"며 설명하고 있다.

'올해 전력수급 비상!'

이 글을 쓰려고 노트북 전원을 켠 순간에도 핸드폰은 진동 벨을 울리면서 속보를 알려준다. 원전 부품 비리 사건이 터진 뒤 몇 번째인지 모른다. '전력 대란 불가피' '전력 수급 경보' '전력 예비율 바닥'. 토씨만 달리하면서 한 달여 동안 반복되는 기사들. 핸드폰을 꺼내볼 때마다 원전마피아보다 멈춰선 핵발전소부터 걱정하라고 다그친다.

이렇게 말 많고 탈 많은 핵발전소를 한 개라도 줄일 방법은 없을까? 지난 12일 만난 김성환 (48)노원구청장은 서울 상계동 마들 근린공원내 '노원에코센터' 옥상에 올라가 천진난만한 표정으로 그 비법을 소개했다.

"이건 태양광 조리개, 달걀도 삶아먹죠. 이건 태양광 발전기죠. 저건 태양열 온수기..."

당장 전력 비상이라고 호들갑인데 한가한 이야기로 들릴 수 있다. 원전을 신앙처럼 떠받드는 사람들 눈에는 국내 전력의 30%를 생산하는 공룡 핵발전소 앞에 장난감 대포를 놓고 엄포를 놓는 격이다. 하지만 김 구청장은 태양광 회사에서 나온 세일즈맨처럼 친절했고 진지했다.

오마이뉴스, 2013. 7. 1

46억 지구 역사를 460m 트랙에서 배운다
▶▶▶ **지구의 길**

일본 환경수도 기타큐슈 시를 견학

독일에서는 우리나라로 치면 초등학교 1학년부터 고등학교 3학년까지 매 단계별로 환경교육프로그램이 마련되어 있다는 이야기를 들었습니다. 궁금했습니다. 독일처럼 노원의 청소년들이 매 단계별로 체계적인 환경교육에 참여하게 할 수 없을까?

노원구 지속가능발전위원회 공동위원장인 건국대 김재현 교수님께 제 고민을 말씀드렸더니 일본의 기타큐슈 시가 환경교육의 모범도시이니 견학해보면 참고할 사례가 많을 것 같다는 제안을 해주셨습니다. 마침 김 교수님도 방학 중이고 큰 비용이 드는 것도 아니어서 2013년 2월, 2박 3일 일정으로 기타큐슈 지방을 방문하게 되었습니다.

기타큐슈 시는 일본 열도의 남쪽에 위치하는데 우리나라의 울산광역시처럼 공업이 발전하면서 한때는 대표적 공해도시였다고 합니다. 우리 일행이 처음 방문한 곳은 환경뮤지엄이었는데 이곳에서 공

일본 기타큐슈 시 환경뮤지엄에 설치된 '지구의 길'의 시작 지점. 사진 중간에 동그란 원형이 지구를 상징한다.

해도시였던 기타큐슈 시가 어떻게 대표적인 환경도시로 변화했는지를 한눈에 확인할 수 있었습니다.

환경뮤지엄 내부를 둘러보고 난 후 야외에 새로 만든 '지구의 길'을 보게 되었습니다. 지구의 길은 46억 년인 지구 역사를 460미터 길을 따라 각종 조형물로 표현하여 알기 쉽게 만든 설치물입니다.

46억 년을 460미터 거리로 표현했으니 10미터를 걸으면 지구 역사 1억 년에 해당하는데 이 길의 백미는 역시 인간의 출현이었습니다. 지구 역사에서 인간은 460미터 트랙의 맨 마지막 2㎝를 남기고 등장하는데, 그중에서도 기후변화에 결정적 영향을 미친 산업혁명 200년의 기간은 머리카락 한 올의 굵기도 되지 못한다는 사실을 시각적으로 확인할 수 있었습니다.

고꾸라역의 태양광 지붕

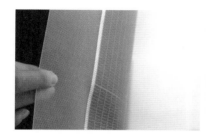

기타큐슈 시장실에 있는 태양광 커튼

기타큐슈 시장과 함께

    저는 1시간 반 동안 일본 가이드의 설명을 들으면서 이 연수는 지구의 길 하나만 본 것으로도 성공이라고 생각했습니다. 그 밖에도 기타큐슈에서는 수직과 수평의 태양광발전, 심지어 커튼까지도 태양광발전을 하도록 되어 있는 모습을 볼 수 있었습니다. 또한 전기 자전거 대여 시스템, 스마트그리드 실증 주택단지, 물환경관, 친환경 학교, 다양한 방식의 환경교육 등을 둘러보면서 많은 것을 보고 배웠습니다. 하지만 무엇보다 인상적이었던 것은 지구의 길이었습니다.

저는 이 지구의 길을 노원에 만들어보고 싶었습니다.

노원에코센터 옆 지구의 길

저는 노원의 청소년들이 원대한 우주관을 갖기를 희망합니다. 137억 년 전 빅뱅을 통해 시작된 우주가 어떻게 팽창해왔는지, 은하와 행성은 어떻게 만들어졌는지, 태양계와 지구는 언제 어떻게 만들어졌는지, 46억 년 동안 지구는 어떤 변화를 가져왔는지를 비교적 쉽게 이해할 수 있기를 원합니다.

특히, 기적과도 같은 지구 역사 전체에서 생명의 진화 역사와 인간이 탄생하여 지금까지 지구에 어떤 영향을 주고받고 있는지를 시공간적으로 이해하기를 바랍니다.

저는 기타큐슈에서 노원으로 돌아오자마자 우선 '지구의 길'을 설치할 수 있는 장소를 찾아봤습니다. 마침 노원에코센터 주변을 한 바퀴 돌면 거의 460m가 된다는 사실을 확인했습니다. 장소 문제가 해결되자 곧바로 지구의 길 설계를 위한 용역을 발주했고 어느 정도 구체적인 그림까지 나와 있습니다. 이를 위한 예산만 확보되면, 노원구에는 전국 어디에도 없는 46억 년 지구의 역사를 한눈에 보여주는 새로운 길이 탄생하게 됩니다.

줄줄 새는 에너지를 잡아라
▶▶▶ **뽁뽁이 봉사단/단열형 집수리 사업**

2013년 겨울 대박 상품은 뽁뽁이

2013년 겨울에 가장 히트한 상품은 이른바 '뽁뽁이'입니다. 깨지기 쉬운 물건을 보호할 때 주로 사용하던 일명 뽁뽁이를 유리창에 붙이면 실내온도를 2~3도가량 높이고 난방비를 최대 20% 아낄 수 있다는 사실이 알려지자 지난해부터 슬슬 인기를 끌기 시작하더니 2013년 겨울 드디어 대박상품이 된 것입니다. 뽁뽁이는 값이 저렴할 뿐 아니라 유리창에 스프레이로 물만 뿌리고 붙이면 되기 때문에 설치가 간편하여 더 인기를 끈 것으로 보입니다.

저는 구청, 동주민센터 그리고 도서관 등 구청이 직영하거나 위탁을 준 곳부터 우선 뽁뽁이를 붙이게 했습니다. 공공기관은 국민의 세금으로 냉난방을 하기 때문에 공무원이 조금만 부지런해지면 이용자도 따뜻하게 이용할 수 있고, 공공기관이 에너지 낭비를 최소화하는 모범을 보일 수 있기 때문입니다.

그런데 구청사에 뽁뽁이를 붙이면서 '일반 주민들은 알아서 하겠

한겨울 추위 '뽁뽁이'로 견뎌요…노원구 '뽁뽁이봉사단' 재능기부

◀ANC▶

오래된 주택에 사시는 분들은 겨울이 되면 외풍 때문에 고생이 많으신데요.

포장용으로 사용되는 에어캡, 이른바 뽁뽁이가 외풍을 막는 난방용 단열재 역할을 톡톡히 한다고 합니다.

이기주 기자가 취재했습니다.

◀VCR▶

◀EFFECT▶

어르신 계세요?"

구청 직원과 봉사자들이 단열용 뽁뽁이를 들고, 낡은 다세대 주택 안으로 들어섭니다.

거실과 방, 부엌에 있는 창문마다 뽁뽁이를 붙이고, 벌어진 작은 틈 하나까지 꽁꽁 틀어막습니다.

공무원과 지역 봉사자들이 모여 만든 이른바 '뽁뽁이 봉사단'의 재능 기부 프로그램입니다.

◀INT▶ 독거노인

추위서 걱정했는데 이렇게 오셔서, 봉사해주시니까 진심으로 감사드립니다."

뽁뽁이라 불리는 에어캡의 부착 전과 후의 차이를 이 열 감지 센서로 직접 확인해보겠습니다."

부착 5분만에 창문 주변 온도가 17도에서 19도로, 2도 올라갔습니다.

단열용 뽁뽁이는 포장용과 달리 비닐이 양면에 붙어 있고, 공기가 머물 수 있는 공간이 많아, 보온 효과가 더 뛰어납니다.

이런 점 때문에 최근엔 난방온도 제한이 있는 공공기관들도 뽁뽁이 활용에 적극적입니다.

◀INT▶ 김성환 노원구청장

에너지 절약에도 도움이 되고, 난방, 기후 변화에도 도움될 것이라고 생각합니다."

MBC, 2013. 12. 20

지만 혼자 사시는 어르신들은 어떻게 하실까?' 하는 고민이 들었습니다. 하여 2013년 12월 '희망온돌 따뜻한 겨울나기 보온시트 시공 자원봉사자 발대식'(일명 뽁뽁이 봉사단)을 만들어 저소득 가구 1,400세대에 뽁뽁이를 붙이는 사업을 시작했습니다.

효과는 바로 나타났습니다. 새는 열을 잡지 못하고 난방비 때문에 집안에서도 내복에 외투를 껴입고 있던 많은 어르신들이 뽁뽁이 봉사단원들에게 감사의 마음을 전해주셨습니다. 봉사단원들도 어르신들의 기뻐하는 모습에 많은 보람을 느꼈다고 합니다. 간단한 일이지만 참 좋은 봉사활동이었습니다.

사회적 기업, 노원구 집수리 사업단

노원구는 뽁뽁이 봉사단뿐 아니라 오래전부터 줄줄 새는 에너지를 잡기 위해 다양한 사업을 펼쳐왔습니다. 그중 대표적 사업이 에너지 컨설팅형 집수리 사업입니다.

제가 구청장이 되어서 살펴보니 그동안 정부 예산으로 진행하는 저소득층의 집수리 사업은 복지관에 위탁하여 진행해오고 있었습니다. 그런데 이들 복지관이 대부분 임대아파트를 끼고 있는 곳이라 집수리 사업에 적극적이지 않아서 매년 정부 예산을 다 쓰지도 못하고 반납하고 있는 실정이었습니다.

고민 끝에 은평구에서 실시해 유명해진 두꺼비하우징과 같은 사회적 기업 형태의 집수리 사업단을 만들게 되었습니다.

그런데 사업의 주체를 바꿔도 사업의 방식은 예나 지금이나 변함이 없었습니다. 즉, 과거부터 집수리 사업은 대부분 낡은 벽지와 장판을 바꿔주는 수준에서 진행되다 보니 외관은 한결 좋아지지만 창문 틈이나 벽 사이로 새 나가는 열을 잡지 못하여 주민생활이 특별히 나아지지 못했습니다. 더구나 연탄을 사용하는 가구를 제외하고는 난방열 요금이 대폭 인상되어 별도의 난방을 하지 못하고 전기장

경향신문

2013년 12월 03일 (화)

김성환 노원구청장 "에어 캡 단열 시공으로 따뜻한 겨울나기"

김성환 서울 노원구청장이 3일 구청 대강당에서 열린 '희망온돌 지피기 봉사단' 발대식에 참석했다.

구는 이달부터 저소득층 1400세대를 대상으로 '희망온돌 에어 캡 사업'을 시행한다. 에어 캡은 흔히 '뽁뽁이'로 불리는 기포가 들어간 필름의 일종이다.

구는 단열효과가 떨어지는 주택들의 난방비 부담을 덜어주기 위해 이번 사업을 기획했다. 자원봉사자 100여명으로 구성된 봉사단은 3인 1조로 각 가정을 돌며, 유리창과 문 틈에 에어 캡으로 단열 시공을 하게 된다.

김성환 구청장은 "구내에 난방을 해도 외풍 때문에 실내가 따뜻하지 않은 집들이 많이 있다"면서 "에어 캡과 문풍지 등을 잘 활용해 새는 열을 막으면 실내온도를 2~3도 높이고 난방비는 최대 20% 아낄 수 있다"고 밝혔다.

경향신문, 2013. 12. 3

판 하나로 한겨울을 나는 가구가 갈수록 늘어나는 상황에서 단열형 집수리 사업은 꼭 필요한 사업이었습니다.

단열형 집수리 사업을 시작하다

저는 문득 열화상카메라가 달린 로봇이 활약하는 SF 영화의 장면이 떠올랐습니다. 하여 노원구 집수리 사업단에 열화상카메라를 두 대 구입해주었습니다. 이후 노원구 집수리 사업은 근본적으로 변화했습니다. 집수리 대상 가구가 선정되면 우선 열화상카메라로 어디서 열이 새고 있는지 확인하고, 단열재를 부착하거나 창호를 교체하는 등 단열작업을 먼저 시행하고 난 후 벽지나 장판을 교체해주는 사업을 합니다. 단열형 집수리 사업을 하고 나면, 많게는 40%의 에너지를 절약할 수 있으니 주민 만족도야 이루 말할 수 없겠지요.

노원구에서 이렇게 지원을 받은 세대가 3년간 1,500세대가 넘습니다. 더구나 노원구가 모범적으로 집수리 사업을 해주다 보니 정부 주관사업 기관인 한국에너지재단에서는 더 많은 예산을 지원해주고, 노원구는 더 많은 세대에 혜택을 드리는 선순환 구조가 생기게 된 것도 보람된 일입니다.

노원을 태양의 도시로

▶▶▶ 햇빛과 바람 발전협동조합

세계 환경수도 프라이부르크를 가다

2013년 이른 봄. 일본 후쿠시마 원전 사태 이후 17기나 되는 원전을 2022년까지 폐기하겠다고 선언한 독일, 그중에서 세계 환경수도이자 태양의 도시라고 불리는 프라이부르크를 탈핵-에너지전환 도시선언을 함께 한 단체장들과 방문했습니다.

인구 23만의 도시 프라이부르크는 1986년 체르노빌 원전 사고 이후 인근에 건설하려고 했던 핵발전소를 영구 폐기하기로 결정하는 과정에서 녹색당이 다수당이 되어 도시 전체를 친환경 도시로 만들고 있는 대표적 도시입니다.

에너지 자립을 선언한 프라이부르크는 전철과 자전거 등 친환경 교통수단이 매우 잘 갖추어진 곳인데, 그중 가장 인상적이었던 것은 태양광을 활용한 각종 건축물이었습니다. 대표적으로 태양을 따라 움직이는 '헬리오트롭(Heliotrop)'은 프라이부르크를 태양의 도시라 부르는 상징과도 같은 건축물이었습니다.

독일 최고의 태양건축가인 롤프 디쉬가 지은 3층짜리 원통모양의 헬리오트롭은 수많은 관광객이 찾는 필수코스가 되었다.

2014년에 독일 축구 1부 리그인 분데스리가에 승격한 프라이부르크 전용구장의 옥상이 태양광으로 덮여 있는 것도 인상적이었습니다.

그 밖에도 주차장이나 일반 건축물 곳곳에서 태양광 전지판을 볼 수 있었는데, 저에게 가장 기억에 남는 건물은 프라이부르크 중앙역 빌딩 벽면에 붙어 있는 태양광 패널이었습니다. 일반적으로 태양광 패널은 햇빛과 수직이 되어야 효율이 높기 때문에 어느 곳이든 30도에서 45도 각도로 세우거나 아예 태양의 고도에 따라 움직이도록 추적식으로 만들기도 합니다.

프라이부르크 중앙역 빌딩 벽면에 붙어 있는 태양광 패널

분데스리가 FC 프라이부르크 전용구장에 설치된 태양광 패널

가이드에게 물었습니다. 이렇게 건물에 패널을 수직으로 세우면 효율이 낮아서 건축비를 감당하기 어려울 텐데 어떻게 이런 건물이 가능하냐고. 가이드의 말에 따르면, 독일은 벽면에 붙이는 태양광도 발전차액제도를 활용하여 지원하기 때문에 아무런 문제가 없답니다. 우리나라는 이명박정부 당시 그나마 적은 규모로 유지해오던 발전차액제도를 폐지하여 태양광 사업이 위축되고 있는 사정을 고려하면

참으로 부러움을 감출 수 없었습니다.

태양의 도시 노원을 지향하다

프라이부르크 시는 독일 남부에 위치하고 있어 독일 내에서 상대적으로 일조량이 많은 도시입니다. 노원구가 속한 서울은 대한민국의 북쪽에 위치하고 있어서 제주나 남해안 일대에 비해 일조량이 연간 약 450시간 부족한 편입니다. 그럼에도 프라이부르크 시보다는 햇빛이 더 많이 내리쬡니다.

특히 서울은 16개 광역자치단체 중에 경기도 다음으로 많은 에너지를 소비하고 있는 도시지만 에너지의 대부분은 지방에서 생산되는 전력에 의존하며 자립도가 매우 낮은 도시입니다. 좋은 것은 자기가 가지고 나쁜 것은 남에게 맡기는 매우 이기적인 도시이죠. 이 같은 상황에서 박원순 서울시장의 원전 1기 줄이기 정책은 매우 바람직한 정책이라고 생각합니다.

저는 장차 독일의 프라이부르크처럼 노원구의 별칭이 '태양의 도시'가 되길 희망합니다. 이론적으로 지구로 오는 태양에너지 한 시간 분량이 지구가 소비하는 1년치 에너지량과 같다고 합니다. 제러미 리프킨의 책 《3차 산업혁명》에서 주장하는 것처럼 모든 건물이 소형 발전소화할 수 있도록 한다면 태양광으로 화석연료 전체를 대체하는 것도 불가능하지 않습니다.

노원구가 태양의 도시가 되려면 무엇보다 폐지된 (재생에너지) 발전차액제도를 부활시켜야 합니다. 그러나 여전히 핵에너지와 석탄과 석유발전에 의존하고 있는 현 정부의 에너지정책이 하루아침에 바뀌기를 기대하기는 어렵습니다.

'노원 햇빛과 바람 발전협동조합'을 만들다

그렇다고 제도가 바뀔 때까지 손 놓고 기다릴 수만은 없었습니다. 우선 마을 단위에서 에너지협동조합을 만들기 위해 (가칭) '노원 햇빛과 바람 발전협동조합 추진위원회' 구성을 제안했습니다. 그러나 협동조합기본법이 2012년 12월에 발효되는 등 협동조합 방식이 매우 생소하기도 했고, 발전차액제도나 의무할당제 등 에너지 관련 법률과 제도를 주민들이 이해하는 데 어려움이 많아 처음에는 주민참여가 쉽지 않았습니다. 또한 노원구는 개발이 거의 완료되어 비싼 토지 임차료를 부담해야 하는 상황이라 발전소 운영에 수익성을 확보하기 어렵고, 연관하여 한정된 수익 범위 내에서 운영인력을 별도로 채용하기도 한계가 있었습니다.

하여 주민사업설명회와 강연회를 몇 차례 개최하여 사업추진의 당위성과 방법 등에 대해 교육하는 한편, 임대료 인하를 위해 노원구 공공시설에 대한 임대료를 인하하는 조례개정을 동시에 추진했습니다. 에너지협동조합 운영을 위해 별도의 인력을 채용할 경우 배보다 배꼽이 클 수 있어서 당분간 실무는 노원에코센터와 구청에서 지원하기로 했습니다.

2013년 4월 19일, 6개월여의 준비 끝에 출자금 9,400만 원과 1,135명의 조합원이 참여한 '노원 햇빛과 바람 발전협동조합'이 창립됐습

경향신문

노원구청 야외주차장 태양광 발전소
에너지 절약·차량 보호 '1석2조' 효과

2013년 10월 14일 (월)
16A면 서울

서울 노원구 주민들이 구청 야외주차장에 태양광 발전시설을 설치했다. 주민들은 물론 부지를 빌려준 구청 모두 전기를 받아 수익을 얻게 됐다. 발전시설 아래에 주차하는 차량들은 직사광선과 눈·비까지 피할 수 있어 '1석2조'의 효과를 거두고 있다.

노원구는 지난 11일 준공된 "노원 햇빛과 바람발전소 1호기(발전소 1호기)'가 정상 가동되고 있다고 13일 밝혔다. 발전소 1호기는 1시간당 30㎾의 전력을 생산할 수 있다. 생산된 전력은 한국전력이 구매하게 됐다. 연간 1400여만원의 수익이 예상된다고 노원구는 설명했다.

발전소 1호기는 주민 1156명이 참여한 '노원 햇빛과 바람발전 협동조합'이 설치했다. 이들은 1만원(1계좌)에서부터 1000만원까지 출자금을 냈다. 이들은 모아진 9850만원 중 9050만원을 발전소 1호기 건설에 지출했다. 조합원들은 계좌 보유 정도에 따라 해마다 500~50만원의 순이익을 얻게 된다. 출자한 자본금은 다른 조합원들에게 양도할 수 있다.

노원구는 부지를 빌려준 대가로 해마다 82만5000원씩 구유재산 유상사용료 수입을 올리게 됐다.

발전소 1호기는 22개면의 주차장 위에 2.8~7m 높이로 설치됐다. 발전소 1호기 밑에 주차하는 차량들은 눈·비를 피하고 직사광선도 차단하는 효과를 거두고 있다.

김성환 노원구청장은 "기후변화는 현시대의 가장 시급한 문제로 이제는 우리가 에너지 소비자에서 생산자가 되어야 한다"면서 "이번 발전소가 구청사를 찾는 주민들에게 에너지 절약과 신재생 에너지 생산·보급을 알릴 수 있는 홍보의 장으로 역할을 해 줄 것을 기대한다"고 말했다.

한대광 기자 chooho@kyunghyang.com

지난 11일 태양광 발전시설이 설치된 서울 노원구청 야외주차장.　　노원구 제공

경향신문, 2013. 10. 13

니다. 이후 조합 설립을 승인받고, 30㎾ 발전을 위한 태양광 설치장소를 물색했습니다. 후보지는 구청 대강당 위 옥상과 구청 주차장 등 2곳이 추천되었는데 향후 태양광 발전의 확산을 위해 주민들 눈에 띄는 주차장 부지에 태양광 발전소를 설치하기로 했습니다.

2013년 10월 11일, 협동조합이 창립된 후 6개월의 준비 끝에 노원 햇빛과 바람 발전소 1호기가 준공되었습니다.

이 발전소는 태양의 도시 노원의 상징적 역할을 할 뿐 아니라 여름에는 주차한 차량의 시원한 그늘막 역할도 하게 될 것입니다. 그리고 2014년 하반기에는 햇빛 2호기를 만드는 견본 역할을 하게 될 것입니다.

아파트 베란다에 태양광 패널을 설치하다

노원구의 주거 방식은 82%가 아파트입니다. 이 아파트들은 대체로 1980년대 후반에서 2000년대 초에 건축되었는데 이때는 일자형 아파트가 거의 유일한 형태였습니다. 때문에 수락산이나 불암산에 올라 노원구를 바라보면 다닥다닥 작은 성냥갑을 세워놓은 것 같은 모습을 볼 수 있습니다. 한 마디로 볼품이 없지요. 그런 노원구에도 기회가 찾아왔습니다. 15층짜리 성냥갑 같은 아파트가 대부분 남향으로 지어졌기 때문에 햇빛을 받기에 쉬운 구조인데, 이를 활용할 수 있게 된 것입니다.

마침 2013년부터 서울시가 아파트 베란다에 150~200W 규모의 소형 태양광 발전사업을 시범적으로 실시하기 시작했습니다. 설치비는 60만 원가량 드는데 절반은 서울시가 지원해주고, 절반은 자부담입니다. 저는 노원구에 이 모델을 확산해보고 싶은 마음에 우선 제가 사는 아파트 베란다에 200W(100W급 2기) 태양광 패널을 2013년 여름에 설치했습니다. 베란다 창틀에 화분걸이처럼 매다는 구조여서 이사할 경우에도 탈부착이 용이하고, 1개월에 5,000원에서 1만 원 사이의 전기요금이 절약되는 것을 확인할 수 있었습니다. 이 정도면 대략 3~5년 안에 설치비를 해결하고 본전을 뽑을 수 있어서 시나 구의 보조가 있을 경우 충분히 상품성이 있다고 판단됩니다.

노원구는 서울시의 지원을 받아 2014년 1,200세대에 아파트 베란다형 소규모 태양광 패널을 부착할 예정입니다. 티끌 모아 태산입니다. 2014년에는 1,200세대이지만 머지않아 노원구 20만 세대 중 최

우리집 베란다에 설치한 미니 태양광 패널

소 5만 세대 이상은 베란다에서 태양광 발전을 할 수 있을 것으로 보입니다. 이렇게 된다면 노원은 태양의 도시라는 별칭을 얻을 자격을 충분히 가지게 될 것입니다.

아파트 애물단지가 난방 효자 되다

▶▶▶ **바이오에너지 목재 펠릿 사업**

오스트리아 에너지 자립 마을, 귀싱―재원은 폐목재

헝가리 국경 지대에 위치한 오스트리아의 에너지 자립 마을 귀싱 (Guissing). 인구 4천 명의 작은 마을 귀싱 시는 20년 전 화석연료로 부터 100% 독립한다는 목표를 세우고 재생에너지에 집중 투자를 했습니다. 그리고 성공했습니다. 성공의 중심에는 폐목재, 즉 바이오에너지가 있었습니다. 산골마을인 귀싱은 폐목재 그리고 계분과 톱밥을 섞어 발효하여 만든 메탄가스로 열병합발전소를 만들어 전기와 난방열을 생산하고 있습니다.

귀싱 시에서는 매년 산림 총량 범위를 넘어선 나무를 간벌하여 화석연료를 대체하고 있는데, 유럽의 많은 나라들이 귀싱과 같이 신재생에너지의 절반가량을 풍력이나 태양광이 아닌 바이오에너지에서 얻고 있습니다.

우리나라도 화석연료를 사용하기 이전에 나무를 난방과 취사의 주 연료로 사용하던 때가 있었습니다. 그 탓에 민둥산이 많이 생겼

오스트리아 에너지 자립 마을 귀싱을 견학했을 때 인상 깊게 본 폐목재를 활용한 열병합발전소

계분과 톱밥으로 메탄가스를 만드는 탱크

지요. 나무는 이산화탄소 통조림이라 불리는데, 나무가 없는 민둥산이 늘어나면 이산화탄소를 흡수하지 못해 기후변화에 취약해질 뿐 아니라, 집중호우 때 물을 가두지 못해 홍수와 산사태가 발생하여 피해가 커집니다.

이런 문제점을 해결하기 위해 박정희 대통령 당시 산림녹화를 집중 실시했는데 그 결과 우리나라가 세계적으로 민둥산을 녹화한 모범사례가 되었습니다. 그런데 오히려 산림이 너무 밀식하다 보니 생육환경에 지장이 생겨 김대중 대통령 때에는 산림 간벌을 신종 뉴딜 사업으로 추진하기도 했었지요. 산림녹화가 정착되자 산림청을 중심으로 폐목재를 재생에너지화하는 사업을 추진했지만 산촌이나 농촌에서 사업이 추진되다 보니 도시에서는 그림의 떡이었습니다.

도심형 바이오에너지, 목재 펠릿 사업을 노원에서 시작하다

2013년 2월 14일. 이날은 노원구가 2년여 동안 고생 끝에 공릉동에 목재 펠릿 공장을 준공한 날입니다. 농촌이나 산촌에는 펠릿 공장이 있었지만 대도시에 펠릿 공장이 만들어진 것은 전국 최초이기에 기쁨이 남달랐습니다. 목재 펠릿은 가로수 등에서 나오는 폐목재를 분쇄하여 건조 압축한 작은 알갱이(pellet) 형태의 바이오에너지 자원을 말합니다.

2년 전 겨울, 한 아파트 단지를 방문했을 때 한편에 산더미처럼 쌓아둔 나뭇가지를 보게 되었습니다. 담당자에게 왜 쌓아두었냐고 물었더니 가을에 가지치기라는 전지를 하는데, 전지 후에 쌓인 나무

2013년 2월 14일, 공릉동에서 노원구 목재펠릿센터 준공식이 열렸다. 농촌이나 산촌이 아니라 대도시에 펠릿제조센터가 만들어진 것은 노원구가 전국 최초이다.

를 처리해야 하지만 처리비만 200만 원이 넘게 들어 그냥 쌓아두었다고 했습니다. 당시에는 펠릿 공장이 없었기 때문에 일단 구청에 있는 분쇄기로 나무를 잘게 부숴서 아파트 단지 화단에 깔아주었습니다.

그러던 중 농촌 지역에서 나무보일러가 주목을 받고 있다는 언론 보도를 보게 되었습니다. 석유 난방요금이 계속 상승하고 있는 상황에서 그 대안으로 산림녹화 후 일정한 기간마다 간벌한 나무를 연료로 가공하여 보일러에 사용한다는 것이었습니다.

저는 나무보일러를 농촌뿐만 아니라 도시에서도 활용할 수 있을 것 같다는 생각이 들었습니다. 노원구에서도 매년 가로수나 아파트 단지에서 전지작업을 하는데, 그때 나온 상당량의 나무를 오히려 비용을 들여 처분해왔기 때문입니다.

보도를 접하고 저는 당장 포천에 있는 펠릿 공장을 방문했습니다. 이 공장은 목재를 분쇄하고, 건조 압축하는 공정에서 매우 큰 기계를 사용해 예산이나 장소 측면에서 노원에 적용하기에는 부적절해 보였습니다. 더구나 공장 규모가 크다 보니 원재료를 인도네시아에서 수입한다는데, 재료를 수입하면서까지 바이오에너지를 생산하는 것은 당초 취지에 맞지 않다고 생각해서 포천 방식은 포기했습니다.

그때 마침 국립산림과학원에서 이동형 목재 펠릿 제조 플랜트를 개발했다는 소식을 들었습니다. 앞서 방문한 포천 공장은 설치비가 약 35억이 든 것에 비해 산림과학원의 플랜트는 2억이면 가능하다고 하니 규모나 예산면에서 적절하다는 판단이 들었습니다. 저는 당장 노원구를 테스트베드로 하여 플랜트를 가동하자고 제안했고 실무자 간에 일정한 협의가 진행되었습니다.

그런데 차일피일 일이 미뤄지더니 결국 산림과학원의 내부 사정으로 일이 성사되지 못하고 말았습니다. 실망이 컸지요.

그러던 어느 날 강원도 평창에 설치비가 1억 5천만 원 정도의 소규모 펠릿 공장이 있다는 보고를 받았습니다. 사진으로 보니 노원구에 설치하기 적당한 규모라는 생각이 들었지만 책상에서 결정하면 오류가 있을 수도 있다는 생각에 구의회 해당 상임위원회 이한국 의원님과 함께 직접 평창에 가보았습니다. 3시간 반을 달려 도착한 평창 공장에서는 소규모로 펠릿을 제조하여 자체 난방 연료로만 사용하고 있었는데 노원에 설치하기에 안성맞춤이었습니다. 그래서 현장에서 노원에 같은 공장을 세우기로 결정했습니다. 이 결정을 한 후 서울로 돌아오는 발걸음은 매우 가벼웠습니다.

東亞日報

2013년 02월 15일 (금)
17면 수도권

아파트 애물단지가 '난방효자' 됐다

**노원구, 나뭇가지 재활용
목재 펠릿공장 준공**

14일 오전 11시 서울 노원구 공릉동 효성아파트에서는 고가사다리를 이용해 단지 내에 심어진 메타세쿼이아 나무의 가지치기 작업이 한창이었다. 5층 아파트보다 높이 자란 메타세쿼이아는 그동안 태풍이 불면 아파트 벽면과 지붕에 부딪쳐 피해를 입혔지만 처리 비용 때문에 자르지 못하고 방치했다.

아파트 관리소장 송만재 씨는 "5년 전 단지 내 메타세쿼이아 194그루를 자르기로 했는데 견적이 2500만 원이나 나와 포기했다"며 "이번에 노원구가 당시 전적의 50%만 받고 처

**전체주택의 82%가 아파트
가지치기·배출비용 줄이고
구청은 원료 싸게 구입 '윈윈'**

**난방비 경유보일러의 절반
저소득층에 싼값 공급**

리해 준다고 해 큰 짐을 덜었다"고 말했다.

노원구는 아파트 단지 내 나무나 가로수의 가지치기 등으로 나오는 나뭇가지들을 수거해 바이오연료로 만드는 목재 펠릿(톱밥 뭉치) 공장을 14일 준공했다.

공장에서는 수거된 나뭇가지와 폐수목을 톱밥으로 만든 뒤 이를 건조하고 압축해 손톱만 한 크기의 펠릿을 만든다. 전국에 200여 곳의 상업용 펠릿 공장이 가동되고 있지만 서울

김성환 노원구청장이 14일 서울 노원구 공릉동에 세워진 목재 펠릿 공장 안에서 이날 생산된 목재 펠릿을 보여주고 있다. 노원구 제공

에 지방자치단체가 직접 공장을 세운 것은 노원구가 처음이다.

이 공장의 하루 생산량은 0.5t으로 연간 80t 이상 생산이 가능하다. 노원구는 생산된 펠릿을 시중 가격의 절반 정도인 20kg당 3000원에 구매 저소득층에 공급할 계획이다.

펠릿은 목재를 바로 태울 때보다 이산화탄소 배출량이 12분의 1밖에 되지 않고 가격도 저렴해 친환경 연료로 꼽힌다. 특히 노원구의 펠릿 공장은 노원구 전체 주택의 82%를 차지하고 있는 아파트에서 매년 나오는 나뭇가지와 태풍이나 병충해로 쓰러지는 가로수들을 활용해 재활용 연료를 생산하는 것이어서 아파트 주민들은 불편이고 노

원구도 일거양득의 효과를 얻을 수 있다.

목재 펠릿을 연료로 쓰려면 별도의 보일러를 설치해야 한다. 대당 350만∼450만 원이지만 70%가량을 정부와 지자체에서 지원해줘 본인 부담은 100만 원 정도도다. 펠릿 보일러는 일반 가정의 기름보일러와 비교해 난방비를 50% 정도 절약할 수 있다. 노원구는 지난해 저소득층이 거주하는 단독주택 3곳에 펠릿 보일러를 무상으로 설치했다.

겨울철만 되면 난방비 부담이 컸던 노원구 상계동 이순희 씨(75·여)의 집도 지난해 11월 펠릿 보일러를 설치했다. 이 씨의 집은 작은

한옥이지만 장애가 있는 아들이 집 안에만 머물러 겨울철 내내 기름보일러를 돌려야 했기 때문에 난방비만 한 달에 40만∼50만 원이 나왔다. 이 씨는 "노원구에서 펠릿 보일러를 지원해 줘 난방비가 절반 이상 줄었다"고 말했다.

노원구는 올해 20대의 펠릿 보일러를 추가 보급하고 2015년까지 50대 이상으로 확대할 계획이다. 김성환 구청장은 "도시에서 발생되는 폐목재를 활용한 '도시형 바이오연료' 사업이 서울에서도 가능하다는 걸 보여주고 싶다"며 "기후 변화에 대응하는 자치단체의 모범사례가 되겠다"고 말했다.

박진우 기자 pjw@donga.com

동아일보, 2013. 2. 15

목재 펠릿, 서민층과 공공장소의 대안 에너지로 활용

노원구에는 저소득 일반주택에서 기름보일러를 사용하는 가구가 많습니다. 예전에 연탄보일러를 사용하다가 기름보일러로 바꾼 가구들인데, 요즘 석유 가격이 많이 오르다 보니 한겨울에는 연료비만 한 달에 70~80만 원이 든다고 합니다. 서민 가정에서는 감당하기 힘든 비용이지요. 그래서 아주 추운 날을 제외하고는 전기장판 하나로 버티는 가구가 늘어나고 있습니다.

그래서 노원구는 펠릿 공장 완성을 전후하여 기름보일러를 사용하는 저소득 가정의 보일러를 목재 펠릿 보일러로 바꾸는 사업을 시작했습니다. 가정용 펠릿 보일러의 설치비는 대략 450만 원 수준인데, 산림청 지원이 확정되면 지방자치단체 보조를 포함하여 전체의 70%의 비용을 지원받을 수 있습니다. 따라서 본인 부담은 100만 원 수준이라 설치 후 2~3년이면 보전이 가능하고, 국민기초수급권 가정에는 구청에서 30% 비용을 부담하여 무상으로 설치해주니 이처럼 좋은 에너지가 따로 없습니다. 펠릿 20kg의 시중가는 6천 원 정도인데, 노원구에서 저소득 가정에는 3천 원에, 일반주민에게는 10% 할인하여 공급하고 있어, 한겨울에 연탄보다도 저렴하게 쓸 수 있어서 아주 인기 있는 상품이 되었습니다.

노원구는 펠릿의 재원이 되는 폐목재를 3가지 경로로 확보하고 있습니다.

첫째, 아파트단지 내 나무 가지치기를 통해 얻고 있습니다. 구청이

고소 작업차를 직접 구매하여 시중의 절반 값으로 가치치기를 해주고 나무를 수거거해 오니 그야말로 일석이조의 효과가 있습니다.

둘째, 가로수 가지치기를 통해 얻고 있습니다. 이 역시 그동안 예산을 들여 용역에 맡겨온 것을 구가 직접 하게 되어 예산절감과 에너지원 확보에 많은 도움이 되고 있습니다.

셋째, 수락산과 불암산 등에 쓰러진 폐목들을 이용하고 있습니다. 폐목들을 적당한 크기로 잘라두었다가, 청소년들이 산에서 생태해설을 듣고 내려올 때 한 덩어리씩 들고 내려오면 청소년 자원봉사 시간을 인정받을 수 있도록 하였습니다. 이 방식 또한 청소년 생태교육과 자원확보에 큰 도움이 되고 있습니다.

자원 순환 시스템의 한 고리를 완성하다

화석연료 사용을 줄이고 지속가능한 사회 시스템을 만들기 위해서는 음식, 에너지, 일자리, 교통 등 모든 분야에서 쓰고 버리는 방식이 아니라, 자원이 순환할 수 있는 방식을 만들어야 합니다. 그중 에너지 분야에서, 노원에서 자라는 나무를 가지치기하여, 노원에서 직접 펠릿으로 만들어, 노원의 저소득 가정이나 노인정 등 공공장소의 연료로 쓰는 자체 자원 순환 시스템을 완성한 것입니다.

노원에서의 바이오에너지 사업은 많은 곳에 벤치마킹의 대상이 되었고, 펠릿 보일러 보급 확산에 기여한 공으로 우리 구의 사업 담당자가 산림청으로부터 표창을 받기도 하였습니다. 또한 서울의 다른 자치구에서도 펠릿 공장을 만들기 시작했고, 2014년부터는 서울시에서도 저소득 취약계층에게 무상으로 펠릿 보일러를 설치해주기 시작했습니다.

문제는 목재 펠릿이 무한정 공급 가능한 자원이 아니라는 점입니다. 노원에는 현재까지 펠릿 보일러 18대와 펠릿 난로 15대를 설치하여 운영하고 있습니다. 그런데 펠릿 연료 공급을 원하는 곳이 빠른 속도록 늘어나는 것을 감안하면 수요와 공급의 적정선이 어디까지인지 확인해볼 필요가 있습니다. 목재 펠릿이 인기가 있다고 해서 공급량을 무한정 늘리다 보면 옛 조상들처럼 노원구를 민둥산으로 만들어버릴 수도 있기 때문입니다.

도시농업이 새로운 미래다

▶▶▶ **도시텃밭, 에코팜센터**

식량자급률 대한민국 25.3%, 프랑스 329%

2013년을 기준으로 우리나라 사람 중 91%는 도시에 삽니다. 한국전쟁 직후인 1955년에는 30%만 도시에 살았는데 1960년대부터 2000년대까지 급격하게 도시화가 진전되어 이제는 대부분이 도시에 살게 되었습니다. 참고로 OECD 평균이 85%이니 우리의 도시화가 다른 선진국보다 좀 더 심하고 그 속도도 빠르다고 할 수 있지요.

저는 1965년에 어촌에서 태어나 1976년에 상경해 지금까지 서울에 살고 있습니다. 이와 같이 대부분 한 세대만에 도시화가 급속히 진행되어 농촌이나 어촌은 이제 아이울음 소리를 듣기 어렵게 되고, 70대 어르신이 청년 역할을 하는 마을이 많이 늘어나게 되었지요.

농어촌의 인구가 줄어든 만큼 우리나라 식량자급률도 많이 낮아졌습니다. 다음 페이지의 그림과 같이 유엔식량농업기구(FAO)의 자료에 따르면 우리나라의 식량자급률은 25.3%로 29개 OECD 국가 중 26위입니다. 참고로 자급률 1위인 프랑스는 329%이고 산업경쟁

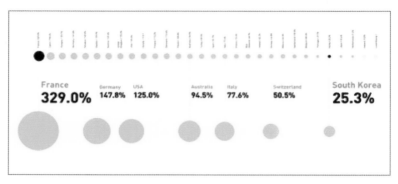

출처 : 유엔식량농업기구, 2008

유엔식량농업기구에 따르면 우리나라의 식량자급률은 25.3%로, 29개 OECD 국가 중 26위이다.

력 1위인 독일도 147%이고, 미국 영국 스웨덴 등도 100% 이상의 식량자급률을 보입니다.

특히, 최근 곡물이 바이오연료로 쓰이면서 곡물가격이 급상승하고 있고, 기후변화로 인해 곡물 파동이 갈수록 심해지는 상황을 고려할 때, 우리도 식량 주권 차원에서 자급률을 높이기 위한 노력에 박차를 가할 필요가 있습니다.

식량자급률을 높이는 유력한 방법 중 하나가 바로 도시농업입니다. 도시농업은 지역 내에서 생산된 먹거리를 지역 내에서 소비함으로써 식품의 유통 단계를 줄여 탄소배출량을 줄이는 데 기여할 수 있습니다. 만약 도시농업이 활성화되면 기후변화의 영향을 최소화하면서 친환경 먹거리를 안정적으로 공급할 수 있게 될 것입니다.

아파트 옥상에서 수박을 재배하다

도시농업이 취지는 좋지만 결정적으로는 농사를 지을 땅이 거의 없다는 데 문제가 있습니다. 노원구가 대표적입니다. 노원구는 이미 도시개발이 끝나서 빈 땅이 거의 없습니다. 노원구에 보이는 것이라고는 수락산, 불암산, 중랑천을 빼고 나면 아파트 숲밖에 없습니다. 그런데 이곳에서도 도시농업의 싹이 피어올랐습니다.

2012년 여름. 하계동 한신아파트에서 도시농업으로 재배한 농산물로 잔치를 한다고 저를 초대했습니다. 서울시와 구청에서 약간의 예산을 지원하여 시작한 사업이니 대충 고추나 오이 정도를 재배했겠거니 하는 생각으로 방문했는데 15층 아파트 옥상에서 수박과 참외가 영글고 있는 장면을 보고 깜짝 놀라고 말았습니다.

노원구는 대부분 아파트가 20년 전에 지어져서 아파트 옥상이 비어져 있는 곳이 많습니다. 그렇지만 옥상에서 도시농업을 하기란 여간 쉽지 않습니다. 구조적으로 옥상방수에 문제가 있을 수 있고, 농업용수를 대기도 쉽지 않습니다. 또한 꼭대기 층에 사는 주민이 동의하지 않으면 반대를 무릅쓰고 추진하기도 어렵습니다.

그런데 하계동의 한신아파트와 중계동의 청구아파트에서 15층 아파트의 옥상에서 도시농업을 시작하여 멋지게 성공한 것입니다. 이러한 성공 뒤에는 한신아파트의 고창록 동대표회장님, 청구아파트의 변영수 동대표회장님처럼 도시농업을 통해 아파트를 새로운 녹색 공동체로 만들겠다는 신념을 가진 분들의 헌신적인 노력이 있었습니다. 이렇게 헌신적으로 노력한 결과 2012년 말 한신아파트는 서울시에서 주는 친환경녹색 분야 최우수상을 받았고, 청구아파트는 서울에서 가장 모범적인 아파트 공동체로 인정받게 되었습니다.

친환경 자동화 농업시설이 노원에 만들어지다

지하철 6, 7호선이 만나는 태릉역에서 화랑로를 따라 시계로 가면 육군사관학교와 태릉선수촌을 지나 삼육대학교가 나옵니다. 삼육대학교는 불암산 둘레길 자락과 맞닿아 있고 서어나무 군락지와 제명호수가 있어서 어느 대학보다 캠퍼스가 아름답습니다. 뿐만 아니라 화랑로 맞은편에 농장터가 있어서 학생들이 직접 식물을 재배할 수 있는 특권도 있습니다. 저는 구청장이 된 직후부터 이 농장터를 어떻게 하면 더 값지게 활용할 수 있을까 고민했습니다. 이때 마침 유럽이나 일본 등에서 아파트형 농업 농장이 성공적으로 운영된다는 소식을 언론을 통해 접하게 되었습니다.

2011년 5월, 저는 삼육대학교에 이와 관련한 연구용역을 해보자고 제안했습니다. 학교 측에서도 구청의 제안에 흔쾌히 동의하여 학교 전문가들이 유럽과 일본 등을 둘러보고는 노원에서도 충분히 가능하겠다는 결론을 내렸습니다.

이후 삼육대와 노원구가 각각 절반에 해당하는 3억 원씩을 투자하기로 하고, 경기도농업기술원의 기술자문을 받아 친환경첨단자동화농업시설을 만들기로 협약을 체결하고 공사에 착수했습니다.

2013년 5월, 2년여의 준비 끝에 드디어 '노원삼육에코팜센터'라는 명칭을 단 친환경첨단자동화농업시설이 노원에 만들어졌습니다. 이

서울신문 2013년 05월 31일 (금)
15면 서울

김성환 노원구청장 친환경 식물공장 '톡톡 튀네'

LED로 창조행정 LEⒶD
《LEAD: 이끌다》

관내 삼육대와 산학협력
LED조명 에코팜센터 운영
660㎡규모에 상추·꽃 재배
학교급식 제공… 수출까지

"TV에서 해외 토픽으로 아파트형 공장을 소개하는데 같이 딱 오더라고요. 노원구에도 친환경 식물공장을 만들어야겠다는 아이디어가 떠올랐죠."

25개 기초단체장 가운데 톡톡 튀는 아이디어 도출로 다양한 정책을 선도하며 '정책기획가'란 별명을 지닌 김성환 노원구청장이 삼육대와 협력해 전국 최초로 발광다이오드(LED) 친환경 식물농장 '노원-삼육 에코팜 센터'를 탄생시켰다.

30일 준공식을 가진 에코팜 센터에는 유치원생 등 시민 200여명의 발길이 이어졌다. 660㎡ 면적에 2층 규모의 재배시설을 갖춘 센터에는 상추 등 다양한 채소가 56가지의 LED 조명을 받으며 튼튼하게 자라고 있었다. 수확하는 채소는 지역 내 어린이집, 초·중·고

김성환(오른쪽) 노원구청장이 30일 공릉동 발광다이오드(LED) 친환경 식물농장 '노원-삼육 에코팜 센터'를 찾은 유치원생들에게 상추가 자라나는 과정 등에 대해 설명하고 있다.
노원구 제공

교 급식소, 복지시설 등에 무상으로 공급될 예정이다. 맞은편에는 선인장 1만개 등 다양한 야생화가 있었다. 채소 이외의 식물들은 네덜란드와 미국 등에 수출될 예정이다.

에코팜 센터의 온도는 365일 채소 재배에 적합한 24도를 유지한다. 태양광 대신 LED 인공 조명을 쐬 빛, 온도, 습도, 이산화탄소 농도 등이 자동 시스템에 의해 조절된다. LED는 식물이 광합성을 하기에 가장 좋은 파장인 600~700나노미터를 항상 유지한다. 이 때문에 일반 토양에서 상추급 자라는 데 60~70일이 걸리는 반면 에코팜 센터에서는 30일 만에 두 무농약 유기농으로 기른다. 생산량은 야외에서 기를 때보다 10배 이상 많을 것으로 예상하고 있다.

에코팜 센터에서 자란 채소 대부분은 무상으로 지역 내 학교급식 식자재 등에 보급되기 때문에 당장 높은 수익성을 기대하기

는 어려운 게 사실이다. 김 구청장은 "처음 에코팜 센터를 구상했을 때는 잘될까 걱정도 했다. 의회에 예산을 신청할 때 '벤처사업의 성공률은 5%'라고 한다. 예산 3억원을 까먹는 사업이 될 수도 있지만 건강한 음식 재료를 주민들에게 제공할 수도 있고, 도시 농업 가운데 가장 친환경적인 농법을 사용해 도시와 농촌 간 채소 유통 과정에서 발생하는 이산화탄소를 줄일 수도 있다"며 사업 필요성을 설명했다. 실제로 김 구청장은 직접 발로 뛰며 구의원들을 설득하는 것은 물론 삼육대의 지원을 이끌어내 에코팜 센터를 아이디어에서 정책 실현으로 이어나갈 수 있었다.

주민들의 반응도 뜨거웠다. 이날 센터를 찾은 김경옥(46) 공릉중학교 학부모회장은 "우리 지역에서 나고 자란 무농약 친환경 채소가 아이들의 식탁에 오른다고 생각하니 부모 입장에서 광장히 안심된다"면서 "에코팜 센터가 학생들에게 도시농업의 체험 장소로도 활용된다고 해 기대가 크다"고 전했다.

김청은 기자 kimje@seoul.co.kr

서울신문, 2013. 5. 31

곳에서 친환경 액체비료와 LED 조명, 그리고 자연광을 활용하여 상추와 삼육대의 특허상품인 선인장을 재배하기 시작했습니다. 그리고 에코팜센터 자체가 유치원생부터 어르신까지 친환경 도시농업을 체험하는 교육장이 되었습니다. 아무래도 처음 시작하는 사업이다 보니 아직까지는 투자에 비하면 충분한 사업성이 있는 것은 아닙니다.

에코팜센터 준공식 모습. 2년여의 준비 끝에 2013년 5월 드디어 친환경첨단자동화농업시설이 노원에 탄생했다.

하지만 삼육대 원예학과 교수님들의 열정과 노원구의 관심이 지속된다면 이 사업은 도시농업의 새로운 모델로서 충분히 성공할 것이라고 믿습니다.

마을공동체 복원의 일등 신랑감─도시텃밭

노원구는 수락산과 불암산 자락 및 경춘선 폐선부지 등 경작이 가능한 곳은 도시텃밭을 조성하여 주민들에게 무상으로 임대해주고 있습니다.

2012년 5월, 불암산 자락에 새로 개장한 불암 허브공원에 예전 같으면 운동시설을 제외하고는 대부분 조경사업을 했을 자투리 공간을 활용하여 70구획의 텃밭을 조성했습니다. 또한 체계적인 지원을 위해 도시농업지원센터를 만들어 주민들과 학생들에게 친환경 비료

불암 허브공원 텃밭을 인근 초등학교 학생들이 직접 가꾸고 있다.

만들기 등의 도시농업 교육을 병행하고 있는데, 50구획 일반분양에 960명이 몰릴 정도로 인기가 좋았습니다.

이들 텃밭은 학생들에게는 '마을이 학교다' 사업과 연계된 현장 학습장으로 활용할 수 있고, 생산된 작물은 이웃과 나누어 먹거나, 어려운 이웃에게 기부하면서 나눔 문화가 확산되는 효과를 보고 있습니다. 또한 도시농부학교 교육생을 중심으로 마을공동체 커뮤니티가 활성화되는 등 여러 가지 순기능을 하고 있습니다.

노원구는 앞으로도 '1가구 1텃밭 가꾸기'를 정책 목표로 삼아 다양한 방식의 도시농업을 활성화하기 위해 노력할 예정입니다. 아파트 베란다와 옥상, 공원과 광장 자투리 땅, 수락산 산자락 모퉁이, 중랑천 둔치 등 모든 공간을 활용한다면 20만 세대의 구민들에게 세

도시농부학교 수료생들이 직접 실습하며 재배한 배추와 무를 저소득층을 위한 김장에 쓰기 위해 기증했다.

대당 평균 3.3㎡ 이상의 텃밭을 제공하는 것은 결코 꿈이 아닌 현실이 될 수 있을 것입니다.

음식물쓰레기 제로화에 도전하다
▶▶▶ **자원 순환형 사회 만들기**

2013년 음식물쓰레기 종량제 전면 시행

2009년, 한국은 음폐수(음식물류 폐기물 발생 폐수) 등을 해양에 투기하는 것을 금지하는 국제협약에 가입하여 2013년부터는 음폐수의 해양 배출이 불가능하게 되었습니다. 음폐수의 해양 배출이 금지되면 음식물쓰레기 처리가 어려워지고 결과적으로 처리비 급증이 불가피해집니다. 이에 노원에서도 정부정책에 발맞추어 음식물쓰레기 종량제를 2013년 1월부터 전면 시행하게 되었습니다.

일상적인 주민생활에 변화가 생기면 아무리 꼼꼼하게 준비를 해도 곳곳에서 문제가 터지게 되어 있는 법. 제일 먼저 음식물을 받아서 퇴비화 혹은 사료화하는 경기도 일원의 업체에서 톤당 처리비를 올려달라며 음식물쓰레기 반입을 거부하는 일부터 생겼습니다. 당장 음식물쓰레기가 아파트 주차장에 쌓이기 시작하니 주민들이 불편해하기 시작했습니다.

알고 보니 계약기간이 만료된 몇몇 자치구가 신규로 계약하면서 톤당 처리비를 대폭 인상해주었음에 반하여, 노원구는 계약기간이 만료되지 않았다는 이유로 종전 처리비를 지급하고 있기 때문이었습니다. 처리비를 인상해주자니 구 재정이 어려워지고, 기존 가격을 유지하자니 음식물쓰레기가 동네에 쌓이게 되고……. 진퇴양난이었습니다. 난생 처음으로 음식물쓰레기 처리비용 인상 내역이 합당한지 견적서를 살펴봤지만 서류상으로는 제대로 구분이 가질 않았습니다. 부랴부랴 구청장협의회에 안건을 올리고 7만 3천 원을 10만 7천 원으로 인상하는 선에서 마무리지었습니다.

두 번째 과제는 종량제의 취지에 맞게 음식물 수거 시스템을 정착시키는 문제였습니다. 아파트 주민의 이해를 대변하는 대표들은 일반 종량제 봉투처럼 음식물 종량제 봉투를 도입하자고 했습니다. 나름대로 타당한 요청이었지만, 2015년 7월부터는 비닐봉투 사용이 금지되고, 음식물자원화 시설에서 일일이 봉투를 터뜨려야 하는 번거로움과 추가되는 비용 문제 때문에 도입이 쉽지 않았습니다. 그리하여 불가피하게 기존 음식물쓰레기 박스를 그대로 사용하다 보니 개인별로 음식물을 줄일 요인이 생기지 않게 되어 음식물 종량제의 취지가 무색하게 되는 문제점이 노출되었습니다. 역시 진퇴양난이었습니다.

마침 노원구에 쓰레기 소각장을 지을 무렵 소각장 인근 주민의 반발이 심해지자 도봉구는 음식물을, 강북구는 재활용 선별장을 만들어 역할을 분담하자는 의견이 나왔던 기억이 떠올랐습니다. 만약 도봉의 시설이 효율적이면 지금이라도 노원의 음식물쓰레기를 도봉에서 처리할 수 있지 않을까 하는 마음에서 도봉구의 음식물 자원화 시설을 둘러보았습니다. 이 시설은 음식물쓰레기의 80% 이상을 차

우리 구의 민관공동기구인 음식물쓰레기 제로화 대책위원회와 함께 도봉구의 음식물자원화시설을 방문하였다.

지하는 수분을 증발시키고 남은 찌꺼기를 톱밥과 섞어 사료화하는 시설이었습니다.

결과물만 놓고 보면 좋은 시설이었지만 문제는 음식물쓰레기의 수분을 증발시키기 위해 화석연료를 다량 소비하는 구조이다 보니 톤당 처리비용이 더 비쌀 뿐 아니라 환경적으로도 바람직해 보이질 않았습니다.

음식물쓰레기 제로화 추진 기구를 만들다

2013년 3월 8일, 고민 끝에 주민대표와 구의원 그리고 집행부가 참여하는 음식물쓰레기 제로화 대책협의회를 구성하고 활동에 들어 갔습니다.

음식물쓰레기를 제로화하기 위해서는 1단계로 가정에서 쓰레기 발생을 최소화해야 하고, 2단계로 아파트 단지별 혹은 지역별로 쓰레기를 감량화하고, 마지막 단계로 최종 쓰레기를 자원화할 수 있도록 해야 합니다.

대책협의회는 단계별로 필요한 과제나 음식물 감량에 성공한 사례를 벤치마킹하여 노원에 적용하기 위해 많은 노력을 기울였습니다. 우선 가정의 음식물쓰레기를 줄이기 위해 홍보에 다각적인 노력을 기울이는 한편, 양파자루를 활용한 물기 제거망을 보급하고, 아파트 단지별로 참여하는 감량경진대회를 개최하여 우수한 아파트 단지에는 인센티브를 주었습니다.

중계동 텃밭부지에 지렁이 사육장을 조성하여 음식물을 생태적으로 줄이는 실험을 병행하는 한편, 상계 주공아파트 1단지에서는 다양한 방식의 음식물 감량 기기를 설치하여 냄새, 전기료, 감량비율 등을 비교 실험하고 있습니다.

또한 공릉동의 대주피오레 아파트에서는 환경부 예산을 지원받아 가정에서 분쇄한 음식물쓰레기를 한곳에 모아 감량하는 방식을 도입하여 음식물쓰레기 발생을 최소화하는 실험도 진행하고 있습니다.

이렇게 다양한 실험을 진행한 결과 2010년부터 꾸준히 증가하던 1인당 음식물쓰레기 배출량이 2013년에 드디어 감소하기 시작했습니다.

노원구는 이와 같은 노력의 결과 환경부 주관 음식물쓰레기 줄이기 경진대회에서 특별상을 수상하고, 서울시 주관 2013년 '자원이 순환되고 깨끗한 도시 만들기 사업'에서 우수상을 수상하는 등 많은 곳에서 좋은 평가를 받게 되었습니다.

음식물쓰레기를 자원 순환 시스템에 포함하자

그러나 갈 길은 여전히 멀기만 합니다.

노원구는 2014년 서울시비를 일부 지원받아 RFID 방식의 음식물쓰레기 종량기기 설치 시범 사업도 추진할 예정입니다. 종량기기는 세대별로 버린 양을 기준으로 처리비를 부과하기 때문에 음식물쓰레기 발생량이 대략 30% 줄 것으로 예측하고 있습니다. 그럼에도 불구하고 남은 음식물쓰레기를 처리하기 위해 인근 중랑구와 공동으로 자원화하는 시설을 짓기 위한 준비도 하고 있습니다.

이제 지속적인 주민 교육을 통해 가정에서 음식물쓰레기 발생을 최소화하는 것이 가장 우선적인 과제입니다. 그러나 우리나라 음식문화 특성과 주민 부담이 월 평균 1,500원 수준임을 감안할 때 음식물쓰레기를 줄이고자 하는 주민의식에 근본적 변화를 가져오기에는 어려움이 많이 있을 것 같습니다. 하지만 포기하지 않겠습니다.

음식물쓰레기를 처리하기 위해 멀리 경기도까지 대형 트럭으로 실어 나르는 과정을 없애고 노원구 내에서 음식물쓰레기를 처리할 수 있다면 이는 자원 순환형 사회에 한 발 다가서는 일이 될 수 있을 것이기 때문입니다.

집 나간 자식이 효자 되어 돌아오다
▶▶▶ **경춘선 공원**

춘천 가는 마지막 기차

2010년 12월 21일. 이날은 70년 동안 성북역(현 광운대역)과 화랑대역을 지나 춘천으로 가던 경춘선 열차가 마지막으로 운행한 날이었습니다. 춘천행 열차가 복선 전철로 연결되어 상봉역에서 춘천으로 노선이 변경되었기 때문입니다.

경춘선 열차 덕분에 추억거리도 많이 있었지만 그동안 기찻길 옆 오막살이에서 소음, 진동, 분진으로 시달렸던 공릉동과 월계동 주민들은 폐선이 되는 구간에 공원이 조성된다는 소식에 한껏 기대가 부풀어 올랐습니다. 또한 폐선부지는 총 길이가 6.3㎞로 꽤 긴 구간인데 공교롭게도 이곳이 모두 노원구에 해당되어 저도 기쁜 마음에 그날 성북역에서 화랑대역까지 운행하는 마지막 기차를 탔습니다. 그리고 화랑대역 앞 광장에서 경춘선 폐선을 기념하는 음악회를 열어 주민들과 역사의 한 장면을 함께 했습니다.

2010년 12월 21일, 경춘선 마지막 운행 모습

고래싸움에 새우 등 터진 노원구민

저와 주민들은 오래 전부터 공원화 계획이 추진되어왔기 때문에 기차가 중단된 2011년부터는 곧바로 공사가 개시될 것으로 예상했습니다. 그런데 문제가 생겼습니다. 폐선부지 땅 주인인 철도시설관리공단과 공원 조성을 담당할 서울시는 그동안 토지를 무상으로 사용하는 것을 전제로 협의해왔습니다. 그런데 막상 기차가 중단될 무렵부터는 무상 사용은 불가하고 공원을 조성하려면 토지를 매입하거나 다른 땅과 교환해야 한다며 철도시설관리공단이 갑자기 입장을 변경한 것입니다.

서울시도 경춘선 공원 조성 공사비로 총 760억을 책정하고 사업을 추진해왔는데 1,200억 원 상당의 땅값까지를 예산에 포함하면 공사를 하기 어렵다는 입장을 노원구에 전달해왔습니다. 옛말에 '고래

2012년 12월 17일, 경춘선 철도부지 활용 및 관리를 위해 서울시와 한국철도시설공단이 업무 협약을 맺었다.

싸움에 새우 등 터진다'고 했습니다. 철도시설관리공단은 땅값 내놓으라 하고, 서울시는 그렇게는 공사를 못한다고 하는 사이에 그동안 기찻길 옆에서 소음에 시달리면서도 공원이 조성될 날만 기다려왔던 노원구민만 피해를 보게 된 것이죠.

기차는 멈췄는데 공원 조성 공사는 기약이 없는 사이 폐선부지는 쓰레기가 쌓이고 우범지대화될 위기에 처했습니다. 목마른 자가 샘을 파는 법. 노원구는 땅 주인인 공단과 MOU을 체결하여 폐선부지에 대한 관리권을 넘겨받아 우선 폐선부지가 슬럼화되는 것을 막는 일부터 시작했습니다. 쓰레기를 치우고, 불필요한 담장과 방음벽을 허물고, 철도로 단절된 보행로를 연결하고, 야간 순찰대를 세우는 등등 온갖 허드렛일은 구청이 직접 했습니다.

신공덕역사 문화복합시설과 그린대학로

그 와중에도 서울시가 설계한 공원(일명 Green Way) 조성 계획에 주민들의 뜻과 지역의 특성을 최대한 반영하려고 노력했습니다. 공릉동은 인구가 8만 명이나 되는데도 변변한 문화시설이 없었습니다. 하여 공릉동의 중심이라 할 수 있는 신공덕역사 부지에 당초 연못과 습지를 조성하여 에코갤러리를 만들려고 했던 서울시 계획을 변경하여 문화복합시설을 건립하기로 했습니다.

노원구는 처음에는 수영장으로 건립하려고 했지만 인근 연촌초등학교에 수영장이 있어서 다목적 공연장, 체육시설, 북카페 등의 시설을 만드는 것으로 계획을 수정했습니다.

또한 경춘선 철로를 따라 광운대, 인덕대, 서울과학기술대, 서울여대, 육군사관학교, 삼육대 등 6개 대학이 밀집해 있는 특성을 고려하여 이곳을 새로운 개념의 제2의 대학로인 '그린대학로'로 만들면 좋겠다고 서울시에 제안했습니다. 저는 이 공간이 주민에게는 휴식을 주고, 학생들에게는 교류와 창조의 공간이 되기를 희망합니다.

경춘선 공원 첫 삽을 뜨다

2011년 서울시와 공단은 토지 사용을 둘러싸고 지루한 협상을 계속했습니다. 협상 내용으로 KTX 수서역 인근의 서울시 소유 주차장 부지와 경춘선 폐선부지를 맞교환하는 방안도 유력하게 검토되었지만 여러 가지 이유로 실현되지 못한 채 해를 넘기게 되었습니다.

서울시와 공단이 치킨게임을 하듯 결정을 미루는 사이 속이 타들어가는 사람은 저와 노원구민이었습니다. 그때 공릉·월계동이 지역구인 이노근 국회의원님이 경춘선 자전거길 노선을 연장하여 4대강 자전거길과 연결하는 것을 명분으로 공단을 설득해보겠다고 했습니다. 좋은 제안이었습니다. 이후 이노근 의원님과 서울시와 노원구는 다양한 경로로 공단을 설득하기 시작했습니다.

그리고 기차가 멈춘 지 2년 만인 2012년 12월 17일, 서울시와 철도시설공단은 '경춘선 폐선부지 무상사용협약'을 체결하여 본격적으로 공원 조성 사업을 진행할 수 있게 되었습니다.

이후 남은 과제는 설계를 확정하고 조성 사업을 시작하는 일이었습니다. 박원순 시장님도 비가 오는 날임에도 휴일을 반납하고 저와 하계동부터 화랑대 역사까지 걸으면서 경춘선 공원의 미래를 직접 설계했습니다. 도깨비 시장 인근 주택 지역과 공원을 어떻게 조화롭게 만들 것인지, 과학기술대 정문 앞 길에 버스 한 대 지나지 못하는 문제는 어떻게 할지, 화랑대 역사는 어떻게 문화를 보전하면서 발전시킬지 등등의 문제는 시장님이 직접 매듭을 풀어주었습니다.

2013년 11월 5일. 이날은 집 나간 자식이 효자가 되어 돌아온 날입니다. 도깨비 시장 앞 철도변에 마련된 착공식 현장에 많은 공릉동 주민과 박원순 서울시장을 비롯한 내빈들이 참석한 가운데 착공식이 열렸습니다. 기차가 멈춘 지 거의 3년 만에 첫 삽을 뜨는 순간의 기쁨은 이루 말할 수 없을 정도였습니다.

경춘선 공원 착공식 모습. 경춘선 폐선부지가 우리 주민들이 휴식과 여가를 즐길 수 있는 공간이 되길 희망한다.

현재 화랑대역 모습. 경춘선 공원이 완공되면 화랑대 역사도 문화와 자연이 결합된 문화갤러리로 변신하게 될 것이다.

남은 숙제는 공릉동 행복주택 문제 해결

여전히 남은 과제가 많습니다. 가장 큰 문제는 오세훈 시장 시절에 서울시와 정부가 신공덕역사 부지에 문화복합시설을 짓기로 했으나 이제는 정부가 그 부지에 행복주택을 건립하겠다고 하는 것입니다. 여전히 집 없는 서민이 많은 현실에서 저는 임대주택 건설에 찬성합니다. 그러나 노원구는 전국에서 가장 많은 임대아파트가 이미 있습니다. 그곳에 또 임대아파트를 짓는 것은 균형발전의 취지에 맞지 않습니다. 더구나 이 부지는 주민들과 문화복합시설을 짓겠다고 약속한 곳이고 임대주택을 짓기에는 규모가 너무 작은 땅입니다. 이곳에 정부가 일방적으로 행복주택을 짓겠다고 밀어붙이는 것은 적절하지 않다는 것이 노원구의 입장입니다.

최근에 정부는 인근 주민들의 조망권 피해를 최소화하겠다는 뜻에서 당초 200세대 건립 계획을 100세대로 축소하였습니다. 그럼에도 불구하고 서울시와 노원구가 주민에게 약속한 문제는 해결되지 않고 있습니다. 저는 아직 하늘이 무너진 것이 아니니 솟아날 구멍이 있다고 생각합니다.

정부가 행복주택을 발표할 때처럼 일방적으로 밀어붙이지 않고 노원구청을 포함하여 인근 주민들과 열린 마음으로 대화하며 문제를 풀려고 한다면 행복주택 문제도 경춘선 공원처럼 집 나간 자식이 효자가 되어 돌아오는 일이 될 수 있을 것이라고 생각합니다.

경춘선 공원은 2015년 말에 완공될 예정입니다. 이 무렵이면 화랑대 역사도 구조 변경을 마치고 문화갤러리로 변신하여 문화와 자연이 결합된 새로운 공간을 만들게 될 것입니다.

또한 이 공원이 완공되면 초안산의 녹지가 중랑천을 넘어 불암산으로 연결되는 멋진 S라인 공원이 될 것입니다. 노원구에 또 하나의 휴식처이자 명소가 탄생하게 되겠지요.

물놀이가 가능한 중랑천 만들기

▶▶▶ **중랑천 생태교육장**

중랑천 생태하천협의회를 만들다

노원구는 수락산, 불암산, 영축산, 초안산이 마을을 등지고 그 가운데를 중랑천이 가로지르는 전형적인 배산임수(背山臨水) 마을입니다. 환경적으로 사람 살기 참 좋은 동네이지요. 그중 중랑천은 노원구뿐 아니라 경기도 양주에서 발원하여 의정부를 거쳐 서울의 도봉, 성북, 동대문, 중랑, 성동, 광진구를 거쳐 한강으로 연결되는 서울 동북부의 젖줄 역할을 하는 중요한 하천입니다. 중랑천 변을 따라 동부간선도로가 있고, 한강까지 연결되는 자전거 도로와 산책로, 그리고 군데군데 있는 체육공원은 주민들의 건강을 책임지는 쉼터 역할을 단단히 하고 있지요.

2010년 가을 무렵입니다. 구청장이 되어 환경단체와 간담회를 가진 적이 있습니다. 한 환경운동가가 중랑천의 주요 환경오염원은 무분별한 낚시 때문이므로 중랑천에서 낚시를 금지하면 좋겠다고 제안했습니다. 타당한 의견이었습니다. 그래서 낚시를 금지하려고 했더니 노원구만 노력해서는 될 일이 아니었습니다. 오염원을 제거하려면 관련된 자치단체가 공동으로 대응해야 효과가 있는데, 문제는 이와 같은 일을 공식적으로 협의할 기구가 없다는 것이었습니다. 생각해보니 낚시문제만이 아니라 중랑천을 끼고 있는 지방자치단체가 공동으로 해야 할 일이 많이 있었습니다. 중랑천을 거슬러 오르는 잉어떼가 어느 한 자치단체만의 소속이 아닌 것처럼 수질관리도 공동으로 해야 하고, 의정부 시민이 한강변까지 자전거를 타고 가기 위해서라도 협력이 필요했습니다.

저는 중랑천을 끼고 있는 기초자치단체끼리 '중랑천 생태하천협의회'란 이름의 행정협의회를 만들자고 제안했습니다. 다행히 발원지인 양주시를 제외하고 의정부시와 서울의 7개 자치구가 모두 동의해주셨습니다.

2011년 6월 23일 아침. 노원구청 5층 상황실에서는 각 자치구별로 조례를 만들고 의회 승인을 거친 가운데 처음으로 자치단체 장들이 모여 협약식을 갖고 중랑천 문제를 함께 논의하는 자리를 가졌습니다. 첫 안건은 중랑천에서 공동으로 낚시를 금지하자는 것이었는데 사전에 협의를 거친 탓인지 이견 없이 통과되었고 이후 중랑천에서 낚시하는 모습은 사라지게 되었습니다.

두 번째 안건은 중랑천 생태하천협의회의 비전에 대한 논의였습니다. 이 논의는 고재득 성동구청장님이 '물놀이가 가능한 중랑천'을 비전으로 하자는 제안에 모두들 동의하여 중랑천의 비전을 새롭게 정립함과 동시에 이를 실현할 연구를 진행하기로 하였습니다. 참고로 오세훈 시장이 추진했던 중랑천 르네상스 프로젝트는 중랑천에

「중랑천 생태하천 협의회」협약식
(의정부시 · 노원구 · 도봉구 · 성북구 · 중랑구 · 동대문구 · 광진구 · 성동구)
일시 : 2011. 6. (목) 07: 장소 : 구청

2011년 6월 23일, 우리 구에서 처음 제안한 '중랑천 생태하천 협의회'가 정식으로 발족되었다.

서 한강까지 보트가 다닐 수 있도록 하자는 것이었습니다.

2020년까지 중랑천의 비전을 세우다

2013년 2월 13일. 이 날은 중랑천 생태하천협의회에서 2012부터 1년여 동안 중랑천을 멱을 감을 수 있는 하천으로 만들기 위한 연구용역을 최종 확정하는 날이었습니다. 보통 이와 같은 용역은 광역자치단체가 추진하는 것이 일반적이지만 중랑천에 실제 살고 있는 기초지자체가 모여서 아래로부터 용역 결과를 만들었다는 점에서 그 의미가 크다고 하겠습니다. 실제로 8명의 단체장들은 용역을 맡은 전문가들과 함께 한강 변부터 의정부까지 곳곳을 탐방하며 중랑천의 문제점과 대안을 만들었습니다.

저는 어촌에서 태어나 1977년에 서울에 올라와 신촌로터리 부근에

살았는데 그때는 이미 한강 변이 콘크리트 옹벽으로 둘러쳐진 후라 한
강 변에서 수영하는 모습은 사진으로만 볼 수 있었습니다. 저는 한
강변은 모르겠지만 적어도 중랑천에서는 우리 아이들이 마음 놓고
멱을 감을 수 있었으면 좋겠습니다.

용역보고서에 담겨 있는 내용과 같이 2020년까지 중랑천의 수질
을 좀 더 개선하고, 접근을 용이하게 하며, 간선도로와 하천공간을
분리한다면 얼마든지 가능한 일입니다. 그러나 이 일은 서울시나 경
기도의 협조가 필수적인데 다행히 박원순 시장님은 협의회의 용역
결과를 적극적으로 검토하여 서울시 차원의 대책을 만들어보겠다고
했습니다. 결과가 기대됩니다.

재건대 부지가 생태공원으로 변신한다

중랑천 전체를 생태하천으로 만드는 와중에 노원구에 좋은 일이
생겼습니다.

7호선 중계역에서 중랑천 방면으로 녹천교 바로 옆 중랑천 고수
부지에 30년 동안 재건대에서 재활용사업을 해왔던 부지가 있습니
다. 재건대는 1988년 올림픽을 치르기 위해 당시 도시환경을 해친다
는 명분으로 넝마주이들을 한 곳에 집단 이주시키면서 생겨난 곳입
니다. 그런데 세월이 흐르다 보니 인근에 아파트 단지가 들어서면서
재건대를 이전시켜달라는 민원이 끊이지 않았습니다. 이에 강제철거
방식이 아니라 제가 직접 4차례 만난 것을 포함하여 끈질긴 협의 끝
에 보상을 마무리하고 자진철거를 하게 된 것입니다.

중랑천 '재건대 마을' 30년만에 철거, 생태공원으로
(속칭 넝마주이)

서울 노원區, 29가구 53명에 총 36억2000만원 보상 합의

서울 노원구 중랑천 녹천교에 있는 재건대(속칭 넝마주이) 마을이 30년만에 철거되고, 이곳에 면적 1만2300㎡의 생태 환경 공원이 조성된다. 재건대는 폐지·빈 병 등을 주위 밭면서 생계를 유지하는 사람들을 일컫는 말이다.

서울 노원구가 이 같은 내용의 생태 환경 공원 조성 계획을 10일 밝혔다. 재건대는 1980년대 초·중반까지 중랑천 녹천교 주변 곳곳에 산발적으로 존재하다가, 전두환 정부가 서울올림픽을 앞두고 환경 개선 사업을 시작하면서 이곳으로 강제 이주시켰다. 1988년 대한주택공사(LH)는 녹천교 남쪽 방향에나 무판자로 된 가건물 3개 동을 짓고 녹천교 곳곳에 있던 재건대를 모두 집단 이주시켰다. 이들은 올림픽 당시 도시 환경을 해치고 국제 망신을

2011년 3월 서울 노원구 중랑천 녹천교 재건대 마을의 모습. 노원구는 30년 이 마을을 철거하고 2014년 5월까지 생태 환경 공원을 조성할 계획을 밝혔다.

시킬 수 있다는 이유로 거주 지역 바깥으로 나가는 것조차 금지됐던 것으로 알려졌다. 재건대라는 이름은 5·16 군사혁명 이후 사회 정화를 명분으로 도시 빈민들을 분리해 모아놓은 '국토재건대'에서 따온 것으로 전해진다.

구청과 경찰의 공식적 관리·감독은 1990년대 중반이 되면서 끝났지만 재건대는 이곳에 계속 거주하면서 버려진 물건을 기반으로 생계를 유지했다. 그러나 재건대 마을 주변에 상계주공아파트(1988년 준공), 창동주공1단지(1989년 준공) 등 아파트가 잇달아 들어서면서 아파트 주민을 중심으로 악취 등의 생활 민원이 끊이지 않았다. 게다가 한번에 위치하고 있던 작년 3월에 중랑천 생태 복원 사업도 차질을 빚었다.

88올림픽 때 '국제 망신' 이유로 도시 빈민들 강제 이주한 곳 체험 학습장·수영장 조성키로

이에 따라 노원구는 재건대 마을을 없애기 위해 고심했었다. 한때 행정대집행, 변상금 부과 등 강제적 수단을 고려하기도 했었다. 노원구는 재건대 주민 대표와 1년간 협상을 벌인 끝에 작년 3월 최종적으로 이주에 합의했고, 재건대는 가건물을 자진 철거했다. 노원구는 29가구(53명)에 총 36억2000만원의 보상비를 책정했으며, 작년 11월부터 올 8월까지 재건대가 쓰던 재활용을 수집장 20곳도 모두 철거했다.

노원구는 오는 2014년 5월까지 시비 50여억원을 들여 이곳에 생태 환경 공원을 조성할 계획이다. 공원에는 생태 체험 학습장과 야외 수영장, 물놀이 시설이 들어선다.

김성환 노원구청장은 "주민의 품으로 돌아가게 되는 지역을 노원구의 대표적 공원으로 만들어나가겠다"고 말했다.

오유교 기자

조선일보, 2013. 11. 11

　　재건대 주민분들을 내보내고 나니 1만 2,300㎡의 길쭉하지만 넓은 땅이 생겼습니다. 그야말로 빈 집에 소가 한 마리 들어온 격이죠. 저는 이곳에 무엇을 하면 좋을지 고민했습니다. 여러 차례 주민 의견도 수렴했습니다. 이 분야의 전문가들은 일반적은 운동시설, 야외공연장 등을 제안했지만 특색이 없었습니다.

야외수영장과 중랑천 생태학습장

　　재건대 부지에 우선 야외수영장을 만들기로 했습니다. 수영장 옆에는 물놀이 시설도 함께 만들 계획입니다. 노원구 월계동에는 각심 물놀이장이 있습니다. 이 물놀이장은 아이들이 한여름 물놀이를 하

2014년 중랑천 변에 들어설 생태학습장 조감도

기 좋은시설인데 바로 코앞에 아파트가 있다 보니 아이들이 마음 놓고 놀 수가 없었습니다. 이제 재건대 부지에 물놀이장이 만들어지면 노원의 아이들이 눈치 보지 않고 놀 수 있겠지요.

이곳에는 또 중랑천 생태학습장을 만들 예정입니다. 중랑천 변에는 9개 자치단체가 있음에도 아직까지 중랑천의 생태를 관찰하고 교육하는 공간이 없어 아쉬움이 많았습니다. 그런데 마침 재건대 부지가 중랑천 변에 인접해 있어서 교육장을 만들기에는 안성맞춤입니다. 교육장이 만들어지면 실내 교육뿐 아니라 중랑천에 맨발로 들어가서 직접 생태를 관찰하는 프로그램도 함께 만들 예정입니다.

대략 2014년 가을이면 완성될 예정인데 노원의 학생들이 이곳에서 중랑천과 관련된 다양한 생태교육을 받는 장면을 상상해보는 것만으로도 즐겁기만 합니다.

Think Globally, Act Locally

3부

든든한 이웃
― 구민의 집

구민의 집을 위한 새로운 실험
▶▶▶ **복지전달체계의 개편**

복지 수요 1위 노원의 현실

2012년 대통령 선거의 핵심 어젠더는 경제 민주화와 복지국가였습니다. 경제 양극화가 갈수록 커지는 것에 비례하여 서민들의 생활은 팍팍해졌기 때문입니다. 그 이전 선거 때까지만 해도 여야 대통령 후보가 공히 국민소득 몇 만 달러 혹은 GDP 성장률 몇 %를 주요공약을 내세운 것에 비하면 격세지감입니다.

국가 전체 상황이 어려운데 동네 사정이 좋을 이유가 없습니다.

- 기초수급권자 2만 1명으로 전국 자치구 중 1위
- 등록 장애인 2만 8천 명으로 전국 자치구 중 1위
- 65세 이상 어르신 인구 6만 1천 명으로 서울시 자치구 중 1위
- 북한이탈주민 약 1천 명으로 서울 자치구 중 2위
- 초중등학교 96개, 학생 수 약 10만 명으로 전국 1위
- 국공립, 민간, 가정 어린이집 560여 개로 전국 1위

위의 통계와 같이 노원구는, 서울은 물론 전국적으로도 복지수요가 가장 많은 곳이기에 팍팍한 생활을 어느 곳보다 체감할 수 있는 곳입니다.

제가 구청장이 되어서 제일 먼저 고민한 문제가 '어떻게 하면 보다 효과적인 복지 행정을 펼칠 수 있을까' 하는 것이었습니다.

물론 복지 관련 제도는 대부분 국가 정책으로 결정됩니다. 의료의 보장성을 높여 병원비 때문에 집안이 폐가망신하지 않도록 하고, 연금제도를 확충하여 활기찬 노년생활을 즐기도록 하고, 무상보육제도를 정착하여 부모의 양육부담을 덜어주고, 실업수당과 직업재훈련 시스템을 확충하여 실업의 공포로부터 벗어나게 하는 일 등과 관련해서는 지방자치단체 차원에서 할 수 있는 일이 극히 제한적입니다.

그러나 저는 국가 차원에서 제도가 완비될 때까지 손 놓고 기다리는 것은 옳지 않다고 생각합니다. 저는 구청장에 당선된 후 취임하기 이전까지 업무 인수인계를 받으면서도 일선의 복지 행정을 책임지는 분들과 도시락회의를 개최해가며 문제를 파악하고 대책을 연구했습니다.

여러 가지 문제가 있었지만 핵심은 기초수급권자 등을 제외한 일반 주민이나 복지 사각지대에 놓인 저소득 주민들이 구청이나 지역사회로부터 복지를 체감하지 못하고 있다는 점이었습니다. 저는 이 문제 해결에 초점을 맞추어 이른바 주민 체감형 복지가 이루어지려면 어떻게 해야 할지 고민했습니다.

전국 최초 '동 복지허브화' 사업을 시작하다

주민 체감형 복지를 실현하기 위해서는 우선 현재의 복지전달체계가 인구가 많은 대도시에는 맞지 않는다는 문제를 해결할 필요가 있었습니다. 노원구의 인구는 60만으로 서울 자치구 중에는 송파구 다음으로 많고 광역자치단체인 제주도보다 많습니다. 노원구에는 19개 동이 있는데 각 동의 인구는 적게는 2만 명에서 많게는 4만 7천 명에 달합니다. 인구가 많은 동은 어지간한 지방의 군 단위보다 많습니다.

그런데 현행법상 복지전달체계의 마지막 단계는 시군구 단위에 '지역사회복지협의체' 등을 만들어 운영하게 되어 있었습니다. 노원구 차원에서 보면 구청이 복지전달의 최일선 조직이 되어야 하는데, 인구가 60만이 되다 보니 주민이 체감하는 복지 사업을 펼치기에는 너무 먼 곳이 될 수밖에 없었던 것이죠.

이런 문제를 해결하기 위해 저는 전국에서 처음으로 복지전달체계를 구청 중심에서 동을 중심으로 하는 이른바 '동 복지허브화' 사업을 추진했습니다.

동을 복지허브화하기 위해서는 동 단위로 늘어나는 복지업무를 담당할 인력이 필요했는데 우선 구청 인력을 마른걸레 짜듯 하여 동 주민센터별로 3명씩 인력을 증원했습니다.

그리고 '주민복지협의회'를 동 단위로 만들었습니다. 주민복지협의회는 복지를 위한 민관협력기구인데, 해당 지역의 기독교, 불교, 천주교 등 3대 종단의 복지 관련 책임자가 당연직으로 참여할 수 있도록

최일선 행정기관인 동이야말로 촘촘한 복지 그물망을 짜는 데 핵심적인 역할을 할 수 있다. 우리 구는 2011년 3월에 19개 동별로 동복지협의회를 구성하였다.

했고, 그 외에 봉사정신을 가진 일반주민이 폭넓게 참여할 수 있도록 했습니다.

협의회 설립 초기에는 시행착오도 있었습니다. 주민복지협의회 회의 주기를 3개월에 1회씩으로 하다 보니 회의가 형식화되는 경향이 있었고, 기존 주민자치위원회나 동 자원봉사센터의 역할과 중복되기도 했습니다. 또 협의회 회원들의 위상을 고려하여 회원 위촉을 구청장이 하도록 제도를 설계했는데, 그러다 보니 위촉과 해촉 과정에서 자율성이 떨어지는 문제도 있었습니다.

위의 몇 가지 시행착오는 회의 주기를 월 1회로 바꾸고, 복지 관련 사업을 동 단위에서 자율적으로 조정하고, 위해촉 권한을 동 단위로 위임하는 등의 방법으로 해결했습니다.

동 복지허브화 사업은 몇 가지 시행착오에도 불구하고 많은 성과를 냈습니다. 우선 복지 교과서에만 담겨 있던 찾아가는 주민 밀착

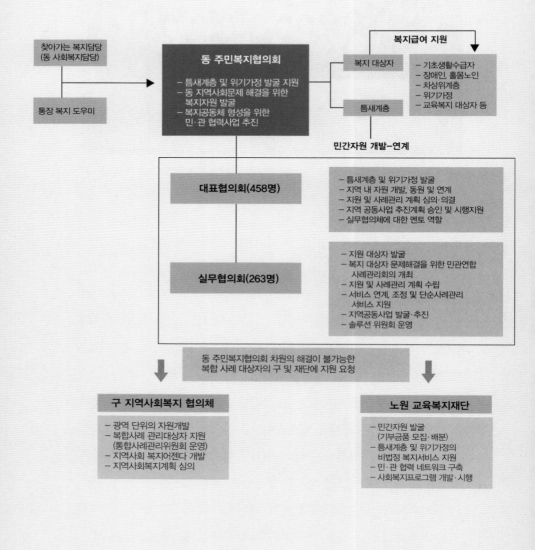

찾아가는 복지담당
(동 사회복지담당)

통장 복지 도우미

복지급여 지원

동 주민복지협의회

– 틈새계층 및 위기가정 발굴 지원
– 동 지역사회문제 해결을 위한
  복지자원 발굴
– 복지공동체 형성을 위한
  민·관 협력사업 추진

복지 대상자

틈새계층

– 기초생활수급자
– 장애인, 홀몸노인
– 차상위계층
– 위기가정
– 교육복지 대상자 등

민간자원 개발−연계

대표협의회(458명)

– 틈새계층 및 위기가정 발굴
– 지역 내 자원 개발, 동원 및 연계
– 지원 및 사례관리 계획 심의·의결
– 지역 공동사업 추진계획 승인 및 시행지원
– 실무협의체에 대한 멘토 역할

실무협의회(263명)

– 지원 대상자 발굴
– 복지 대상자 문제해결을 위한 민관연합
  사례관리회의 개최
– 지원 및 사례관리 계획 수립
– 서비스 연계, 조정 및 단순사례관리
  서비스 지원
– 지역공동사업 발굴·추진
– 솔루션 위원회 운영

동 주민복지협의회 차원의 해결이 불가능한
복합 사례 대상자의 구 및 재단에 지원 요청

구 지역사회복지 협의체

– 광역 단위의 자원개발
– 복합사례 관리대상자 지원
  (통합사례관리위원회 운영)
– 지역사회 복지어젠다 개발
– 지역사회복지계획 심의

노원 교육복지재단

– 민간자원 발굴
  (기부금품 모집·배분)
– 틈새계층 및 위기가정의
  비법정 복지서비스 지원
– 민·관 협력 네트워크 구축
– 사회복지프로그램 개발·시행

형 복지를 현실에서 실현할 수 있었습니다. 각 동 주민센터별로 사회복지 공무원이 배치되어 있었지만 책상에서 수급권자 관리에 급급했던 공무원들이 인력이 늘고 제도가 바뀌자 실제로 어려운 주민들을 찾아가기 시작한 것입니다.

통계로 보면 이 사업을 시작한 2011년부터 2013년까지 총 2만 건이 넘는 방문실적을 보였고, 성금품 연계도 1만 7천 건에 달하는 등 그 이전에 비해 대략 10배 이상 늘어난 결과를 보였습니다. 통계가 말해주는 것처럼 동장과 함께 사회복지공무원이 가정에 직접 방문하여 복지서비스를 실시하자 주민들은 상처받고 다친 마음의 문을 조금씩 열기 시작했습니다.

통장을 복지도우미화하다

동 복지허브화를 위해 구청공무원을 동 주민센터로 이전 배치하고, 복지협의회도 만들었지만 복지 수요를 감당하기에는 여전히 어려움이 많았습니다.

하여 이 문제 해결을 위해 마을 주민의 속사정을 누구보다 잘 알고 있는 680여 명의 통장에 저는 주목했습니다. 과거에는 주민등록 전출입시 반드시 통장을 만나 도장을 받아야 했으므로 반공이 국시이던 시절 통장은 일종의 5호 담당제의 역할을 했고, 한때는 주요 선거 때마다 정부 여당 측 인사의 당선을 위해 중요한 역할을 담당하기도 했습니다.

시대에 따라 통장의 역할도 달라졌는데, 최근까지 통장들은 행정

주민복지도우미 현판식 모습

의 보조자로서 주로 민방위 통지서나 구청 소식지를 나눠주거나, 적
십자회비 모금 및 각종 구 행정의 협조자 역할을 담당해왔습니다. 저
는 복지국가 만들기가 국가적 의제가 되어 있고, 구 차원에서도 주
민 체감형 복지를 해야 하는 상황에서 통장의 역할도 변화가 필요하
다고 생각했습니다. 통장들의 역할을 바꾸기 전에 미리 통장들의 의
견을 수렴했는데 의외로 92%의 통장이 찬성해주어 새로운 제도 도
입에는 큰 어려움이 없었습니다.

통장 조례를 개정하고, 복지 관련 교육을 실시한 후 첫 과제는 혼자
사는 어르신을 대상으로 한 우울증 설문조사였습니다. 노원에는 독거
노인이 약 1만 5천 명 있습니다. 만약 이 어르신을 대상으로 일반적 방
식으로 설문조사를 했다면 엄청난 비용이 들었을 것입니다. 그런데 노

2013년 12월 01일 (일)

'1만원의 행복' 프로젝트...노원구 통장 682명이 뛴다

▲ (왼쪽부터) 희미라 상계9동 18통장, 김지현 중계본동 3통장, 김유미 상계9동 27통장, 김성환 노원구청장, 임영복 월계1동 20통장, 엄순하 공릉1동 41통장.

"우리 구 통장들은 전국에서 유일하게 복지수당 만원을 받습니다. 전국에서 월급이 제일 많은 통장들이죠. 하-하-하-."(김성환 노원구청장)

"만원 주고 일은 엄청 시켜요. 만원 받고 십만 원은 품니다. 어르신들 좋아하는 홍시도 사드려야 하고..."(김지현 중계본동 3통장)

지난 13일 노원구 상계9동 주민센터 2층 '한울 작은 도서관'에서 오간 대화다. 정색하고 따지면서 날선 토론을 벌인 건 아니다. 기분 좋게 웃으며 대화할 수 있는 분위기였다. 김 청장은 복지도우미로 활약하는 통장들에게 1만 원밖에 드리지 못하는 상황을 안타까워했고, 김 통장은 자기 주머닛돈을 선뜻 꺼낼 수 있는 행복한 고민에 고마워했다. 이름하여 '1만원의 행복' 프로젝트.

이날 김 구청장과 다섯명의 통장들은 '우리 구 자살 예방 사업'을 놓고 토론했다. 이 자리는 〈오마이뉴스〉 요청으로 마련됐다. 2년 전 서울시 자치단체 중 자살자 최고라는 노원구의 불명예를 어떻게 뗀 것인지, 그 비결이 궁금했기 때문이다. 또 정부 차원에서 추진해도 성과를 내기가 힘든 자살예방사업을 기초자치단체가 자원해서 벌이는 이유도 알고 싶었다.

오마이뉴스, 2013. 12. 1

원에서는 전문가의 지원 아래 통장님들이 직접 나서서 설문조사를 했기 때문에 최소의 비용으로 같은 효과를 낼 수 있었습니다.

그러나 문제점도 있었습니다. 통장에게 복지도우미 역할이 주어지다 보니 실제 업무량이 크게 늘어났고, 우울증 설문조사의 경우에는 사람의 생명을 다루는 일이다 보니 스트레스도 많이 받게 된 모양입니다. 타 자치구에서 하지 않는 일을 노원구에서만 진행하니 통장들의 불만이 쌓이는 것은 당연하겠지요.

그래서 보잘 것 없는 대책이지만 매월 모범 통장을 구청에 초청하여 격려하는 한편 1만 원의 복지수당을 신설하여 통장들의 격무(?)를 위로하는 제도를 만들게 되었습니다. 통장에게 복지도우미 역할을 추가하니 2012년에 1,906건 2013년에 3,476건 등 통장들이 나서서 위기가구를 발굴하거나 지역복지와 연계하는 일이 대폭 늘어났고, 해를 갈수록 건수가 늘어날 것으로 보입니다. 1만 원의 복지수당으로 참 좋은 일이 곳곳에서 생기고 있어 참 기쁩니다.

통장의 임기를 4년에서 6년으로 연장

복지 사업은 휴먼서비스이므로 사람과 사람의 관계가 매우 중요합니다. 그런데 통장의 임기는 2년 연임으로, 길게 해야 4년밖에 할 수 없습니다. 과거 통장의 역할이라면 4년 임기 후 신임 통장이 일을 맡아도 큰 무리가 없겠지만 통장이 복지도우미 역할을 하게 되니 업무 연계에 문제가 생기게 된 것입니다.

4년이면 어려운 이웃이 누구인지, 어떻게 도움을 드리면 좋은지를 조금 알 만한 시간인데, 그 시간이 도래하면 기존 통장 임기는 끝나고, 신임 통장은 처음부터 사람 관계를 새롭게 시작해야 하는 비효율이 생기게 된 것이죠.

그래서 2014년 통장 임기를 6년으로 늘리려 합니다. 통장의 임기가 연장되면 좀 더 많은 이웃 가정의 숟가락 갯수까지를 알게 되어 말 그대로 그물망 복지를 실현하는 데 한 발짝 더 전진할 수 있겠지요.

내 정성으로 내 이웃을 돕는 노원교육복지재단을 만들다

구청장 취임 초 복지전달체계를 개편하면서 전문가들과 여러 차례 정책간담회를 가졌습니다. 그때 노원에서 활동한 적이 있었던 성공회 '나눔의 집' 송경용 신부님이 참석하신 적이 있었습니다. 송 신부님은 직전에 영국 유학을 다녀왔는데, 여러 가지 말씀 중에 영국에서는 지역문제를 스스로 해결하기 위한 지역 재단이 많다는 말씀을 해주셨습니다.

복지정책 전문가들에게는 잘 알려진 이야기지만, 우리나라의 기초수급권제도는 '전부이거나 혹은 전무(All or Nothing)'한 제도라고도 합니다. 수급권에 포함되면 여러 가지 혜택을 받지만 그렇지 않으면 혜택이 거의 없어서 노동능력이 있는 수급권자가 제도 밖으로 잘 나오려 하지 않는다는 것입니다.

이런 상황에서는 정부가 기초수급권 제도를 엄격하게 운영하더라도 결과적으로 복지 혜택이 필요함에도 부양의무 기준 등 때문에 혜택을 받지 못하는 사각지대가 광범위하게 발생하게 됩니다. 노원구에도 이와 같은 대상자가 많은 것은 불문가지입니다. 또한 중산층 가정 중에서도 실업이나 부도 혹은 큰 병 때문에 갑자기 생계가 곤란한 가구가 많은데 현행 제도의 긴급 구호만으로는 한계가 있습니다.

저는 노원의 복지전달체계를 동 단위로 개편하고, 주민 밀착형 복지를 실현하고 이를 수요자 중심으로 탄력적으로 운영하기 위해서

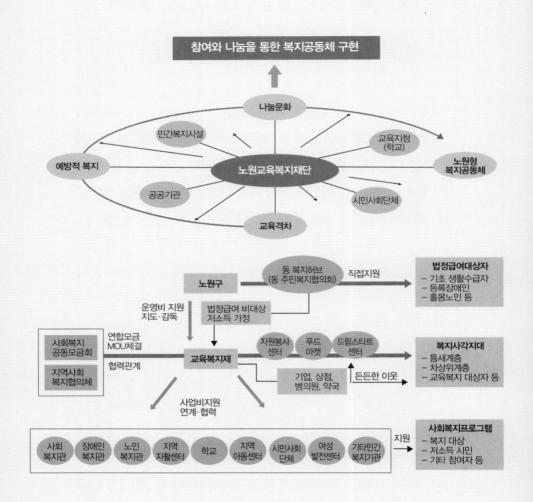

는 노원구에도 재단을 만들 필요가 있겠다는 생각을 했습니다.

재단을 만들려면 기본 출연금 20억 원이 필요한데, 재단의 취지를 고려하여 구청이 15억 원을 출연하고 민간에서 5억 원을 마련하기로 했습니다. 재단 사업비는 일반적으로 이자수입이나 구 예산 전입금으로 마련하는 경우가 많습니다. 그러나 노원교육복지재단의 경우 인건비는 구에서 지원하되 사업비는 노원구민이 십시일반한 금액을 전액 구의 어려운 이웃에게 사용하는 형태로 설계했습니다.

재단의 명칭은 '노원교육복지재단'이라고 정했습니다. 청소년기에 출발선을 일치시켜주기 위한 투자는 복지 투자 중 가장 효율적이라는 전문가 의견을 고려하여 청소년 복지 차원에서 여러 교육 관련 지원을 가능하게 하도록 '교육'을 재단의 사업에 포함시키기 위함이었습니다.

당시 한나라당 소속 의원들의 반대로 8개월 동안 조례심의가 보류되었다가 2011년 6월 의회를 통과하여 마침내 2011년 11월 노원교육복지재단을 창립하였습니다. 그리고 당초 목표한 바와 같이 매월 1천 원을 후원하는 희망천사 모집을 시작하여 지금은 매월 약 1만 2천 명의 후원회원이 월 1천 원 이상 후원하는, 전국에서 가장 회원이 많은 재단으로 성장했습니다.

노원교육복지재단은 설립 이후 매년 100명의 학생에게 1억 원의 장학금을 지원하고, 각 동 복지협의회에서 제안하는 복지 사업을 후원하는 한편, 2013년에는 어려운 이웃을 위한 김장축제를 통해 2만여 포기의 김치를 담가 어려운 이웃들에게 나눠주는 등 민간 복지재단으로 점차 그 뿌리를 내려가고 있습니다.

스웨덴 국민의 집, 노원구 구민의 집

현존하는 국가 중 최고의 복지 선진국인 스웨덴. 스웨덴은 1930년 대까지만 해도 돌멩이 산밖에 없는 가난한 국가였습니다. 그런 스웨 덴에서 2차 세계대전 직후부터 23년간 집권한 타게 에를란데르 총 리는 "국가는 모든 국민들을 위한 좋은 집이어야 한다. 그 집에서는 누구도 특권의식을 느끼지 않으며 누구도 소외되지 않는다"라며 '국 가는 국민의 집'이라는 복지 이념을 완성시켰습니다. 그 덕분에 스 웨덴은 현재 부모의 경제력과 관계없이 누구나 평등한 교육을 받고, 실업 상태에도 안정적으로 직업재훈련을 받아 다른 직장으로 전업하 며, 노후에 큰 병 때문에 집안 거덜 날 걱정 없이 사는 복지 선진국이 되었습니다.

에를란데르 총리가 스웨덴을 국민의 집이라 표현하고 이를 완성시 켰다면, 저는 노원구를 '구민의 집'으로 만들고 싶습니다. 비록 국가 적으로 해결해나갈 과제가 많이 남아 있지만, 국가가 국민의 집이라 면 노원구는 모든 노원구민을 위한 좋은 집이 되어야 한다고 생각합 니다. 노원구에서 복지전달체계를 바꾸고 재단을 만든 일은 그 출발 점입니다.

공동체가 살아야 생명이 산다
▶▶▶ **자살예방사업**

자살예방사업, 세상에 빛을 발하다

2012년 11월 19일. 한겨레신문의 한겨레사회정책연구소가 주관한 제1회 지역복지 우수사례 공모에서 노원구의 자살예방사업이 전국 기초자치단체 사업 중 대상을 수상하는 영광을 누렸습니다. 종이매체 중에는 공신력 1위 신문이 전국 230개 지방자치단체를 대상으로 한 첫 공모에서 대상을 수상했으니 저로서는 무척 기쁜 일이었습니다.

그 밖에도 노원구는 자살예방사업과 관련하여 2012년 보건복지부 장관상, 대한자살예방협회에서 주는 생명사랑네트워크 대상, 2013년 메니페스토 최우수상을 받는 등 많은 곳으로부터 분에 넘칠 만큼 칭찬을 받았습니다. 또한, 박원순 서울시장은 노원구의 사례를 서울시의 기본 모델로 선정하여 이를 확산케 했고, 많은 자치구에서 노원구를 벤치마킹하여 자살률을 줄여나가는 성과를 낳게 되었습니다.

이렇듯 노원구의 자살예방사업이 중앙정부를 포함하여 각계의 주목을 받게 된 이유는 무엇일까요? 자살률 세계 1위라는 기록이 대한

한겨레신문로부터 '제1회 지역복지 대상'을 받는 등 우리 구의 자살예방 노력이 전국적으로 인정받고 있다.

민국 사회현상 중 세계적으로 가장 부끄러운 기록임에도 해결의 실마리가 보이지 않던 차에 한 자치구에서 모범적인 사례를 만들었기 때문이라고 생각합니다.

노원구 무모한 도전을 시작하다

부끄러운 기록을 깨기 위한 노원구의 도전은 우연한 기회에 시작되었습니다. 2010년 여름, 제가 취임 초 노원경찰서에 처음 방문했을 때의 일입니다. 초면이었던 당시 이용표 노원경찰서장은 노원구에서 자살사건이 이틀에 한 번꼴로 발생하여 연간 자살자가 180명이나 된다며 걱정이라고 말했습니다. 저는 구청장직을 맡기 전 청와대 정책조정비서관으로 있을 때 자살예방사업을 제대로 해보지 못한 기

2009년 당시 자살 관련 통계

구 분	노원구	서울시	한 국	OECD	비 고
자살률(인구 10만 명당)	29.3명	26.1명	31.0명	11.2명	서울시 25개 자치구 중 · 자살률 7위 · 자살자 수 1위
자살자 수	180명	2,662명	15,413명	–	

억이 되살아나서 노원서장께 자살예방을 위해 함께 노력해보자고 한 후 구청으로 돌아왔습니다.

노원서장께 자살예방사업을 해보자고 말은 했지만, 십수 년째 국가도 하지 못한 일인데 일개 자치단체에서 얼마나 가시적인 성과를 낼 수 있을지 걱정되었던 것이 사실입니다. 특히 정부는 자살을 우울증에 의한 개인의 선택 문제로 치부한 반면, 저는 경제 양극화의 확대에 따른 빈곤과 고독을 자살의 주요 요인으로 보았기 때문에 그 문제를 자치단체 차원에서 해결하기란 쉽지 않을 것 같다는 생각이 들었습니다.

다음 페이지 그래프에서 알 수 있는 것처럼 우리나라의 자살률은 1997년 외환위기 이전에는 인구 10만 명당 10명 이내로 OECD 평균 수준을 유지했습니다. 그런데 외환위기 직후에 18명대로 오르더니, 2002년 카드대란을 거치면서 20명대를 돌파하고, 2008년 세계 금융위기에는 30명을 돌파하게 됩니다.

자살은 최종적으로는 개인의 선택입니다만 외환위기 이후 우리사회가 급속한 경제 양극화로 이기주의와 황금만능주의가 강화된 반면 공동체는 해체된 현상과 떼어놓고 볼 수 없기 때문에 자살률을 낮추기 위해 팔을 걷어붙이기가 망설여졌던 것이 사실입니다.

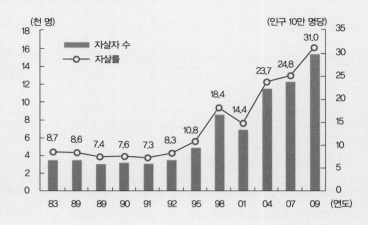

대한민국 자살률 변화 추이 (1983~2009)

구청의 행정력에 한계가 있음을 알고 있었지만 가만히 있을 수만은 없었습니다. 비록 노원구의 시도가 성공하지 못하더라도 사업과정에서 단 한 명의 생명이라도 살릴 수 있다면 그 자체만으로도 소중하다는 생각이 들자 저는 무모한 도전을 하기로 마음먹었습니다.

이후 자살예방 관련 전문가들과 정책토론회를 수차례 가지면서 구청 차원에서 해야 할 과제들을 하나씩 정리할 수 있었습니다. 우선 자살 가능성이 가장 높은 집단인 자살 시도자부터 살펴봤습니다. 그런데 이들에 대한 관리가 제대로 되고 있지 못했습니다. 자살 시도자의 정보는 대개 응급병원에 있는데 이들이 퇴원할 경우에는 개인정보 보호 차원에서 구청과 정보 공유가 되지 않았습니다. 다음으로 자살 가능성이 높은 집단이 자살 유가족인데, 이 정보는 경찰서에 있지만 같은 이유로 정보가 공유되지 않아 사후관리가 진행되지 못하고 있었습니다.

뿐만 아니라 세대별로는 노인세대의 자살률이 높은데, 이들 세대의 자살 가능성에 대해서는 거의 아무런 정보가 없었고, 실업자나 학업스트레스가 많은 학생들도 마찬가지였습니다.

2017년, OECD 평균까지 자살률 낮추는 것이 목표

이에 노원구에서는 2014년에 15명, 2017년에 OECD 평균 수준인 11.2명까지 자살률을 낮추는 것을 목표로 한 다소 무모해 보일 수 있는 청사진을 마련했습니다.

목표를 세우는 것과 동시에 다음 페이지의 그림표와 같이 사업 대상을 1차 자살 고위험군, 2차 자살 취약계층, 3차 전체 노원구민으로 나누고 그 대상에 따라 세부적인 추진계획을 수립했습니다.

계획수립 이후 보건위생과 내에 생명존중팀을 신설하고, 의회의 협조를 얻어 전국 최초로 생명존중과 자살예방에 대한 조례를 만들었습니다. 그리고 자살 응급환자를 치료하는 대형병원, 응급환자를 수송하는 소방서, 자살 유가족의 정보를 가지고 있는 경찰서와 당사자의 동의를 전제로 정보를 공유하는 양해각서를 체결했습니다. 혼자 사는 어르신 모두에 대해 복지도우미 역할을 부여받은 통장들이 우울증 설문조사를 실시했고, 실직자에 대해서는 고용안정센터 방문 시에 우울증 테스트를 할 수 있도록 했고, 학생들은 교육청과 협의하여 부모 동의하에 정신건강 상태를 점검했습니다.

이런 과정을 통해 우울증이 심한 대상자는 곧바로 치료할 수 있도

노원구 자살예방사업 목표 및 대상과 추진전략

목표

2009 (29.3명) ➡ 2014 (15.0명) ➡ 2017 (11.2명)

사업대상

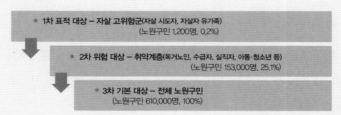

★ 1차 표적 대상 – 자살 고위험군(자살 시도자, 자살자 유가족)
(노원구민 1,200명, 0.2%)

★ 2차 위험 대상 – 취약계층(독거노인, 수급자, 실직자, 아동·청소년 등)
(노원구민 153,000명, 25.1%)

★ 3차 기본 대상 – 전체 노원구민
(노원구민 610,000명, 100%)

대상별 추진전략

대상별 (자살자 중 대상이 차지하는 비율)		시행 전 (미개입)	시행 후 (사회적 개입)	협력기관 (MOU)
1차	자살 시도자	치료 후 퇴원	• 자살 시도자 응급실 내원 통보서에 의한 정보 공유 • 집중 상담, 정신과 치료연계 등 사후관리	응급병원, 소방서, 의사회, 약사회 등
	자살자 (유가족)	단순 가족 문제 등	• 자살사건 발생통보서 및 유가족 상담동의서에 의한 정보공유 • 유가족간 상처치유 자조모임 운영 등	경찰서
2차 (취약 계층)	노인 (38%)	부서별 개별 추진	• 통장의 가정방문을 통한 마음건강평가 실시 • 종교를 고려한 생명지킴이 연계 및 영성 지원	통장 및 종교단체
	실직자 (생계 곤란– 19%)	단순 일자리 지원	• 노원정신보건센터에서 실업급여 신청자에 대 한 마음건강평가 실시(고용센터로 현장출장) • 평가결과에 따른 상담 및 복지지원 연계	북부고용 센터
	기초생활 수급자 (8%)	경제적 지원 위주	• 동 사회복지사의 마음건강평가 실시 및 욕구 파악 • 영적, 정서적 지원 및 정신건강 등 통합지원	
	아동· 청소년 (4%)	학교 내 문제	• 담임교사를 통한 마음건강평가 실시 및 평가결 과 학부모 통보 • 서비스 동의자에 대한 상담 및 지원 연계	북부교육 지원청
3차	노원 구민	사회적 무관심	• 지역사회 생명존중문화 조성(교육 및 홍보 등)	

록 했고, 우울증이 의심되는 이들은 주의군과 관심군으로 나누어 생명지킴이 분들이 주 1회 방문하여 말벗이 될 수 있도록 했습니다. 이 생명지킴이는 노원구 내에 기독교, 불교, 천주교 등 3대 종단의 신앙심이 깊은 신자들과 통장 등 700여 명으로 구성되어 있고 이들은 헌신적으로 참여했습니다.

이런 노력의 결실은 2년이 경과하자 나타나기 시작했습니다. 2009년 180명(자살률 29.3)에 이르렀던 노원구의 자살자 수가 2011년을 기준으로 145명(자살률 24.1)으로 줄어든 것입니다. 이렇게 노원의 노력의 결과가 통계로 확인되자 중앙정부는 물론 많은 지자체와 언론에서 노원의 노력에 주목하기 시작했습니다.

특히, 노원구는 기초수급권자와 장애인이 밀집 거주하여 객관적으로는 자살 개연성이 높은 지역이라는 점에서 노원구의 성과는 나름대로 의미가 있다고 할 수 있습니다.

보편적 복지와 마을공동체가 함께 만들어져야 효과

그런데 2013년 10월에 발표된 2012년 통계에서 지속적으로 줄어들 것만 같았던 노원구의 자살률이 다시 소폭 상승했다는 소식을 접하고 저는 다소 충격을 받았습니다.

경찰서로부터 통계를 제공받아 분석해보았더니 70세 이상 고연령대의 자살률이 여전히 줄지 않거나 일부 늘어나고 있음을 알 수 있었습니다.

이분들의 자살원인을 살펴본 결과, 특히 만성질환이나 말기암 등

KBS, 2013. 2. 5

KBS   2013년 02월 05일 (화)

자살률 1위, 반전의 조건

〈앵커〉 일주일에 두 번 홀몸어르신을 찾아오는 박명옥씨는 노원구의 생명지킴이입니다. 노원구가 위촉한 생명지킴이는 170여 명인데 자원봉사자인 이들은 노인들의 말벗이 돼주면서 자살위험요인이 없는지 살핍니다.

〈박명옥 생명지킴이〉 누워있으니까? 누워있으면 허리 더 아프지 않아요? 왔다갔다 하셔야지.

〈홀몸어르신〉 힘이없어서..

〈앵커〉 노원구가 독자적이면서도 포괄적인 자살예방사업을 시행한 지난 2010년 이후 이 지역의 자살률은 하향세를 보이고 있습니다.

〈김성환 노원구청장〉
바로 옆집에 있는 통장이나 생명지킴이 같은 분들이 정기적으로 안부를 묻고 산책도 같이 하는 그런 네트워크가 연결되는 것만으로도 한국의 자살문제는 상당히 완화시킬 수 있을 것이라고 생각합니다.

〈앵커〉 노원구가 펼치고 있는 또 다른 자살예방사업인 '마음건강 상담의 날' 행사 역시 고립감 해소와 관계회복에 무게를 두고 있습니다. 자살위험이 있는 구민들을 대상으로 한 달에 두 번 실시하는 상담의 날 행사에서 정신보건센터 직원은 마음의 고통을 덜어주는 친구가 됩니다.

불치병을 가지고 있는 분들이 신병을 비관하거나 자식들에게 부담을 주지 않기 위해 극단적 선택을 한 경우가 많다는 것을 알게 되었습니다. 마음이 아팠습니다.

이분들의 극단적 선택을 막기 위해서는 의료의 보장성을 높이는 한편, 의료 비급여 항목을 포함하여 연간 개인 병원비 지출을 100만 원 이내로 낮추는 제도 개선이 필요합니다. 그런데 구청 차원에서는 해결할 수 없는 문제입니다. 그렇다면 결국 구청 차원의 자살예방사업은 한계에 봉착할 수밖에 없다는 말인가? 2017년까지 OECD 평균 수준까지 자살률을 낮추겠다는 목표치는 결국 무모한 계획에 불과한 것인가?

그러나 여기서 포기할 수는 없었습니다. 국가의 의료 보장성이 높아지기 이전이라도 만성질환 어르신과 중증 만성질환 어르신에 대해서는 요양보호협회에 협조를 요청하여 어르신의 극단적 선택이 자식들에게 더 큰 상처를 준다는 사실을 교육할 수 있도록 했습니다. 그리고 특별히 임대아파트 지역의 자살률을 낮추기 위한 노력에 박차를 가하고 있습니다.

이와 같은 노원구의 노력이 또 어떤 결과를 가져올지 아직은 알 수 없습니다. 그러나 우리의 과제가 절박하고 옳다면 구더기가 무서워 장을 못 담그는 일은 없도록 앞으로도 최선을 다할 예정입니다.

북부유럽보다 남부유럽의 자살률이 낮은 이유

저는 자살예방사업을 하면서 의미 있는 통계를 하나 발견했습니다. 내용인즉 유럽 내의 자살률을 비교해볼 때 다음 페이지의 그림과 같이 스웨덴이나 핀란드 등 복지가 더 발전된 북부유럽은 대체로 자살률이 11명대로 OECD 평균을 보이는 반면, 상대적으로 복지가 덜 발전한 남부 유럽의 그리스, 이탈리아, 스페인과 같은 나라들은 3~6명대로 OECD 국가 중 자살률이 가장 낮은 국가군에 속한다는 사실이었습니다. 상식적으로는 북부유럽이 더 낮을 것 같은데, 왜 이런 현상이 생긴 것일까?

답을 찾을 수가 없어 궁금했습니다. 그러다가 우연히 유럽 관련 서적에서 이와 관련한 연구 내용을 발견했습니다. 남부유럽이 북유럽보다 자살률이 낮은 이유는 가톨릭 공동체가 발전된 영향이 크다는 것이었습니다.

이 주장이 사실인지는 좀 더 검증을 해봐야겠지만 저로서는 충분히 공감할 수 있었습니다. 그리고 남부유럽의 사례는 우리나라의 미래에도 상당한 의미를 가지고 있다고 생각합니다. 복지제도를 새롭게 만드는 데는 많은 예산이 필요합니다. 그러나 복지제도가 발전하더라도 북유럽의 경우처럼 일정한 한계가 있을 수 있습니다. 따라서 복지제도를 확충하는 한편 파괴된 마을공동체를 복원하여, 사람들이 그 공동체의 구성원으로서 자존감을 갖고 살아갈 수 있도록 하는 일을 동시에 진행해야 할 것입니다.

우리나라의 경우를 살펴보더라도 마찬가지입니다. 자살률 급증의

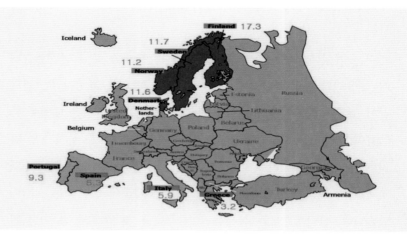

경향신문

2011년 04월 19일 (화)
33면 오피니언

경향 마당 이렇게

<이렇게>는 열린 지면입니다. 경향신문에 대한 비판, 제언 등 소재와 글의 형식에 관계없이 독자 여러분이 하고 싶은 말을 할 수 있는 공간입니다. 사회 흐름을 짚을 수 있는 독자 여러분의 살아 있는 글로 충실히 지면을 꾸미겠습니다. 적극적인 참여 바랍니다. 글은 op@kyunghyang.com으로 보내주시기 바랍니다. (02)3701-1202~4

자살 예방은 우주를 살리는 것과 같다

김성환 　서울 노원구청장

세계 최고의 자살률을 기록하고 있는 대한민국. 인구 10만명당 OECD 국가 평균 자살자 수가 11명인 데 비해 우리나라는 31명이나 된다. 부끄러운 통계다. 이 문제를 해결하기 위해 올해 정부는 자살예방법을 만들었다. 그러나 자살을 개인적 문제로 치부하는 기존의 방식과 중앙정부의 자살예방 예산이 연간 10억원인 것을 감안한다면 정답을 찾을 수 있을지 걱정이다.

우리나라의 자살률이 급속하게 올라간 것은 1997년 외환위기 직후, 2008년 세계금융위기 이후다. 95년 10.8명이면 자살률이 대량해고와 비정규직이 증가하기 시작하던 98년에 18.4명으로 뛰어올랐고, 감세와 대기업 위주 경제 기조가 확산되던 2008년 기점으로 30명을 넘어섰다. 이 시기 우리 사회는 무한경쟁을 강요했고, 노동소득분배율은 낮아진 반면 기업가의 소득은 높아만 갔다.

그렇다면 해답이 간단하지 않은가. 비정규직을 하루속히 줄이고, 노동자에게 적정한 임금을 배분하는 한편, 무한경쟁 대신 공존의 시대를 열어 가면 된다. 그리고 나머지 문제를 사회시스템의 보완과 개인적 문제로 접근해야 할 것이다.

이 같은 사실은 노원구의 자살통계를 보더라도 유사하게 나타난다. 노원구는 2009년 이를

에 한 명꼴인 180명이 자살했는데(인구 10만 기준 29.3명), 청소년이 5%, 장년층이 57%, 노년층이 37%를 차지했다. 이 중 70% 정도는 생계곤란으로 극단적 선택을 했고, 태반이 직업이 없거나 일용직인 경우였다.

이에 노원구는 지난해 말부터 자살 방지를 위한 행동에 나섰다. 본질적 문제가 풀리지 않음을 감안할 때 무모하다 싶은 계획을 세웠다. 자살률을 2013년까지 지금의 절반, 2017년까지 OECD 평균으로 낮추는 것이다. 이를 위해 먼저 관내 병원·경찰서·학교가 자살방지 협력체계를 강화했다. 또한 자살 가능성이 높은 실업자에게는 북부고용안정센터와 협조해 우울증테스트를 하고, 노인 단독가구는 지역 통장들이 관심을 가지고 살펴주고 있다. 학생들은 북부교육지원청과 협력해서 사업을 진행한다. 대상자만 노원구 61만명 중 15만명에 이른다. 이러한 정보에 따라 노원정신보건센터에서 상담과 치료를 받게 하고, 일상적 돌봄은 관내 종교기관의 자원봉사자와 협력하여 추진한다. 일자리는 노원일자리지원센터에서 돕는다. 노원구의 실험이 성공할지는 미지수다. 그러나 이 과정을 통해 한 사람이라도 살려낸다면 그 또한 다행이지 않겠는가.

13.2 X 19.4 cm

경향신문, 2011. 4. 19

분기점이 되었던 외환위기 전보다 현재 복지제도가 훨씬 더 발전되었고, 투자되는 예산도 대폭 늘어났습니다. 그러나 외환위기 이전에 우리나라의 자살률이 지금보다 훨씬 낮았던 것은 당시에는 가족공동체와 이웃공동체가 살아 있었기 때문입니다.

세계 최고 생존율에 도전한다
▶▶▶ **심폐소생술 상설 교육장**

사망원인 3위 심장마비, 4분의 기적으로 살린다

우리나라에서 심장질환으로 사망하는 사람은 한 해 2만 명 수준으로 주요 질환별 사망원인 3위에 해당합니다.

일반적으로 심장마비 증상은 약 64%가 가정에서 발생하고, 적어도 주변에 사람이 있는 가운데 발생하는 경우가 50%가량 된다고 합니다. 심장박동이 중지되어 4분 동안 뇌에 혈액이 공급되지 않으면 뇌가 죽습니다.

문제는 심장마비 환자가 발생하여 119에 신고하면 구급차가 도착하는 시간이 서울의 경우 평균 7.4분이 소요된다는 사실입니다. 따라서 119가 아무리 신통한 재주를 가지고 있더라도 그 환자를 살릴 수 없거나, 살아나더라도 이미 뇌사상태의 식물인간이 됩니다.

결국 심장마비 환자를 살리는 오직 한 가지 방법은 119 신고 후에 가장 가까이 있는 사람이 심폐소생술을 실시하는 것입니다. 더 정확히 표현하면 심뇌소생술을 119가 올 때까지 해야 합니다.

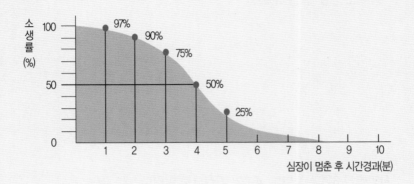

심정지 환자의 시간대별 소생률

소생률 (%)

97%
90%
75%
50%
25%

심장이 멈춘 후 시간경과(분)

"연습은 실전 같이, 실전은 연습 같이 하라"는 격언이 있습니다. 심정지 환자가 발생했을 때도 마찬가지입니다. 그런데 평소에 심폐소생술 교육을 실전처럼 받지 않으면, 막상 긴급상황이 발생했을 때 허둥대다가 4분의 시간을 놓치는 경우가 많습니다.

그동안 심폐소생술 교육은 소방서에서 간헐적으로 하거나, 민방위교육장에서 실시해왔습니다. 그러나 여러 가지 여건상 비디오 교육을 받거나, 일부 선발된 사람만 대표로 교육을 받고 대다수는 몸이 아닌 머리로만 교육을 받다 보니 실전에 적용하기란 쉽지 않았던 것이 사실입니다.

그 결과 우리나라는 다른 모든 분야의 의료 환경은 획기적으로 발전했음에도 불구하고 심정지 생존율면에서는 후진국 형을 면치 못하고 있었습니다.

저 역시 나이 쉰이 되도록 한 번도 실전처럼 교육을 받아볼 기회가 없었습니다. 그러던 어느 날 상계동에 평소 잘 알고 지내던 지인이 심장마비로 사망한 소식을 접하고는 노원에서 심정지 환자의 생존율을 높일 수 있는 방법이 무엇인지 고민하기 시작했습니다.

응급구조전문가, 소방서, 백병원, 을지병원의 담당의사 등과 수차례 대책회의를 했는데, 구민을 대상으로 책임 있게 심폐소생술 교육을 하는 곳은 없었습니다. 하여 통반 조직까지 행정력을 가지고 있는 구청이 직접 교육하는 것이 효과적이겠다는 결론을 얻었습니다.

문제는 상설 교육장을 만들 공간이었습니다. 그런데 마침 구청사에 입주해 있던 우리은행이 이전하여 별관 1층에 빈 공간이 생겼습니다. 당초에는 이 공간이 생기면 기동성을 고려하여 노원구청 방송국(NBS)을 옮길 예정이었는데 방송국 식구들에게 미안했지만 아무래도 생명을 살리는 일이 더 중요하겠다는 생각에 양해를 구하고 심폐소생술 교육장으로 활용하기로 했습니다. 공간이 확보되자 교육장을 꾸미고, 교육할 응급구조사를 2명 채용하고, 교육용 교재를 만드는

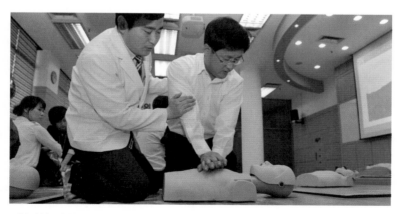

구청 직원들과 함께 나도 심폐소생술 교육을 두 차례나 받았다.

일 등 나머지 일은 일사천리로 진행되었습니다. 정식 개장을 앞두고 저도 구청 식구들과 함께 교육을 받았습니다. 두 손을 모아 깍지를 끼고 수백 번 심장 압박을 실전처럼 하고 나니 힘이 들었지만 이 교육장 덕분에 심정지 환자를 많이 살릴 수 있을 것을 상상하며 기분이 좋았습니다.

지자체 최초 심폐소생술 상설 교육장을 만들다

2012년 5월. 드디어 지자체 중 전국 최초로 심폐소생술 상설 교육장이 정식 개장했습니다. 이곳에서는 하루 3회에 걸쳐 약 100명의 주민과 학생들을 대상으로 교육을 하고, 직장인과 가족을 위한 야간

경향신문

노원구민 "심폐소생술 익히자" 수강 열기

서울지역 첫 전용 교육관 운영… 하루 세 차례씩 실시

지난 2일 서울 노원구의 '노원심폐소생술교육센터'. 300명의 학생들이 심폐소생술 교육을 듣기 위해 모였다. 학생들은 사람 몸통 모양 인형인 '애니'를 옆에 두고 두 사람씩 앉았다. 애니는 수강생들이 손으로 가슴 압박을 직접 해볼 대상이다.

하얀 가운을 입은 응급구조사 최씨 봉씨(25)는 아이들이 실습을 하기 전에 심폐소생술을 익혀야 하는지에 대해 30분 동안 설명했다. "119 신고후 서울시내 구급차가 오는 데 걸리는 시간은 7.4분이에요. 그런데 4분이상 사람의 뇌에 산소가 공급되지 않으면 그때부터 뇌손상이 영어나니다. 여 시간차를 해결해야 하는 게 우리가 심폐소생술을 해야하는 이유입니다." 학생들이 고개를 끄덕여렸다.

최씨는 이어 인형 애니를 대상으로 가슴 압박과 자동제세동기 사용하는 시범을 보였다. 학생들은 실습에 들어갔다.

우선 119 신고하는 것부터 시작됐다. 다급한 목소리로 전화를 걸어 신고한다. "저기요, 빨간옷 입은 아저씨! 119에 신고해주세요."

학생들은 연형의 어깨부분을 쳐서 깨워보고 숨을 쉬는지 확인한뒤 애니를 평평하게 눕히고 두 손으로 가슴 중앙 부분을 빠르게 압박했다. 최씨가 "가슴 중중앙 부분이 5~7cm 들어갈수 있게, 빠르게 압박해야야 한다"고 말했다. 학생들은 두 명씩 서로 교대를 하기면서 500번의 가슴압박을 해봤다. 곳곳에서 "힘들어" "빨리 해야 돼요" 등의 소리가 들렸다. 학생들의 웃은 땀으로 흠뻑했다.

이어 학생들은 자동제세동기도 직접 사용해봤다. 심정지환자에게 꼭 필요한 자동제세동기는 지하철·공공기관등에 설치돼 있지만 사용법을 아는 사람이 드물다. 학생들은 애니의 몸통에 패드를 부착하고 전기충격버튼을 눌렀다. 한 사람당 두세 번씩 자동제세동기 사용법을 익힌 후, 1시간 30분 동안 이어진 강의가 끝났다.

원묵중 권능군(13)은 "실제로 가슴 압박을 해보니 힘들었다"며 "구급차가 올 때까지 계속 압박을 하고 있어야 한다니 진짜 힘들 것 같다"고 말했다. 상경중 최재우군(13)은 "90도로 눌러줘야 한다는 것과 생각보다 빠르고도 세게 눌러줘야 한다는 걸 배웠다"며 "지하철 같은 공공장소에 자동제세동기가 있다는 것도 처음 알았다"고 말했다.

노원구는 서울시내 25개 자치구중 처음으로 지난해 5월부터 심폐소생술 교육을 하루 세 차례씩 실시하고 있다. 구청사 내에 심폐소생술교육센터를 설치했으며, 1급 응급구조사 세 명이 강의를 책임지고 있다.

올해 7월 말까지 총 1000여번의 강의에 2만9000명이 참여했다. 직장인들이 참여할 수있게끔 토요일과 주중 야간에는 매주 2차례의 교육을 실시하고 있다.

교육을 받는 사람이 늘면서 실제로 시민들이 심폐소생술을 실시하는 비율도 늘었다. 지난해 노원구에서 자동제세동기 사용 및 심폐소생술을 일반 시민이 한 건수는 26건이었다. 전체 중 11.8%였다. 일반인의 심폐소생술 참여 비율은 전국 평균인 6.5%의 두 배 가까이였다.

김성환 노원구청장은 "심폐소생술은 내 이웃과 주변 위급상황 시 가족과 이웃의 생명을 살리는 데 큰 힘이 된다"면서 "주민들도 이제는 심폐소생술의 중요성을 이해하고 적극 교육에 참여하고 있다"고 말했다.

이혜인 기자 hyein@kyunghyang.com

지난 2월 서울 노원 '노원심폐소생술교육센터'에서 교육을 받는 중학생들이 강사의 설명을 들으며 간이 자동제세동기를 사용해보고 있다.   노원구 제공

경향신문. 2013. 8. 5

2013년 5월 3일, 롯데백화점 노원점이 전국에서 처음으로 우리 구로부터 심폐소생술 안전사업장으로 인증받았다.

교육과 주말교육을 병행하여 운영해오고 있습니다.

현재 이 교육장을 개관한 지 벌써 1년 6개월의 시간이 흘렀습니다. 시간이 참 빠르지요. 그동안 노원구에는 어떤 변화가 생겼을까요?

이 교육장은 2012년 개관 이래 한 해 평균 1만 8천 명을 교육시키고 있습니다. 처음에는 상설 교육장에 누가 일부러 찾아올까 걱정했지만, 많은 단체와 시민들이 자발적으로 참여 신청을 해서 응급구조사를 1명 더 계약직 공무원으로 채용해야 할 정도로 구청의 인기 있는 프로그램이 되었습니다.

또한, 고위험군 환자 가족 중심의 교육프로그램을 운영하고, 심폐소생술 캠페인과 홍보를 위한 민간 지도자도 위촉하여 활동하고 있으며, 2013년 5월에는 롯데백화점 노원점을 전국에서 처음으로 심폐

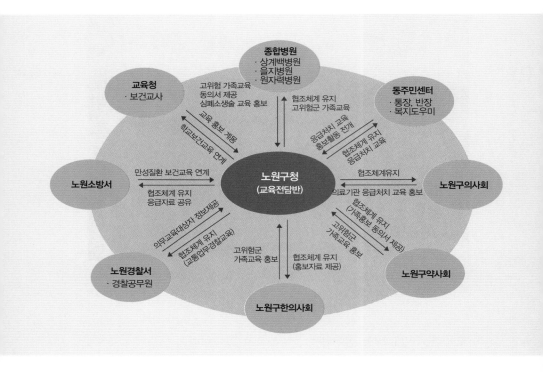

소생술 안전사업장으로 인증하는 등 다각적인 활동을 해왔습니다.

뿐만 아니라 구청은 노원구의 종합병원, 교육청, 소방서, 경찰서, 의사회, 약사회, 한의사회, 동 주민센터 등과 긴밀한 협조체제를 유지하며 심폐소생술 교육이 실효적으로 진행될 수 있도록 하고 있습니다.

이러한 노력의 결과 노원구의 심정지 환자의 생존율이 눈에 띄게 좋아졌습니다. 실제로 노원구가 이 사업을 시작할 무렵에는 생존율이 5.6%였는데 2012년에는 8.2%로 거의 서울시 평균 수준으로 높아졌습니다. 참 좋은 일이지요.

구 분	심정지 발생건수	생존건수	생존율	일반인 심폐소생술 시행
전 국	27,823건	1,156건	4.4%	1,728건(6.5%)
서 울	4,179건	355건	8.7%	669건(16.3%)
노원구	224건	18건	8.2%	26건(11.8%)

　노원구의 1차 목표는 2014년까지 생존율을 시작 당시의 두 배인 11.2%까지 높이는 것입니다. 그런데 욕심이 생기기 시작했습니다. 기왕 심정지 환자를 살리는 사업을 시작한 만큼 아예 노원구가 세계에서 심정지 환자 생존율이 가장 높은 도시가 될 수는 없을까? 이런 고민 끝에 심정지 생존율이 세계 최고 수준이라는 일본 오사카 시에 담당 직원을 연수 보냈습니다. 오사카 시도 노원구처럼 주민 전체를 대상으로 체계적인 교육을 실시하지는 못했습니다. 이 사실은 우리도 충분히 할 수 있다는 자신감을 심어주기에 충분했습니다.

　또한, 2013년 말에는 일본 홋카이도 대학 응급의학 교수팀의 방문에 이어 2014년 초에는 노르웨이에서 심폐소생술 교육방법 개발 전문가 일행과 서울대학교 의과대 교수님이 노원구를 찾았습니다. 노르웨이 전문가는 간단하지만 새로운 방법을 가르쳐주었습니다.

　내용인즉, 심정지 환자가 발생하면 119에 전화를 하는데 전화를 받은 119에서는 출동명령과 동시에 119가 도착할 때까지 응급처치 요령을 전화로 알려주게 됩니다. 그런데 심폐소생술을 하려면 전화 수화기를 들 수가 없으니 평소에 위급한 상황이 발생하면 스피커폰을 쓰거나 핸드폰의 '한뼘 통화'를 하는 요령을 평소에 익혀두어야 한다는 것입니다. 실제로 이와 같은 방법으로 노르웨이나 협력도시

우리 구의 심폐소생술 교육장은 타 지자체 등 외부 기관들이 벤치마킹을 위해 찾아오는 곳이 되어가고 있다. 사진은 2014년 1월 7일, 우리 구를 방문한 노르웨이의 심폐소생술 전문가와 대화를 나누는 장면

인 미국 시애틀의 생존율이 대폭 높아졌다는 것입니다.

충분이 공감이 가는 의견이라 노원에서도 당장 이 같은 방법을 교육 내용에 포함시키도록 했습니다.

노원구가 2014년도에 생존율을 당초 목표(생존율 11.2%)대로 달성하게 된다면 2010년보다 대략 11명의 주민이 추가로 생존하는 결과를 가져오게 됩니다. 우리나라 주요 질환 3위에 해당하는 심장질환 대책과 4위에 해당하는 자살예방 대책을 가장 먼저 추진하고 있는 곳이 노원구인데 노원의 새로운 실험의 성공 여부가 한때 생명보다도 황금을 더 중시했던 우리나라의 생활문화를 바꾸는 데 크게 기여할 것이라고 저는 믿습니다.

모든 구민이 건강하게 100살까지
▶▶▶ **평생건강관리센터**

보건 분야 '서당 개 3년'의 생각

서당 개 3년이면 풍월을 읊는다고 하지요. 제가 그렇습니다. 저는 구청장이 되기 전에 참여정부 청와대 정책실에만 만 4년 6개월간 근무했습니다. 이곳에 가게 된 계기는 2002년 노무현 대통령이 후보시절에 민주당 정책위원회에서 복지담당 전문위원으로 대통령 후보 공약을 만들었기 때문입니다.

이 무렵 보건담당 전문위원이 바로 제 옆자리였고 보건과 복지 파트가 서로 유사성이 높다 보니 이 분야에 일가견이 있는 전문가들과 함께 밤늦게까지 회의를 한 날이 무척 많았습니다. 자연스럽게 저도 보건 분야에 많은 관심을 가지게 되었지요.

구청장이 되어 보니 보건소가 구청장의 업무 영역 안에 들어와 있어서 무슨 일을 하는지 들여다봤습니다. 아무래도 국가의 보건정책을 현장에서 시행하는 곳이므로 영유아 접종부터 어르신 무료 독감 예방주사 접종까지 참 많은 일을 하고 있었습니다. 그중에는 보건소가 직접 하지 않고 일반 병원에서 해도 되는 일을 중복해서 하는 것도 있었습니다.

만약 병의원이 드문 농어촌 지역에 있는 보건소라면 주민들을 위한 직접적 치료기능도 담당해야 할 것입니다. 하지만 대도시의 보건소는, 일반 병원이 이익이 생기지 않기 때문에 하지 않는 업무를 해야 한다고 저는 생각해왔습니다. 대표적인 것이 예방적 보건 정책이라 하겠지요. 저는 평소의 건강진단과 관리 그리고 생활체육이 상호 연계되는 시스템을 오래전부터 만들고 싶었습니다.

부자구 주민들이 오래 산다?

2010년, 서울대보건대학원 조영태 교수팀이 '2008년 연령별 사망률'을 토대로 서울 각 자치구의 기대수명을 발표하였습니다. 이 자료에 따르면 서울에서 월평균 소득이 가장 높은 서초구 남성의 기대수명은 83.1세였고, 송파구(81.1세)와 강남구(81.0세)를 합한 이른바 강남 3구 남성의 기대수명은 80세를 넘었습니다. 반면 노원구(78.1세)를 포함한 나머지 22개 구 남성의 기대수명은 모두 80세를 밑돌았습니다. 남성뿐 아니라 여성을 포함한 구민 평균 기대수명에서도 서초구는 85.6세인 반면 노원구는 81.9세로 3.9년의 수명 차이를 보였습니다.

만성질환 1개 증가 시 연평균 환자 본인부담은 70만 원이 증가한다는 통계처럼 아무래도 부유층이 건강관리나 치료에 경제적 비용을 치를 능력이 높기 때문에 강남3구와 타 자치구 간에 격차가 발생하는 것은 불가피해 보이는 측면이 있습니다. 그러나 이를 운명적으로

복지 격차 확대의 단면 : 기대수명

구분	종로	중구	용산	성동	광진	동대문	중랑	성북	강북	도봉	노원	은평	서대문
남	78.7	77.9	79.3	73.4	79.5	78.3	78.0	79.2	77.8	79.2	78.1	78.4	78.6
여	86.5	89.0	86.8	85.1	87.4	87.0	84.3	85.3	84.7	86.8	85.7	86.5	86.0

구분	마포	양천	강서	구로	금천	영등포	동작	관악	서초	강남	송파	강동	
남	78.5	78.5	79.5	79.2	78.1	79.8	79.4	79.1	83.1	81.0	81.1	79.8	
여	87.2	86.3	85.8	87.0	85.7	86.1	85.6	85.0	88.1	87.8	87.3	87.8	

받아들인다면 발전이 없겠지요.

부자 구뿐만 아니라 중산 서민층이 사는 동네의 주민들도 건강하게 오래 살 수 있는 방법이 없을까? 저는 자치구 간 평균수명 격차를 줄이고 삶의 질을 높이는 데 구청은 어떤 역할을 할 수 있을지에 대해 검토를 시작했습니다.

구청보건소와 전문가들의 검토 결과 심장질환의 73%, 뇌혈관질환의 69%, 당뇨병 조기사망의 80%는 예방적 관리를 잘 한다면 충분히 개선할 수 있다고 했습니다. 또한 평균수명의 차이는 건강검진율, 음주율, 흡연율과 관련이 깊은데 이 또한 예방적 건강검진과 관리가 결합된다면 차이를 상당 부분 좁힐 수 있다고 했습니다. 저의 평소 생각과 일치한 부분이었지요.

100세 평생건강관리센터를 권역별로 만들다

이 무렵 마침 중계 2·3동 동 복합청사가 신축되어 공간 배치 계획을 세우게 되었습니다. 중계 2·3동은 중산층이 밀집해 있는 곳이자,

대규모 임대아파트가 밀집해 있는 곳이기도 합니다. 하여 2011년 2월 이곳에 건강검진 및 체력측정 → 처방 → 생활체육 참여 및 식생활 습관 개선 → 재검진 등을 원스톱으로 실시할 수 있는 건강100세를 위한 '평생건강관리센터'를 시범 운영하기 시작했습니다.

이 센터에서는 2개월 동안 중계근린, 목화, 건영2차 아파트의 4,490명을 대상으로 하여 약 1천 명을 검진하였는데, 검진결과 검진인원의 41.8%에서 건강위험요소가 발견되었습니다. 이 건강위험요소를 조기에 발견하고 예방하는 것이 평균수명을 연장하는 지름길인 것이죠. 이 같은 시범운영 결과에 기초하여 2011년 4월에는 중계·하계권역을 담당하는 '중계 평생건강관리센터'를 개소하고 5월에는 월계·공릉권역을 담당하는 '월계 평생건강관리센터'를 개소했습니다. 그리고 8월에는 보건소 4층을 리모델링하여 상계동 전 권역을 담당하는 '상계 평생건강관리센터'를 개소하는 등 3개소의 센터를 순차적으로 열게 되었습니다.

이 센터에서는 민간의료기관에서 시행할 경우 약 30~40만 원의 의료비가 소요되는 높은 수준의 건강관리서비스를 격년마다 무료로 제공합니다. 건강은 건강할 때 지켜야 하기 때문에 중점 관리대상은 30세부터 69세까지의 구민으로 정했는데, 20대나 70대의 경우도 이용을 희망할 경우 건강관리서비스를 동일하게 제공하고 있습니다.

세부적으로는 혈압 및 체성분 검사, 생활습관 설문 등 기초건강검진과 순발력, 유연성, 근력, 평형감각, 심폐지구력 등 8종의 체력측정을 통해 주민등록상 나이와 몸의 나이를 비교하여 체계적인 운동 처방과 관리를 할 수 있도록 하고 있습니다.

보건소를 비롯하여 현재 권역별로 세 군데에서 운영되고 있는 평생건강관리센터는 우리 구민들의 든든한 건강지킴이가 될 것이다.

그동안 대부분의 보건소에서 저소득층을 대상으로 대사증후군 관리 사업을 해오고 있었지만 노원구처럼 전 구민을 대상으로 건강관리 사업을 추진하는 곳은 없었습니다. 노원구가 처음입니다. 그러다 보니 많은 지방자치단체와 언론 기관에서 관심을 가져주셨습니다.

평생건강관리센터를 만든 지도 벌써 1년 6개월의 시간이 흘렀습니다. 이 기간 동안 각 센터에서 신규 등록관리한 인원은 5만 7천여 명이고, 건강검진 및 처방을 한 인원은 무려 38만여 명에 이르고, 파워 워킹 등 건강관리 교육프로그램에 참여한 인원도 4만 8천여 명에 달합니다. 이처럼 각 센터는 구민의 평균수명 연장을 위해 많은 노력을 기울여왔습니다.

이러한 노력의 결과 비만율을 제외하고는 걷기 실천율, 양호한 주관적 건강수준 인지율 등 전 분야에서 건강지표가 향상된 것으로 나

朝鮮日報

노원구, 30만원대 건강검진 무료로

서울 노원구에 사는 박계원 (64)·이영학(64)씨 부부는 지난달부터 구에서 운영하는 건강센터에서 8주짜리 건강식단 프로그램에 참여하고 있다. 이들은 올 상반기 건강검진에서 혈당 수치가 120mg/dl 안팎을 기록, 정상 (80~110) 범위를 넘어 고혈압·당뇨병이 의심된다는 지적을 받았다. 그 뒤 박씨 부부는 건강식단 프로그램을 통해 매주 식이요법 지도를 받아, 지금은 혈당이 각각 92mg/dl, 94mg/dl로 좋아졌다.

이처럼 노원구는 지난해부터 상계·월계·중계동 지역 보건소·복합청사 내에 각각 1곳씩 평생건강관리센터를 운영, 구민들 몸 상태와 건강을 수시로 점검해주고 있다. 이런 기관을 운영하는 기초자치단체는 전국에서 거의 유일하다는 주장. 시중 병원에서 30만~40만원씩 하는 건강검진을 30세 이상 구민은 누구나 원할 때 받을 수 있다. 검진 결과를 토대로 영양·운동 처방을 내려 구민 건강을 지속적으로 관리한다. 올 상반기 구민 6만명이 상담을, 2만명은 검진과 처방까지 받았다. 김성환 노원구청장은 "구민들이 건강하게 오래 살 수 있도록 하는 것도 자치구 임무 중 하나"라고 했다.

노원구가 이처럼 구민 건강에 신경을 쓰는 것은 강남권 자치구와 평균 수명 격차를 줄이기 위해서다. 지난 5월 서울시에서 발표한 '서울시민 건강격차 현황 분석'에서도 노원

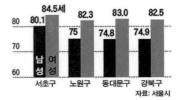

서울 자치구별 평균 수명 2009년 기준

자료: 서울시

30세 이상 구민 대상
강남과 수명격차 축소 위해
동대문·강북구도 대책 마련

을 비롯, 강북권 자치구들은 강남권과 비교하면 사망률이 높았다. 평균 수명도 노원구의 남성 평균수명은 75.0세로 서초구 80.1세와 비교하면 눈에 띄게 낮았다.

동대문구와 강북구도 주민 건강을 위해 대사증후군 관리 사업을 벌이고 있다. 이들 자치구는 복부비만·고혈압·혈당·콜레스테롤·중성지방을 검사, 대사증후군을 판별하고 처방한다. 강북구는 구청과 우이동·수유동에 건강센터를 마련해 운영하고 있다. 상반기 4000여명이 검사를 받았고 건강관리 대상 구민이 2만명에 이른다. 동대문구는 찾아가는 건강상담실을 운영하고 있다. 매주 수요일 지역 전통시장이나 대형마트, 학교 등을 방문, 대사증후군을 점검한다. 상반기에 구민 2155명이 검진을 받았다.

이기문 기자 rickymoon@chosun.com

조선일보, 2012. 7. 13

3개 평생 건강관리센터 추진 실적 2012~2013년

내 용	실 적	비고
• 신규 등록관리	57,550명	
• 건강검진 및 상담, 건강처방	379,817명	간호사,
• 건강관리 교육프로그램 운영	48,520명	영양사,
• 의료기관 및 유관기관 연계	269개소 / 30,696건	운동사 등
• 찾아가는 건강상담실 운영	520회 / 22,620명	

타나고 있습니다.

또한 혈압, 혈당, 허리둘레, 고밀도콜레스테롤, 중성지방 등 생활습관상 위험요인이 3개 이상이었던 중점 관리 대상자에 대한 관리 결과 위험요인이 현격하게 줄어드는 성과도 얻었습니다.

노원구는 2014년 구청 보건소와 가장 멀리 떨어진 공릉2동 옛 동청사 부지를 리모델링하여 보건지소를 만들고, 이곳에서도 평생건강

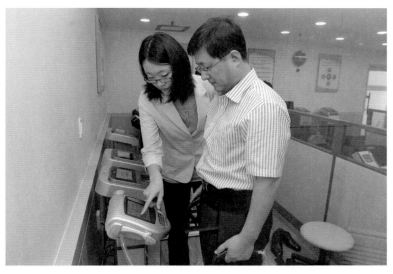

평생건강관리센터에서 체지방지수 등을 직접 측정하고 그에 따른 운동처방을 받았다.

2012년 지역사회 건강 조사 결과

분류	영역	산출지표(단위:%)	지역사회건강조사				국민건강영양조사
			노원구			서울시	전국
			2011	2012	증감	2012	2011
건강행태	신체활동	걷기실천율(단위: %)	49.8	53.5	△3.7	52.1	37.6
		중등도 이상 신체활동실천율(%)	16.3	18.9	△2.6	17.0	8.9
	비만	비만율(단위: %)	21.0	25.3	△4.3	23.7	31.9
질환 이환 및 의료이용		연간 평균 혈압 측정횟수(회)	12.6	14.1	△1.5	12.5	−
		고혈압 약물 치료율(단위: %)	86.1	92.4	△6.3	85.4	66.9
		연간 평균 혈당 측정횟수(회)	3.3	6.2회	△2.9	6.3	−
		당뇨병 치료율(단위: %)	87.1	88.2	△1.1	83.7	61.0
삶의 질		양호한 주관적 건강수준 인지율(단위: %)	38.6	42.5	△3.9	45.0	35.3

관리 사업을 추진할 예정입니다. 또한 상계2동에 신축하는 동청사에도 참여형 보건지소를 개소하여 주민들의 건강을 사전에 예방하는 프로그램을 확대해나갈 예정입니다.

아직 과제도 많이 남아 있습니다. 대표적인 사안이 관내 건강검진 의료기관 및 유관기관과 대상자를 상호 연계하여 건강관리를 강화하는 일입니다. 또한 센터의 운영 특성상 직장인이 검진을 받기에는 여전히 불편함이 있어 이를 해소할 대책을 세워야 합니다.

저는 주민들로부터 평생건강관리센터에서 일하는 분들이 친절하다는 말을 가장 많이 들었습니다. 그 정도로 이용자의 만족도는 매우 높은 편이지만 나의 건강을 책임져줄 센터가 있는지조차 모르는

공릉2동 보건지소 조감도. 2014년 노원구는 구청보건소와 가장 멀리 떨어진 공릉2동 옛 청사부지를 리모델링하여 보건지소를 만들고, 평생건강관리 사업을 추진할 예정이다.

구민들도 여전히 많습니다.

그럼에도 불구하고 삶에 있어서 가장 중요한 가치를 하나만 고르라고 주민들께 물어보면 대부분 건강을 선택하는 만큼, 노원구의 평생건강관리센터가 중심이 되어 노력한다면 노원구가 강남3구보다 평균수명이 길어지는 날이 반드시 올 것이라고 확신합니다.

어르신과 학생의 결합, 공유도시의 현장
▶▶▶ **룸셰어링 사업**

서울혁신상을 수상하다

2013년 12월 27일, 서울시청에서 서울혁신상 시상식이 있었습니다. 이 상은 2013년에 서울시와 각 자치구에서 추진한 사업 중 가장 혁신적인 아이디어로 추진한 사업에 대해 엄정한 심사를 거쳐서 주는 상인데 모두 42개 사업이 경합을 벌였습니다.

이날 1등상은 서울시 올빼미 버스(심야버스)가 차지했고, 2등상은 노원구의 룸셰어링 사업이 수상했습니다. 노원구에서 진행한 새로운 사업은 대부분 제가 직접 제안하여 시작한 일인데 룸셰어링 사업은 구청 식구들이 발굴하여 추진한 사업이었기에 더욱 기쁨이 컸습니다. 그리고 룸셰어링 사업은 서울시가 추진하는 공유도시 모델이 되었습니다.

공유도시 만들기는 박원순 서울시장이 2012년 9월 '공유도시 서울' 선언을 통해 산업화와 도시화로 실종된 공동체 의식을 서울이 먼저 나서서 해결하겠다고 추진하는 사업입니다. 이번에 노원구가 수상한, 혼자 사는 어르신과 기숙할 방이 없는 학생을 연결하여 한집에 살게

2013년 서울시 종무식을 겸한 서울혁신상 시상식에서 우리구는 '룸셰어링 사업'으로 박원순 시장님으로 부터 우수상을 받았다.

하는 룸셰어링 모델도 원래 서울시의 제안사업에 포함되어 있었습니다. 그런데 정작 서울시에서는 직접 이 사업의 성과를 보지 못한 반면, 노원구에서는 구청의 헌신적인 노력 끝에 결실을 보게 된 것입니다. 이유가 무엇일까요? 여러 가지 요인이 있겠지만 저는 이 사업이 시 단위보다는 구 단위 사업으로 더 적절했기 때문이라고 봅니다.

고령사회와 청년층의 문제가 동시에 등장

대한민국은 세계에서 가장 빨리 늙어가는 나라입니다. 유엔에서는 전체 인구 중 65세 이상의 인구가 7%가 넘으면 고령화사회, 14%를 넘으면 고령사회, 20%를 넘으면 초고령사회라고 부릅니다. 참고로 프랑스는 고령화사회에서 초고령사회로 전환되는 데 약 150년이 걸렸고, 영국과 미국은 약 80년이 걸렸습니다.

반면 우리나라는 2000년에 65세 이상의 인구가 7%를 넘어섰는데 2026년이면 20%를 넘어설 예정이어서 26년 만에 초고령사회로 진입하는 국가가 되는 것입니다. 다시 말해 고령화 속도가 선진국의 경우는 여러 세대에 걸쳐 완만하게 진행된 반면 우리는 한 세대에 모든 변화가 한꺼번에 나타나는 초특급 고령사회 진입 국가라고 할 수 있지요.

이렇게 고령화가 급속하게 진행되면 연금, 건강, 일자리, 여가 등 모든 분야에서 문제가 나타날 수밖에 없습니다. 그중 하나가 혼자 사는 어르신의 고립이 심화되는 동시에 자립생활 욕구는 증가하고 있는 문제입니다.

한편, 요즘 청년세대의 문제도 갈수록 심각해지고 있습니다. 제가 20대일 때만 해도 대학을 가거나 혹은 고교졸업 후 취직을 하는 데 큰 어려움이 없었습니다. 그러나 외환위기를 거치며 고용 없는 성장과 일자리 양극화가 확대되면서 대학 입학도 어려워지고 청년 창업이나 취업도 동시에 어려워지는 상황에 놓이게 되었습니다. 특히 지방출신 대학생의 경우 비싼 등록금뿐만 아니라 비싼 주거비까지 부담해야 하는 이중고로 생활이 매우 어려운 것이 현실입니다.

룸셰어링으로 어르신과 대학생 문제 해결

이에 노원구에서는 혼자 사는 어르신에게는 사회적 고립 문제를 해결하고 돈이 부족한 젊은 세대에게는 주거비 문제를 해결하도록 주거 공간을 공유하는 방법을 통해 두 세대가 가지고 있는 문제를

동시에 해결하고자 했습니다.

노원구는 주거 공간을 함께 이용하는 사업을 '룸셰어링'이라 명명하고 다음과 같이 세부 사업계획을 수립했습니다.

① 임대기간은 6개월로 하되, 상호 합의 하에 연장할 수 있다. ② 주거 공간 중 화장실과 거실, 주방 등은 공동사용할 수 있도록 하고 임대료는 주변시세의 50% 이하를 원칙으로 하되 협의 하에 조정

2013년 8월 23일, 룸셰어링 협약식에 참여한 어르신과 대학생이 사업의 성공을 다짐하며 파이팅을 외치고 있다.

할 수 있다. ③ 입주하는 대학생은 말벗 되어드리기, 못질 등 간단한 가사일 돕기, 컴퓨터와 스마트 기기 사용법 알려드리기 등 어르신께 제공 가능한 생활서비스를 제공한다. ④ 구청은 학생거주 방의 환경 개선을 위해 도배 등을 제공하고, 대학생의 생활서비스 제공 시간을 봉사시간으로 인정받을 수 있도록 한다.

위와 같이 사업계획을 세웠으나 더 중요한 것은 사업의 당사자들을 찾는 일이었습니다. 어르신 대상자는 건축물 대장을 조회하여 4,144명의 대상자에게 사업 안내문을 발송했고, 대학생은 관내 6개 대학에 포스터를 부착하고 학교 홈페이지에 공지를 했습니다.

이런 노력의 결과 2013년 8월 처음으로 14쌍의 어르신과 대학생이 공유하는 새로운 모델이 탄생하게 되었습니다.

대학생과 어르신의 매칭 현황은 옆 페지이의 표와 같은데, 협약식 날 보니 이미 1~2차례 만남이 있어서 그런지 실제 친할머니와 친손주처럼 살가운 1.3세대도 있어 이 사업이 성공적으로 정착될 수 있을

어르신		거주유형		대학생		대학교			
독거	부부	아파트	일반주택	남	여	광운대	서울과기대	서울여대	한국성서대
여 11	3	11	3	6	8	4	7	1	2

것 같다는 예감이 들었습니다.

이 사업을 추진하는 데 어려운 고비도 많았습니다. 어르신 입장에서는 대학생의 신원이 확실한지 걱정이 있었고, 보증금이 없는 임대료 계약에 불안감도 표시했습니다. 또 혈육관계가 아니다 보니 어르신과 학생의 생활습관 차이에서 오는 갈등요인도 무시할 수 없었습니다.

이 같은 어려움에도 불구하고 사업이 성공적인 괘도에 오를 수 있게 된 것은 어르신과 대학생을 연결하는 데 공신력 있는 구청이 매개 역할을 충실히 했기 때문이라고 생각합니다.

노원구청은 대학생의 신원 불안 문제를 '어르신-구청-대학생'의 3자 협약서를 통해 해결했고, 보증금 불안 문제도 부모 보증인제를 도입한 임대차계약서를 작성하는 것을 통해 해결했습니다. 어르신과 대학생의 문화 차이도 사전에 충분한 설명과 수시 안부전화 등을 통해 분쟁요인을 사전에 예방했습니다. 또한 대학생들의 쾌적한 주거 환경 조성을 위해 무료로 벽지와 장판을 교체해주고 재활용센터의 지원을 받아 책상과 서랍장 등을 저렴하게 공급하는 등 다각적인 노력을 기울였습니다.

만약 이 같은 룸셰어링 사업을 당사자들에게만 맡겨두었다면 성사되기 쉽지 않았을 것입니다. 룸셰어링 사업에 참여한 어르신은 친손주 같은 대학생이 생긴데다가 매월 고정적인 수입이 생겨 만족도가 매우 높은 상황입니다. 그리하여 최근에는 더 많은 어르신들이 이 사업에 참여하겠다고 신청하고 있습니다.

　　노원구는 앞으로도 어르신과 대학생의 중매를 잘 서서 모두가 행복한 마을을 만드는 데 앞장설 것입니다.

MBC, 2013. 9. 1

연고 없는 어르신, 대책이 시급하다

▶▶▶ 고독사 대책, '아름다운 여정' 사업

특별한 장례식을 치르다

2013년 7월 2일, 노원구 공릉동 원자력병원 영안실에서는 특별한 장례식이 치러졌습니다.

이날은 노원구가 가족 없이 혼자 세상을 떠나는 이른바 '고독사' 문제를 해결하기 위해 전국 최초로 지역 주민들이 참여하는 '아름다운 여정' 사업을 시작한 이래 처음으로 장례를 치르는 날이었습니다. 저도 첫 영결식이라 입관예절부터 함께 참여했습니다.

이 장례식에 고인의 유족은 없었지만 인연이 있었던 친지 한 분이 참석한 가운데 노원구 장례지원단이 입관식과 장례식을 주관하였습니다. 저도 일면식이 없는 분이었지만 고인의 명복을 비는 기도를 드렸습니다. 그리고 고인은 대한적십자사가 제공한 영구차에 태워져 영면의 길로 떠났습니다.

만약 노원구의 고독사 대책 프로그램인 아름다운 여정 사업이 없었다면 고인은 무연고 처리절차에 따라 아무런 예식 없이 화장장에

2013년 7월 2일, '아름다운 여정' 사업 이후 첫 장례를 치렀다. 당시 입관식 모습과 장례식 모습. 나도 직접 참석하여 고인의 명복을 함께 빌었다.

짐짝처럼 실려가 불꽃과 함께 사라졌을 것입니다.

고독사의 상업화를 막아야

그동안 고독사 문제는 주로 일본발 보도로 우리 안방에 전달되어 왔습니다. 최근에 저는 연고가 없는 일본 노인이 보험 등에 가입하여 본인이 사망하면 장례식을 포함한 유품정리를 대행해주는 신종 사업이 번창해간다는 뉴스를 들었습니다.

저는 이 문제가 남의 나라 문제로 느껴지지 않았습니다. 얼마 전까지 우리나라에서는 마을에서 누군가가 사망하면 마을사람들이 모두 장례를 함께 치렀습니다. 그런데 요즘 들어 무슨무슨 상조회사 등이 등장하면서 장례절차를 상업적으로 대행해주는 문화가 대세를 이루게 되었습니다. 우리나라도 고독사 문제를 이대로 방치하면 조만간 일본처럼 상업화될 것 같은 우려가 생겼습니다.

'고독사를 막아라!' 노원구가 나섰다

〈앵커 멘트〉
가족사회의 붕괴와 경제난 등으로 '혼자 살나 혼자 숨지는' 이른바 고독사가 급속도로 늘고 있습니다.
서울시 자치구들이 이런 고독사 문제 해결을 위해 팔을 걷고 나섰습니다.
박 현 기자의 보도입니다.

〈인터뷰〉 김복심(서울 합정동) : "자식들도 모르게 방에서 혼자 눈 감아버리면 내 몸을 어떻게 애들이..."
이런 김 할머니에게 최근 가족보다 더 반가운 손님이 있습니다.
일주일에 한번 집을 방문해 생활을 챙겨주는 통장, 일명 통장 복지사입니다.
서울 노원구도 지난 3월부터 고독사 예방 시스템을 운영하고 있습니다.
관내 독거노인들을 파악한 뒤 임종 전 돌봄부터 사후 장례지원까지 책임집니다.

KBS, 2013. 11. 11

저는 고독사 문제만큼은 상업적 방식이 아니라 마을공동체에서 함께 해결하는 것이 좋겠다고 생각했습니다. 그리하여 '아름다운 여정'이라는 이름의 고독사 대책 사업을 추진하게 된 것입니다.

고독사 대책은 마을공동체 복원

첫 고민은 아름다운 여정 사업의 범위를 어디까지로 정할 것인가였습니다. 저는 고독사 대책이 상업화 단계로 가지 않으려면 연고 없는 중산층을 참여시켜야 한다고 생각하여 참여 범위를 전 구민으로 정했습니다. 무연고의 범위도 주민등록상 가족이 있더라도 실질적

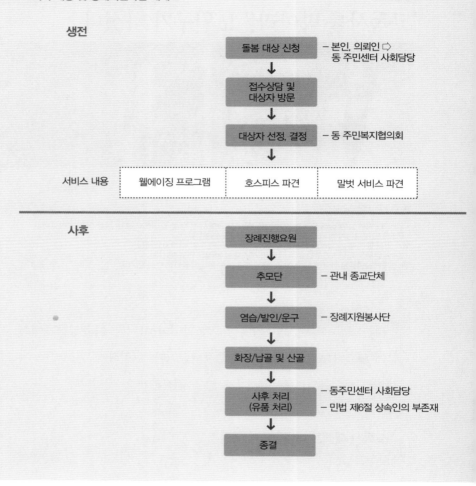

고독사 예방 및 장례지원사업 체계도

생전

돌봄 대상 신청 — 본인, 의뢰인 ⇨ 동 주민센터 사회담당

↓

접수상담 및 대상자 방문

↓

대상자 선정, 결정 — 동 주민복지협의회

↓

서비스 내용 | 웰에이징 프로그램 | 호스피스 파견 | 말벗 서비스 파견

사후

장례진행요원

↓

추모단 — 관내 종교단체

↓

염습/발인/운구 — 장례지원봉사단

↓

화장/납골 및 산골

↓

사후 처리
(유품 처리) — 동주민센터 사회담당
— 민법 제6절 상속인의 부존재

↓

종결

으로 관계가 단절되어 있어 장례절차를 치를 수 없는 분이라면 제한 없이 서비스를 받을 수 있도록 설계했습니다.

선정 절차도 체계화했습니다. 본인이나 의뢰인이 신청하면 동 주

경향신문

2013년 07월 08일 (월)
15A면 서울

노원구 독거노인의 '특별한 장례식'

전국 최초 장례 지원… 종교단체·병원·대학 등 연계

지난 2일 서울 노원구 공릉동 원자력병원 영안실에서는 특별한 장례식이 치러졌다. 영안실에 안치된 사망자 김모씨(62)의 유족은 한 명도 참석하지 않았다. 유족들이 진료비 400만원을 납부할 능력이 없다는 이유로 시신 인계를 포기했기 때문이다. 무연고 행려환자였던 김씨는 지난 5월 이 병원에 입원했지만 돌봐주는 사람도 없이 '고독사'했다.

김씨는 혼자 죽음을 맞이했지만 대신 중계동 성당 신자 등으로 구성된 노원구 장례지원봉사단원 30여명이 영결식을 지켜봤다. 자원봉사자로나선 조광제씨(61)가 능숙한 손놀림으로 시신을 구석구석 닦고 수의까지 곱게 입힌 뒤 가슴에 국화꽃까지 덮어주었다. 조씨의 염 자원봉사는 18년째로 벌써 1000회가 넘었다. 입관식이 진행되는 동안 자원봉사자들은 고인을 위한 '추모예'를 지냈다. 김성환 노원구청장도 추모봉사자들은 준비한 성수(聖水)를 차례로 뿌리며 고인의 영정을 기원했다. 김씨의 시신은 대한적십자사에서 제공한 영구차에 태워져 영면의 길로 떠났다.

노원구가 가족들도 없이 혼자 세상을 떠나는 고독사 문제를 해결하기 위해 전국 최초로 지역 주민들이 참여하는 '아름다운 여정 지원사업'을 시작했다. 지난 2일 영결식은 첫 지원사업이었다.

노원구는 지난 3월부터 5월 말까지 65세 이상독거노인 8000여명에 대한 실태조사를 벌여 지원사업을 위한 세부 방안을 마련했다. 건강이 양호한 독거노인에게는 복지도우미와 어르신돌보미가 매주 한 차례 이상 방문해 말벗 서비스를 해주면서 건강을 점검하고 있다. 거동이 불편한 독거노인에게는 방문간호와 함께 외출 동행, 청소·세탁 지원을 해주고 있다. 거동이 불가능할 경우에는 호스피스를 파견한다.

노원구는 지역 내 기독교·천주교·불교 단체는 물론 병원·을지대 장례지도학과 학생 등과 연계해 추모단·장례지원 봉사단을 구성했다. 추모단은 가족이나 이웃 대신 임종을 지켜주는 봉사를 맡았다. 장례지원단은 장례를 맡고 있다. 김성환 노원구청장은 "1년에 1000여명이 고독사하고 있지만 정부는 물론 어느 지방자치단체에서도 대책이 없었다"며 "고독사는 가족 해체·빈곤과 연관된 사회적 문제이기 때문에 지역 주민들이 공동 네트워크를 구성해 독거노인을 보살피는 대안이 필요하다"고 말했다.

한대광 기자 chooho@kyunghyang.com

경향신문, 2013. 7. 8

민센터의 실태조사를 거치고, 여기에서 선정되면 생전에는 어르신돌봄지원센터 등을 통해 돌봄 지원을 받고, 사망 후에는 종교기관과 장례지원단의 도움을 받을 수 있도록 했습니다.

위와 같은 절차에 따라 노원구의 현재 아름다운 여정 사업에 선정되어 서비스를 제공받는 분들은 총 71명이고, 현재 이 사업에 따라 장례를 치른 분은 2명입니다.

노원구가 이와 같은 사업을 하면서 추가로 예산을 쓴 것은 없습니다. 아름다운 여정 사업에서 제공하는 모든 서비스는 병원이나 종교기관 그리고 민간단체에서 후원 혹은 자원봉사로 해주시기 때문입니다. 특히 장례식장을 무료로 제공해준 원자력병원이나 초기에 장례자원봉사에 적극적으로 참여해준 조광제 상계6·7동 자원봉사센터장을 비롯한 천주교 성당 연령회 분들에게 이 자리를 빌려 감사드립니다.

아름다운 여정 사업은 앞으로 여러 차례 고비가 있을 것으로 보입니다. 앞서 우려했던 대로 연고는 없지만 경제적 여력이 있는 어르신을 대상으로 이를 상업화하려는 시도가 조금씩 확대될 것이기 때문입니다. 노원구는 이에 대비하여 생전에는 어르신들을 대상으로 한 각종 복지서비스를 강화하면서 가까운 이웃들과 함께 행복하게 사는 마을공동체 복원을 통해 어르신들이 노년의 삶과 죽음을 편안하고 인간적으로 맞으실 수 있도록 노력을 다할 예정입니다.

최저임금이 최고임금이 되는 현실
▶▶▶ 생활임금제도 도입

참여연대, 생활임금 정책을 노원구에 제안하다

2012년 봄으로 기억합니다. 참여연대로부터 생활임금 정책을 성북구와 함께 추진해보자는 제안을 유선상으로 받았습니다. 생활임금이란 단어를 처음 들어서 생소하긴 했지만 친근감이 있는 표현이라 직접 만나서 참여연대의 생각을 들어보기로 했습니다.

참여연대와 처음 만나는 자리에서 왜 노원구를 선택해서 제안했는지 물었습니다. 참여연대에서는 노원구가 그동안 비정규직의 정규직화와 같은 일을 선도적으로 추진해온 바, 이 일도 가장 적극적으로 할 것 같은 판단에서 제안하게 되었다고 했습니다. 그 자리에서 그

생활임금이란 최저임금에서 한 단계 더 나아가 근로자들의 주거비, 교육비, 문화비 등을 종합적으로 고려해 인간다운 삶을 유지할 수 있는 수준의 임금을 말한다. 생활임금은 1994년 미국 볼티모어를 시작으로 140개 도시에서 조례를 제정하여 시행하고 있고, 영국은 2012년 런던올림픽 관련 노동자들에게 생활임금을 지급하는 등 다양한 형태로 시행되고 있다.

동안 참여연대가 고민하고 추진해왔던 생활임금 정책에 대한 의견을 듣고 함께 노력해보기로 했습니다.

생활임금 제도를 시행하고 있는 나라들을 들여다보니 상대적으로 임금격차가 큰 미국이나 영국에서 주로 시행되고 있었습니다. 유럽의 대륙 국가들은 직업 간 임금격차가 작기 때문에 생활임금과 같은 제도를 운영할 필요가 없었겠지요.

최저임금이 사실상 최고임금

우리나라의 사정을 살펴봤습니다. 현재 우리나라의 최저임금은 노동자 평균임금의 38% 수준으로 시민단체나 OECD가 권고하고 있는 노동자 평균임금의 50%에 크게 못 미치는 상황입니다. 유럽연합(EU)은 노동자 평균임금의 60%를 권고하고 있는데 이것과 비교하면 더 형편없는 수준이라 하겠지요. 더구나 최저임금은 매년 노사정의 협상에 의해 결정되는데 노동자와 사용자 간의 의견 차이가 크다 보니 매년 노동자 측 대표는 퇴장해버리고 결국 물가상승률을 감안하여 병아리 눈물만큼 인상되어 왔습니다.

이렇게 정해진 최저임금은 편의점 알바생을 포함하여 저소득 노동자에게 사실상 최고임금으로 작동하고 있는 것이 현실입니다. 현행 최저임금 제도로는 노동자의 최소한의 인간다운 삶을 보장하기는 불가능하다고 봐야겠지요.

저는 노동자 평균임금의 38% 수준인 최저임금을 최소한 50% 수준으로 높이는 문제가 비정규직의 정규직화와 함께 우리나라의 여러

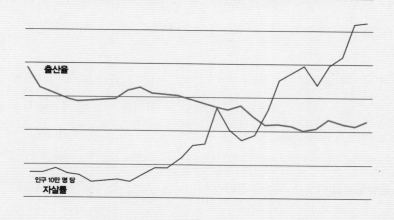

외환위기 전후의 자살률과 출산율 비교

출산율

인구 10만 명 당
자살률

1983년 1984년 1985년 1986년 1987년 1988년 1989년 1990년 1991년 1992년 1993년 1994년 1996년 1996년 1997년 1998년 1999년 2000년 2001년 2002년 2003년 2004년 2005년 2006년 2007년 2008년 2009년 2010년

출처 : 통계청

가지 사회적 문제를 푸는 핵심이라고 생각합니다.

왜냐고요? 현재 우리나라에서 외형적으로 드러난 가장 큰 사회적 문제는 세계 최고 자살률, 세계 최저 출산율, 세계 최고 사교육비입니다. 이 문제들은 각각 다른 문제 같지만 가만히 살펴보면 같은 뿌리에서 출발합니다. 한국 사회는 1997년 외환위기를 통과하면서 일방적으로 자본과 대기업의 이익이 관철되는 구조로 바뀌었는데, 이과정에서 정규직으로 고용해야 할 많은 사람들이 비정규직으로 전락했고 외주 용역 파견노동 방식으로 저임금 노동구조가 고착화되었습니다.

실제 통계를 보더라도 이 무렵부터 OECD 평균 수준이던 자살률은 급격히 올라가고, OECD 평균 수준이던 출산율은 급격히 떨어졌습니다. 이렇듯 고용과 임금 격차가 커지니 내 자식만큼은 고생시키지 않겠다는 생각에 사교육비는 늘어날 수밖에 없는 상황에 내몰리게 된 것이죠.

저는 생활임금제도 도입이 한국 사회 저임금 노동자들의 인간다운 삶을 보장하는 데 조금이라도 기여할 수 있기를 바라는 마음에서 이 일을 시작하게 되었습니다.

생활임금을 어떻게 적용할 것인가?

참여연대, 노원구, 성북구가 큰 틀에서 생활임금제도 도입을 지방자치단체부터 시행해보자고 합의했지만 막상 시행하려고 하니 판단해야 할 문제가 한두 가지가 아니었습니다.

가장 큰 문제는 생활임금 산정의 기준을 어디에 둘 것인가였습니다. 노동자의 생활안정에 초점을 맞춘다면 보건복지부가 주관하여 국민기초수급권의 기초자료가 되는 최저생계비와 비교해야 합니다. 반면 생활임금이 현실적으로 작동하기 위해서는 고용노동부가 주관

생활임금과 유사제도 비교

제도	형태	적용대상	법적활용
생활임금	조례, 개별사업장 협상	제도 혹은 협상에 의해 특정된 직무, 직무종사자	공공부문의 하청, 조달계약으로 민간영역에 시행
최저임금	법률(최저임금법)	전체 임금노동자	휴가액, 실업급여 등 14개 법령의 근거
최저생계비	법률(국민기초생활보장법)	특정 소득수준, 수급대상자	수당, 지원 등 각종 사회복지제도의 근거

하는 최저임금을 기준으로 해야 합니다. 두 가지 기준 모두 타당성이 있었기에 선택하기가 쉽지 않았습니다.

정답이 정해져 있지 않은 미지의 길을 가는 일은 책임감이 따르는 만큼 두렵습니다. 만약 잘못된 길을 선택할 경우 경로이행의 법칙 때문에 오히려 아니 간 것만 못한 경우가 생기기 때문입니다.

저는 생활임금이 노동자 평균임금의 38% 수준에 불과한 최저임금을 빠른 속도로 끌어 올리는 견인차 역할을 해야 한다고 생각했습니다. 그래서 OECD의 권고치인 노동자 평균임금의 50%를 적용하되 서울시정연구원의 연구 결과 서울시 물가가 타시도보다 약 16% 높은 점을 감안하여 우선 이것의 절반 수준인 8%를 반영하여 평균임금의 58%를 적용하자고 제안했습니다.

생활임금, 세상에 빛을 보다

2012년 11월 15일, 참여연대 김균 공동대표와 김영배 성북구청장 그리고 제가 생활임금 우선적용 방안 발표를 위해 서울시청 기자회견장에 섰습니다. 이 자리에서 생활임금의 도입 취지와 함께 아래 표와 같이 생활임금을 노동자 평균임금의 58%인 1,357,000원으로 정

2013년 생활임금액 산정표

2011년 평균임금 (A)	평균임금의 50% (B)	서울시 생활물가 반영(C) (평균임금의 8%)	합계 (B+C) (평균임금 58%)	시급환산
2,341,02원	1,170,513원	187,282원	1,357,000원	6,493원 (2013 최저임금 : 4,860원)

2012년 11월 15일, 성북구청장과 함께 생활임금 도입을 발표했다.

하게 된 취지를 설명하고, 이에 따라 우선 노원구의 시설관리공단(현재는 노원서비스공단으로 명칭 변경)에서 환경미화, 경비, 사무보조, 주차안내 등의 일을 하는 68명에게 적용한다고 발표했습니다.

발표 당시 생활임금의 도입 취지부터 선정방식까지 많은 우려가 있을 것으로 예상했지만 생각보다 반응은 긍정적이었습니다. 그만큼 우리사회의 임금 양극화 현상이 심각하다는 반증이기도 하겠지요. 이 제도 시행으로 노원구에서 환경미화 등으로 일하는 분들의 급여가 10~20만 원가량 올랐는데 그분들의 기쁨이 가장 컸습니다.

사실 생활임금 도입을 처음 시도한 곳은 부천시였습니다. 부천시가 생활임금을 조례로 제정하여 시행하려 했으나 조례 검토과정에서 보류되어 시행이 늦어지고 있던 차에 노원구와 성북구가 먼저 실천하게 된 것이죠.

기자회견 이후 세 기관은 생활임금 확산을 위해 보다 심도 깊은 연구용역을 추진했습니다.

쟁점은 두 가지였습니다. 첫째, '생활임금 선정 방식을 어떻게 하는 것이 적정한가'에 대한 검토였고, 남은 하나는 생활임금을 조례화하는 과정에서 '공공조달계약에 참여하는 민간 계약업체에 생활임금을 적용할 수 있는냐'의 문제였습니다. 이들 쟁점은 연구자 간 그리고 실제 생활임금을 적용할 지자체 간에도 상당한 논쟁이 있었지만 2013년 11월 공청회를 거치면서 일정한 방향으로 정리되었습니다.

생활임금 선정방식에 대해서는 여러 의견이 있었지만 결론적으로 노원, 성북구가 제안한 '평균임금 50%+서울 물가 반영 8%' 방식이 생활임금의 취지나 현실 적용과 확산 가능성 등을 놓고 볼 때 타당하다는 의견이 다수를 점하게 되었습니다.

이제 남은 과제는 공공조달계약에 참여하는 민간 기업이 생활임금을 적용받을 수 있도록 하는 문제입니다. 이 과제를 맡은 김진 변호사는 헌법, 지방자치법, 지방재정법, 지방자치단체를 당사자로 하는 계약에 관한 법률 등을 종합적으로 검토해볼 때, 자치단체의 의지만 있다면 얼마든지 가능하다고 말합니다.

만약 이 조례가 법률상 하자 없이 시행된다면 생활임금 도입이 미치는 파장은 그야말로 일파만파가 될 것입니다. 현재 서울시를 포함하여 많은 광역 및 기초지자체가 생활임금 도입을 검토하고 있는데 이들 기관이 본격적으로 제도를 시행하게 된다면 공동조달계약의 규모가 상당히 커지기 때문입니다.

2013년 11월, 노원구와 성북구는 2014년에 적용할 생활임금액을

청소·경비원 등 저임금 해소 위해 '생활임금' 올해 전국 첫 시행

노원·성북구, 내년엔 5.5% 올려 143만2000원

최저임금보다 24% 높아… 적용 대상도 확대

전국에서 처음으로 공공 부문 노동자 저임금 해소를 위해 '생활임금' 제도를 올해부터 시행 중인 서울 노원구와 성북구가 내년에는 올해보다 5.5% 인상된 143만2000원을 적용하기로 했다. 시간당 생활임금은 6852원으로 정부가 결정한 2014년도 최저임금인 시간당 5210원보다 24%나 높다. 임금이 실질적으로 오르면서 노동자들의 만족도 역시 높다.

노원구와 성북구 관계자는 3일 "생활임금 결정방식을 마련하기 위한 연구용역을 실시한 결과 내년도 생활임금은 올해 135만7000원보다 7만5000원 인상된 143만2000원이 될 것"이라고 밝혔다. 요금 결정은 올해와 마찬가지로 노동자 평균임금 50%

와 서울시 생활물가 인상률의 절반인 8%를 합하는 방식이다.

이에 따라 내년도 생활임금(월 209시간 기준)은 2012년 노동자 평균임금인 246만9814원의 절반인 123만4907원에 서울시 생활물가 조정분인 19만7585원을 더해 산정됐다. 생활물가 조정분은 서울 최저생계비가 일반 최저생계비보다 16% 많다는서 울시 발표에 근거해 이 중 절반을 반영했다. 결국 노동자 평균임금의 58% 수준으로 결정된 것이다.

생활임금 지급을 위한 내년도 예산으로 노원구는 1억8679만원을, 성북구는 1억2500만원을 각각 편성했다. 두 자치구는 지난해 11월 참여연대와 함께 공동으로 생활임금 적용 계획을 발표했다.

노원구는 구서비스공단(옛 시설관리공단)에서 근무하는 청소·경비·주차·안내 등 68명에 대해 생활임금 혜택을 제공하고 있다. 내년부터는 노원정보도서관·노원어린이도서관 등 지역 도서관 4곳에서 근무하는 33명에게도 생활임금 제도를 확대 적용할 계획이다. 성북구역시 시설관리공단과 성북문화재단 소속 110여명을 대상으로 시행하고 있다.

노원구 서비스공단에서 2010년부터 청소일을 시작한 박영심씨(61)는 지난 3년 사이 직접 고용과 생활임금제 적용으로 월급이 크게 올랐다. 박씨는 "용역업체 파견 신분일 때는 월급여가 100만원에 불과했지만 공단 소속이 되고 생활임금제를 적용받은 올해부터는 135만원이 넘게 받고있다"며 "생활형편이 좀 나아졌고, 인상된

돈만큼은 공짜라 생각하고 노후 준비를 위해 월 20만원씩 적금을 넣고 있다"고 말했다.

두 자치구는 생활임금 제도의 안정적인 시행을 위해 내년 초 관련 조례를 제정할 예정이다. 조례를 통해 민간 위탁업체 소속 노동자들까지도 생활임금제를 확대 적용하는 방안을 검토하고 있다. 참여연대 최재혁 간사는 "상위법이 없는 상태에서 생활임금제가 단순한 실험이 아닌 제도로 편입되기 위해선 조례 제정이 반드시 필요하다"며 "두 자치구의 성과가 좋으면 이 제도가 다른 지자체로도 확산될 수 있을 것"

이라고 말했다.

문주영 기자 mooni@kyunghyang.com

최저임금과 생활임금 비교

	최저임금	생활임금
2013년	101만5740원	135만7000원
2014년	108만8890원	143만2000원

② 생활임금
최저임금에서 한 발짝 더 나아가 주거비와 교육비, 문화비 등을 고려해 최소한의 인간다운 삶을 유지할 수 있도록 하는 임금 체계를 말한다. 미국·영국 등 주요 선진국들은 1990년대 중반부터 도시마다 생활임금 관련 조례를 제정해 운영해왔다. 국내에선 서울 노원구·성북구가 올해부터 가장 먼저 시행하며, 경기 부천시도 생활임금 관련 조례를 지난달 제정해 내년부터 시행할 예정이다.

(25.1×13.6)cm

경향신문, 2013. 11. 4

2013년보다 5.5% 인상된 1,432,000원으로 발표했습니다. 그리고 2014년도부터는 구가 위탁하여 운영하고 있는 도서관의 저소득 노동자 33명에게도 이 제도를 확대하여 적용하기로 했습니다.

저는 한국 교육의 근본문제는 교육제도 개선만으로 풀 수 없다고 생각합니다. 교육문제 해결을 위해서는 중장기적으로 직업 간 격차를 줄여야 합니다. 모두가 똑같이 월급을 받을 수는 없겠지만 한 사회에 태어나면 어떤 직종에서 일을 하든지 관계없이 그가 생활할 수 있는 최소한의 급여는 받을 수 있도록 해야 사회의 경쟁이 완화되고, 자살률이 낮아지고, 출산율이 올라갈 것입니다.

이를 위해서는 우리사회 최저임금의 수준을 OECD가 권고하는 노동자 평균임금의 50%까지 빠른 속도로 올려야 합니다.

ohmynews

2013년 10월 25일 (금)

'생활임금' 받고 사는 게 행복해졌어요

노원구의 도전 … 노원구의 '행복한 비정규직' 이야기

▲ 올 5월 노원구서비스공단 소속 환경미화 노동자였던 김oo씨는 기간제 노동자에서 정년 보장 상용
직으로 전환됐다. 사진은 김씨가 업무 구역인 노원구민회관 앞을 청소하는 모습.

이번 추석에는 명절 상여금으로 60만 원 정도를 받았어요. 비정규직일 때는 없던 일이죠. 주부에게는 명절
쇠는 일도 다 돈이잖아요? 큰 도움이 됐어요."

노원구 비정규직을 상용직으로, 지방자치단체 첫 사례

노원구는 2010년부터 구청과 노원구서비스공단 등 산하기관 비정규직에 대해 정규직 전환을 단계별로 추진하
고 있다. 2년 연속 근무하고, 55세 미만인 모든 노동자가 대상이다. 이는 지방자치단체 중에서 첫번째 사례다.
우선 구청과 산하기관 소속 기간제 노동자는 정년보장 상용직으로 고용형태를 바꾼다. 용역회사 소속 파견 근
로자도 산하기관이 기간제 노동자로 직접 고용한다. 이들도 2년을 근무하면, 정년보장 상용직으로 전환된다.

채용 형태별 정규직 전환 방법

구분	전환방법	정규직 전환 직원 수
구청 소속 비정규직	정규직(시간제계약직 공무원) 전환	12명
용역회사 채용 비정규직	구청용역 해지(만료)→노원구 시설관리공단 기간제 전환→정규직 전환*(2년 연속근무 및 55세 미만 근로자)	42명 중 8명
서비스공단 채용 비정규직	기간제 채용→정규직 전환*(2년 연속근무 및 55세 미만 근로자)	59명

오마이뉴스, 2013. 10. 25

생활임금 제도 도입은 이와 같은 측면에서 최저임금의 견인차요,
등대와 같은 역할을 할 수 있을 것이라고 믿습니다.

지자체가 사회보험 업무를 한다?
▶▶▶ **영세사업장 4대 보험 확대**

사회보험 사각지대에 놓인 영세사업장 노동자

국민연금, 건강보험, 산재보험, 고용보험 등 4대 사회보험은 질병이나 상해, 실업, 노후 등에 대비하기 위해 전 국민이 의무적으로 가입해야 하는 보험으로, 이는 일생을 살면서 누구에게나 닥칠 수 있는 위험에 대비하기 위한 최소한의 보호 장치입니다.

그런데 이러한 보호 장치가 다른 누구보다도 필요한 영세사업장의 저임금 근로자들이 당장의 보험료 부담과 소득 노출 우려 등의 이유로 인해 보험 사각지대에 놓여 있는 비율이 매우 높은 상황입니다. 예를 들어 고용보험의 경우 정규직 노동자는 94.9%가 가입한 반면, 비정규직은 53.5%만 가입되어 있는 상황입니다. 지역별 격차도 큽니다. 2011년 말 기준으로 강남구의 고용보험 가입률은 43%인 반면, 강북구는 16.6%, 노원구는 19.5%에 그치고 있었습니다.

정부는 사회보험 사각지대 해소를 위해 10인 미만 소규모 사업장의 저임금 노동자에게 고용보험과 국민연금 보험료의 50%를 지원하는 '두루누리 사회보험 지원 사업'을 2012년 7월부터 실시 중입니다. 그러나 2012년 두루누리 사회보험 사업에 1,904억 원을 투입하는 등 가입 확대를 위한 노력에도 불구하고 고용보험은 1.8%, 국민연금은 1.6% 증가에 그쳐 그 성과가 미미한 상황이었습니다.

이렇듯 성과가 미미한 이유가 여럿 있겠지만 저는 노동과 복지 행정이 분리되어 있는 것도 중요한 이유라고 생각했습니다. 실제로 노원구를 담당하는 노동부 행정체계를 살펴보면 금방 알 수 있습니다. 노동부는 서울에 6곳의 지청을 두고 있는데 노원을 비롯한 도봉, 성북, 강북, 중랑 등 5개 자치구를 담당하는 북부고용노동지청에서 이 사업을 담당하는 사람이 고작 2~3명에 불과했습니다. 아무리 좋은 정책 수단을 가지고 있어도 이를 실행할 인력이 없으면 효과가 적은 것은 당연하겠지요.

서울북부고용노동지청과 노원구청이 뭉치다

저는 이와 같은 문제는 노동청에 인력을 증원하는 방식이 아니라 지자체와의 업무 협력을 통해서 해결해야 된다고 생각했습니다. 노동과 복지는 수레의 두 바퀴와 같아서 통합하여 전달되는 것이 당사자의 문제해결이나 예산집행 측면에서 효율적이라는 의견이 전문가의 다수 의견입니다. 실제 영국이나 일본의 경우 정부의 복지와 노동부서가 통합 운영되고 있습니다. 그런데 우리나라는 복지 분야는 지방자치단체를 통해 전달되는 반면, 노동 분야는 독자적인 노동청을 통해 집행되다 보니 협업을 통한 효과를 높이기에는 한계가 있습니다.

2012년 7월 20일, 우리 구와 서울북부고용노동지청, 근로복지공단, 국민연금공단, 국민건강보험공단, 노원상공회의소 등 관계기관이 사회보험 가입 확대를 위한 업무협약을 체결했다.

특히, 10인 미만 영세사업장이 전체의 94%를 차지하는 노원구의 현실에서 취약 근로자들의 최소한의 안전망인 사회보험 가입을 확대하는 일은 무엇보다 중요한 사안이었습니다. 4대 사회보험은 흔히 1차 사회안전망이라고 합니다. 이 1차 사회안전망이 튼튼해야 2차 복지안전망이 버틸 수 있습니다. 그런데 1차 그물망이 헐거워서 많은 주민들이 2차 복지안전망에 의존하게 되면 이마저도 무게를 견딜 수 없게 됩니다.

2012년 7월 20일, 이와 같은 관점에서 노원구는 북부고용노동청과 사회보험 사각지대 해소를 위한 업무협약을 체결하고 본격적인 협업 시스템을 가동하기 시작했습니다. 10월에는 구청 차원의 가입 확대 추진계획을 수립하고 관내 사업장 명단을 공유하며 단계별 추진 목표도 설정했습니다.

그러나 이 협업 사업은 노동부는 물론이고 구청의 일반직원들 입장에서는 한 번도 해보지 않은 아주 낯선 일이었습니다. 하여 관련 주요 부서장들이 참여하는 TF를 운영하고, 관련 담당직원을 대상으로 교육도 여섯 차례에 걸쳐 진행하는 한편 주민센터에는 사회보험 가입 창구를 개설하였습니다. 이 같은 협업 사례는 국민연금공단이 주최하는 사회보험 가입 확대의 우수사례로 선정되기도 했습니다.

구청 차원의 인센티브를 마련하다

노원구는 공장지대나 상업지역이 적고 주거 밀집 지역이라 음식업에 종사하는 사업장이 많습니다. 이들 사업장이 개업을 하기 위해서는 보건위생과에 와서 신고를 해야 합니다. 따라서 이 과정에서 담당 창구 직원이 조금만 노력하면 4대 보험도 함께 가입시킬 수 있다고 생각했습니다. 음식점처럼 소규모 사업장은 다양한 형태로 구청이나 동 주민센터와 관련되어 있습니다. 그런데 자칫 구청의 행정수단으로 4대 보험을 강제할 경우 새로운 규제가 될 수 있다는 걱정이 들었습니다.

그리하여 노원구 차원에서 영세사업장이 4대 보험에 가입할 경우 다음 페이지의 표와 같이 중소기업 육성자금 대출금리 0.5% 인하, 각종 컨설팅 제공, 공영주차장 이용료 감면, 사업장 인근 취약지 CCTV 설치, 문화강좌 할인 등 20가지에 달하는 인센티브를 마련했습니다.

이러한 노원구의 노력에 대해 많은 언론에서 관심을 가져주었습니다.

노원구가 영세사업장의 사회보험 가입률을 높이기 위해 본격적으로 노력한 지도 1년이 넘었습니다. 노원구는 고용보험 가입률을 기준으로 2011년 말 19.5%인 가입률을 2017년에 45%로 높이는 목표를 세우고 이 일을 추진하고 있습니다.

노원구는 2013년 신규로 3,424개소가 가입하여 서울 자치구 중 증가율 6위에 올랐고 전체 가입률은 2011년 말 22위에서 3계단 상승하여 19위가 되었습니다. 아직은 부족한 수준이지만 이러한 성과가 가능했던 것은 주민과 밀착되어 있는 행정조직이 노동청과 정보를 공유하면서 조직과 홍보를 전체적으로 활용한 덕분이라고 생각합니다.

저는 영세사업장의 4대 보험 가입률을 높이는 사업은 노원구뿐만 아니라 주민과 밀착행정을 하고 있는 모든 지자체가 나서면 훨씬 효과가 클 것이라 생각합니다. 이를 위해서는 노동부가 4대 보험 가입에 적극적인 지자체에 인센티브를 주는 방식을 개발하여 광역이나

구 분	지 원 내 용
대출금리 인하	• 중소기업 육성자금 대출금리 인하(3.0% ⇒ 2.5%로 인하) • 신용보증재단 대출 우선 추천
경영지원	• 경영 컨설팅(경영, 노무, 세무, 법률)/디자인 컨설팅(로고, 간판 등) • 에너지 컨설팅(맞춤형 에너지 절감) • 모델링 컨설팅(건축물 리모델링 상담)
차량이용편의	• 공영주차장 이용료 20% 감면, 자동차 자가 정비 교실 우선 접수
안전지원	• 사업장 인근 취약지 CCTV와 보안등 우선 설치
홍보지원	• 온라인 홍보 지원 ; 구청 홈페이지, SNS 등 • 행복한 사업장 인증제 도입, 맛집 멋집 선정 가점
건강보호	• 건강센터 무료건강진단, 야간 및 주말 심폐소생술 교육 • 휴식용 목공예센터 벤치 지원
교육지원	• 주민센터 문화강좌 20% 할인, 무료자녀 진학 상담(대입수시, 정시) • 교육시설 대관료 50% 할인, 영어과학캠프 우선 접수

석간 내일신문

2013년 04월 05일
05면 (지역)

영세사업장 고용·산재보험 가입률 높인다

노원구 '사회보험 사각지대' 해소 나서
노동·복지 한틀로 취약계층 생활안정지원

서울 도봉구 창동의 한 부대찌개 집에서 1년 넘게 일하던 이 모(60)씨. 지난 1월 갑작스레 해고를 당한 뒤 허리디스크 관절염 등 병원비는 고사하고 생활비 마련도 어려워 한동안 식사도 못하고 지냈다. 딱한 사정을 전해들은 이웃들 도움으로 고용보험 피보험자 자격이 있다는 확인청구를 해 지난달부터 100여 만원 실업급여를 받게 됐다.

서울 노원구가 보험의 존재여부를 모르거나 알면서도 보험료보다 당장 한푼이 급한 취약계층을 위해 팔을 걷어붙이고 나섰다. 지역 내 영세사업장 근로자와 사업주가 사회보험에 가입하도록 독려·지원한다는 것이다.

사회보험은 질병 상해 실업 등에 대비하기 위해 국민이 의무적으로 가입해야 하는 의무보험. 건강보험 국민연금 고용보험 산재보험이다. 하지만 고용이 안정적인 정규직 근로자나 대기업 근로자는 94.9%가 보험에 가입돼 있는 반면 영세사업장과 비정규직 근로자 고용보험 가입률은 53.5%에 불과하다. 특히 5인 미만 사업장인 고용보험 가입률이 28.9%로 사회보험 사각지대로 꼽힌다.

노원구에서 고용노동부 업무인 사회보험 가입 독려에 나선 이유는 사회보험이 정규직·대기업 중심으로 운영되다보니 큰 사업장이 없는 지역 주민들 사정은 더 열악하기 때문. 실제 2011년 현재 자치구별 고용보험 가입률을 보면 강남구와 서초구는 43.0%와 36.8%인 반면 노원구는 19.5%로 뒤에서 세 번째다. 최하위권인 강북구(16.6%)와 도봉구(17.6%) 역시 사업장이 아닌 주거지 밀집지역이다. 김성환 구청장은 "사회보험 가입은 주민 생활안정과 직결됐다"며 "10인 이상 영세사업장은 생활밀착형 행정을 하고 있는 지방자치단체가 더 쉽게 접근할 수 있다"고 말했다.

구는 북부고용센터와 공동추진단을 구성해 사회보험 가입률을 끌어올리도록 전방위적으로 지원한다. 이미 지역 내 사업장 1만7801곳을 파

약, 보험가입을 권장할 업종과 업체를 선정했다. 올해 안에 2700개소, 2015년과 2017년까지는 각각 4100개 그 업체가 추가로 사회보험에 가입하도록 지원하겠다는 목표도 세웠다. 이 경우 지역 내 사회보험 가입률은 45%까지 높아진다. 신규 사업장은 구와 사회보험공단, 국세청과 연계해 보험가입을 권장하고 기존 사업장은 유인책을 확대해 가입을 유도한다는 방침이다.

10인 미만 사업장, 월평균 보수 130만원 미만 근로자를 위해 고용보험·국민연금 보험료 50%를 지원하는 정부 유인책 외에 구에서 자체적인 인센티브도 마련했다. 중소기업 육성자금 대출금리를 0.5% 더 낮춰주고 경영상담과 에너지·디자인 컨설팅, 건강·교육지원 등을 하겠다는 계획이다.

노원구는 사회보험 가입이 영세사업장 근로자뿐 아니라 사업자에게도 실질적인 도움이 될 것으로 기대하고 있다. 실제 지역에서 치킨집을 운

영하는 최 모(48·월계동)씨만 해도 배달하던 종업원이 오토바이 사고를 당해 요양치료하던 중 사망, 폐업위기에 처했다. 월 1만6200원인 산재보험료를 내지 않아 치료비 등 4600만원을 부담하게 됐기 때문이다. 김성환 구청장은 "사회안전망 가동을 위해 중앙정부와 지자체가 협업해 사회보험 사각지대를 해소하는 모범사례를 만들고 싶다"고 말했다.

김진영 기자 jmkim@naeil.com

(25.5·17.0)cm

노원구는 사회보험 가입률을 높이기 위해 동주민센터마다 신청상담창구도 개설했다. 상계3,4동주민센터 창구에서 직원이 상담을 하고 있다.
세트 노동구 제공

최대 50%
가 지원합니다

기초 지자체를 적극적으로 독려할 필요가 있습니다.

요즘은 학문과 산업영역에서 통섭과 융합이 대세입니다. 마찬가지로 노동부의 각 지역청이 해당 지방자치단체와 칸막이를 허물로 공동으로 취약 노동자의 1차 사회안전망 강화를 위해 노력한다면 비정규직이나 영세사업장의 사회안전망도 더욱 촘촘해질 것이라고 믿습니다.

또한 이 자리를 빌려 난생 처음 노동 관련 업무를 새롭게 공부하고 과외업무까지 맡아서 수고해주신 구청 일자리경제과와 일선 공무원께 감사의 마음을 전합니다.

경찰서와 구청이 담장을 허물면

▶▶▶ 안전도시 1위 노원을 만든 CCTV 공유 사업

2013년 12월 23일 서울대 교수진들이 발표한 '서울범죄지도'에 따르면 서울 25개 자치구를 대상으로 범죄 발생빈도를 분석한 결과 노원구가 가장 안전한 자치구로 확인되었습니다. 김경민 교수팀은 2005년부터 2011년까지 발생한 5대 강력범죄(폭행, 살인, 강도, 절도, 성범죄) 79만여 건을 핫스폿(접속이 집중되는 곳) 지수를 이용하여 분석했는데 노원구 지수가 자치구 중 가장 낮은 '0'으로 분류되었습니다.

이어 도봉, 은평, 강서구가 공동 2위를 차지했고, 서초구 5위, 송파구 8위, 강남구는 13위를 해서 자치구의 소득 수준과 안전도가 비례하는 것이 아니라는 사실이 확인되었습니다.

이렇게 노원구의 범죄 발생률이 낮다는 사실이 언론보도로 알려지자 많은 주민들은 노원에 사는 자부심이 한층 높아졌다고 즐거

위했습니다. 저 역시 무척 기뻤습니다.

구청과 경찰서, 전국 최초 CCTV 공유

주민들이 일상생활을 하면서 불안을 느끼는 것은 마치 우주 공간에서 산소마스크가 떨어져나가는 것과 같습니다. 따라서 안전하게 생활하는 것은 삶의 질을 높이는 데 가장 기본적인 조건입니다.

주민 안전을 위해 가장 중요한 기관이 경찰서과 자치구입니다. 그동안 두 기관은 각자 맡은 바 임무를 충실히 할 뿐 안전도를 높이기 위해 업무를 공유하는 경우는 많지 않았습니다.

이런 문제점을 극복하기 위하여 노원구와 노원경찰서는 CCTV 모니터링 시스템을 전국 최초로 공유하였고, 그 결과 사고예방과 범인 검거에 시너지 효과를 톡톡히 볼 수 있었습니다.

노원구청 CCTV 통합관제센터에는 방범, 어린이 안전, 교통, 쓰레기 투기 방지 등을 위한 CCTV가 689대 있습니다. 그런데 그동안에는 범죄가 발생하여 통합관제센터 CCTV에 범죄현장이 잡히더라도 관제센터에 파견된 경찰관이 유선으로 이를 경찰에 알려주는 방식이었습니다. 한마디로 구청은 CCTV를 통해 범죄현장을 눈으로 보고, 정작 범인을 잡아야 할 경찰은 범죄 상황을 귀로만 들어야 했습니다.

이에 구와 경찰서는 노원구가 '마을이 학교다' 사업의 일환으로 진행하는 '안전한 마을'을 만들기 위한 MOU를 체결하는 한편 통합관제센터에 CCTV 자원을 공유하여 상호 업무를 효율화하는 방안을 모색하였습니다. 즉 통합관제센터의 CCTV를 경찰서에서 직접 볼

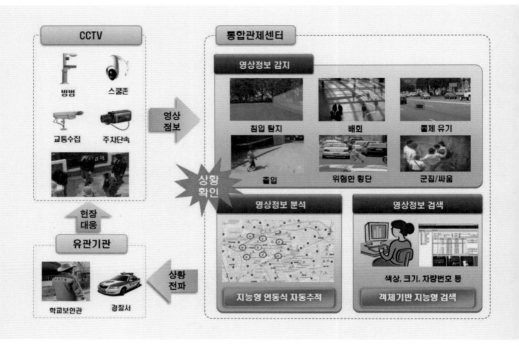

수 있도록 모니터와 소프트웨어를 추가 설치한 것입니다. 이렇게 업무공유를 하는 데 들어간 비용이 2천만 원이 넘지 않았습니다.

경찰은 CCTV를 공유하는 것만으로도 범인 검거율을 10% 이상 높일 수 있을 것으로 보고 있습니다. 2014년 1월 16일에도 통합관제센터의 모니터 요원이 오토바이를 끌고 가는 수상한 사람을 발견하고 경찰지령실을 통해 현장에 경찰을 급파하는 방식을 통해 오토바이를 절도하려던 범인을 검거하기도 했습니다.

구와 경찰서의 CCTV 공유 사업이 언론을 통해 알려지자 안전행정부에서는 이 사업을 모범사례로 소개하여 이와 같은 협업모델이

朝鮮日報

2013년 06월 27일
14면 (사회)

노원구청·경찰, CCTV 공유로 치안 업그레이드

전국 지자체 처음… "범인 검거율 10%p 이상 높아질 것"

서울 노원구와 노원경찰서가 CCTV 모니터링 체제를 공유해서 사고 예방와 범인 검거에 시너지를 내고 있다. 노원구는 지난 6월 노원서와 CCTV 공유 협약을 맺고, 시스템 이관 작업 등을 거친 뒤 8월 5일부터 공유 시스템을 개통했다고 26일 밝혔다. 이처럼 지자체와 경찰이 CCTV 모니터링 체계를 공유하는 건 전국 지자체 중 노원구가 처음이다.

기존 노원서가 보유한 CCTV는 31대뿐이었다. 여기에 노원구 보유 CCTV 689대가 더해지면서 경찰의 '눈'은 23배 늘어난 720개가 됐다. 경찰 관계자는 "아직 시스템 공유 초기이지만 범인 검거율이 10% 포인트 이상 높아질 것으로 기대한다"고 말했다.

그동안 '수상한 현장'을 구청이 경찰보다 먼저 포착하는 경우가 많았다. 노원구 집계에 따르면 이런 경우가 6~7월 두 달 동안만 56건에 달했다. 신속성이 생명인 범죄·사건 대응에 문제가 있다고 본 노원구는 노원서와 협의, 구 예산 1946만원을 들여 구청 CCTV 관제시스템을 100% 활용할수 있는 소프트웨어를 노원서 지령실에 이식했다. 이에 따라 8월 5일부터 경찰은 구청과

CCTV 시스템을 함께 쓰고 있다. 경찰은 범죄·사건 현장의 CCTV를 회전·확대해 현장을 살피고 있으며, 현장 옆 다수의 CCTV를 실시간으로 활용해 주변 상황도 파악한다.

예를 들어 '노원역'에서 절도 사건이 발생했다는 신고가 접수될 경우 지금까지는 구청 CCTV 관제센터에 파견된 경찰 요원이 현장을 파

**경찰 31대·구청 689대 더해져
구청 화면에 뜨면 경찰 즉시출동**

**경찰, 과거 구청 CCTV 요청땐
절차 복잡해 최소 2~3일 걸려
전문가 "他지자체도 공유해야"**

악한 뒤, 말로 경찰 지령실에 상황을 전달하는 식이었다. 한 전문가는 이에 대해 "지금까지 구청은 CCTV를 통해 범죄 현장을 '눈'으로 보고, 정작 범인을 잡아야 할 경찰은 상황을 '귀'로 듣고만 있었던 셈"이라고 했다. 지금은 경찰 지령실이 손바다 들여다보듯 현장을 파악한다.

지난 23일 오후 2시 35분 노원구 공릉동 태릉사거리에서 오토바이를 타고 질주하는 40대 남성 2명이

CCTV에 포착됐다. 서울 중랑서는 노원서에 "이들이 중화동 은행 날치기범"이라고 통보했다. 노원서는 즉시 노원구청 CCTV 관제시스템에 연결된 화면을 통해 이들의 도주로를 실시간 파악했으며, 태릉입구역 앞에서 도주로를 차단했다. 범인들은 결국 뒤쫓던 경찰에 붙잡혔다. 경찰은 "구청 CCTV를 직접 눈으로 보며 도주 상황을 현장에 전달했기 때문에 좀 더 쉽게 범인

을 잡을 수 있었다"고 말했다.

범죄 해결을 위한 복잡한 행정 절차도 대폭 개선됐다. 뺑소니·도난 사건 등을 수사하는 경찰이 구청의 과거 CCTV를 열람하려면 협조 공문을 들고 구청을 직접 방문해야 했다. 구청에서도 경찰 요청에 따라 CCTV를 검색하고, 내부 결재를 거치느라 증거 화면이 경찰에 전달되기까지 최소 2~3일이 걸렸다. 이번 공유 협약으로 노원서는 필요한

CCTV 화면을 즉시 확보할 수 있다.

전문가들은 구청·경찰의 CCTV 통합이 시급하다고 지적하고 있다. 노원구 사례에서 보듯 경찰과 지자체 간 CCTV 관리 시스템 통합에 큰돈도 들지 않는데 미뤄 이유가 없다는 것이다. 이윤호 동국대 교수(경찰행정학과)는 "지자체와 경찰 간의 CCTV는 가능하면 통합 관리하는 쪽으로 규정을 바꿔나가야 한다"고 말했다.

원선우 기자

(25.2×18.4cm)

조선일보, 2013. 5. 27

빠른 속도로 확산되는 계기가 되기도 했습니다.

이 같은 모범사례가 성공하게 된 것은 2011년 9월, 노원구가 그동안 각 과별로 관리하고 있던 CCTV를 통합관리했기 때문입니다. 구는 그동안 학생 통학안전, 방범, 쓰레기 무단투기, 주정차위반, 공원 관리, 홍수통제 등 각 기능별로 CCTV를 별도로 관리해왔습니다. 그렇게 하다 보니 CCTV를 신규로 설치하는 데 예산 부담이 너무 큰 반면 효율성은 떨어지는 문제점이 있어 통합관제센터를 만들게 된 것입니다.

CCTV 통합관제센터 개소식 모습

혁신은 부처 간 칸막이를 허무는 일

최근 학계에서는 통섭과 융합이 대세입니다. 어떤 기업의 방송광고처럼 융합은 섞는 것입니다. 융합이 되어야 그 속에서 혁신이 일어날 수 있습니다.

노원구와 노원경찰서의 CCTV 공유 사업처럼 서로가 가지고 있는 자원들을 공유하면 얼마든지 최소의 예산으로 더 좋은 효과를 낼 수 있는 사례가 많이 있을 것입니다. 앞서 소개한 노원구와 북부지방노동청이 10인 미만 영세기업의 4대 보험 가입률 제고 사업도 융합의 좋은 본보기이고, 북부교육청과 함께 한 '마을이 학교다' 사업도 마찬가지입니다.

행정학자들은 부처 간 칸막이 행정의 비효율에 대해 자주 말합니다. 맞는 말입니다. 부처 간 담장을 허물고 서로의 장점을 섞으면 그것이 곧 융합이고 융합이 되면 혁신이 가능해진다고 저는 믿습니다.

4부

마을공동체 복원,
노원의 미래

마을공동체 복원의 첫 걸음
▶▶▶ **안녕하세요!**

마을공동체 운동의 시작

2012년 봄. 노원구의 주요 4거리, 아파트 단지 입구 등에 다소 생경한 플래카드가 걸렸습니다. 플래카드에는 '마을공동체 복원의 첫 걸음'이라는 머리말과 함께 이웃끼리 인사를 나누자는 의미의 "안녕하세요!"가 쓰여 있었습니다.

그리고 며칠 후 각 아파트 엘리베이터에는 같은 내용의 스티커가 붙었습니다. 이 플래카드와 스티커는 노원구에서 펼치는 마을공동체 복원 운동의 출발점이었습니다.

안녕하세요!, 콘크리트 벽을 허무는 첫 출발

잘 알려진 바와 같이 우리 민족은 오래전부터 두레나 품앗이와 같이 마을일을 서로 도우며 사는 공동체 문화가 발달해 있었습니다. 그런데 세계에서 가장 빠른 속도로 도시화가 진행되는 한편 신자유

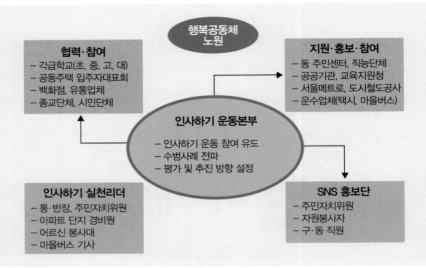

주의 문화가 확산되면서 황금만능주의와 이기주의가 팽배해져 우리 고유의 전통은 두터운 콘크리트 벽 속에 숨어버렸습니다.

저는 구청장이 되면서 벽 속에 숨어버린 두레와 품앗이와 같은 공동체 문화를 어떻게 다시 꺼낼 수 있을지에 대해 고민해왔지만 미처 실행에 옮기지는 못하고 있었습니다. 그런데 마침 박원순 서울시장이 보궐선거에서 당선되던 첫 해부터 '마을 만들기'를 주요사업으로 제안했습니다. 박 시장의 마을 만들기에 대해 다양한 해석이 있었지만 저는 작더라도 사람의 생각과 행동을 바꾸는 일이 중요하다고 생각하고 그것이 마을 만들기의 바탕이라고 생각했습니다.

그래서 우선 인사하기 운동부터 시작하기로 했습니다. 콘크리트벽 속에 숨은 마을공동체를 밖으로 꺼내려면 우선 이웃집에 누가 사는지부터 아는 것이 기본이기 때문입니다.

朝鮮日報

2013년 03월 09일 (토)
11면 사회

옆집 이웃을 봐도… 인사 안하고 대부분 멀뚱멀뚱

서울시 노원구, 전국 첫 실태조사 … 3명 중 2명 보고도 모른체

지난달 15일 서울 노원구에 사는 정복순(여·48)씨는 집 근처에서 한 30대 여성에게 "안녕하세요"라며 인사를 건넸다. 인사를 받은 여성은 뒷걸음질을 치더니 인상을 쓰며 정씨를 피해갔다. 한 40대 남성은 정씨의 인사를 받고 "무슨 일이세요"라고 물었다. 간혹 인사를 받아주는 사람이 있었지만 대부분은 정씨를 '이상한 사람' 취급했다.

서울 노원구는 전국 처음으로 지난달 14일부터 22일까지 마을 인사 실태 조사를 벌였다. 정씨는 조사에 참여한 자원봉사자다. 조사원 38명이 주택가, 아파트 단지, 마을버스 등에 파견돼 이웃들 간에 인사가 얼마나 잘 이뤄지는지 알아봤다. 조사원들은 마치 처음 이웃인 것처럼 자연스럽게 인사를 하도록 교육을 받았다. 혹시 여성들이 위험을 느낄 수 있어 조사원들은 거의 여성들로 이뤄졌다.

조사 결과, 노원구 주택가, 아파트 엘리베이터, 마을버스에서 조사원과 인사를 한 주민은 100명 중 32명꼴(32.4%)이었다. 세 명 중 한 명만이 인사를 나눈 꼴이었다.

인사를 해도 받아주지 않는 주민들로 인해 조사원들은 어려움을 겪기도 했다. 신경희(여·47)씨는 지난달 14일 오전 월계3동 다세대주택 골목에서 한 30대 여성에게 "안녕하세요" 하고 웃는 표정으로 인사했다. 인사를 받은 40대 주민은 뒤를 돌러보다가 신씨에게 황당하다는 표정을 지으며 그냥 지나쳤다. 그렇게 신씨가 30분 정도 10여 명에게 인사를 해도 받아주지 않자 인사하는 목소리도 기어들어가졌다. 신씨는 "혼자서만 인사하는 내가 부끄러워 더 이상 조사를 진행하기가 어려웠다"고 말했다.

그나마 또 다른 조사 장소인 아파트 엘리베이터에선 사정이 나았다. 조사원 남미정(44)씨는 14일 오후 노원구 월계3동의 한 아파트 엘리베이터에서 70대 할머니한테 인사를 건넸다. 그러자 할머니는 웃으면서 머리를 숙여 답례했다. 할머니는 "요즘 아파트에선 누가 사는 줄도

조사원과 눈 마주쳤을 때
아파트 엘리베이터 47%
일반 주택가 19%
마을버스선 17%만이 인사

경비원과 눈 마주쳤을 때
주민 10명 중 4명만이 인사

모르는데 인사를 해줘서 반갑다"는 말까지 건넸다. 그날 만난 초등학생 5명에게 인사를 건넸을 때에도 모두 "안녕하세요"라며 고개를 숙였다. 남씨는 "장소가 좁고 물만 있다 보니 인사를 서로 나누기가 쉬웠다"고 말했다.

현장 조사 장소 중에 인사하는 비율이 가장 높은 곳은 아파트 엘리베이터로 47%가 인사를 나눴다. 다음으로는 일반 주택가가 19%, 마을버스가 17%로 나타났다.

주민들이 아파트에 살면서 평소 자주 만나는 경비원에게는 얼마나

인사를 할까? 노원구 조사 결과 경비원과 눈이 마주쳤을 때 인사하는 주민 비율은 40.1%였다. 경비원이 먼저 인사를 하고 나서야 인사를 하는 비율은 80%로, 나머지는 경비원이 인사하는 인사조차도 받아주지 않았다.

주민 7883명을 대상으로 한 이번 마을 노원구가 벌인 '안녕하세요'라는 인사 캠페인의 행사로 진행됐다. 김성환 노원구청장은 "인사는 마을 공동체 복원의 첫걸음"이라며 "통·반장과 마을 각종 단체가 나서서 먼저 인사하는 운동을 벌이고 있다"고 말했다.

이재준 기자

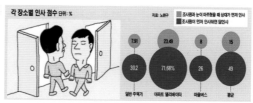

각 장소별 인사 점수 단위: %

조선일보, 2013. 3. 9

이 캠페인을 위해 구청 내에 '인사하기 운동본부'를 만들어 각 동 주민센터와 학교, 공동주택, 각종 직능, 종교, 시민사회단체에 협력과 참여를 요청하고, 홍보사업도 병행했습니다.

첫 사업이었지만 주민들의 반응은 대체로 좋은 편이었습니다. 그런데 첫 번째 캠페인의 성공 여부를 평가할 지표가 없었습니다. 그래서 자치단체에서는 처음으로 우리 구민들이 얼마나 인사를 잘하는지 실태조사를 했습니다. 조사원이 이웃을 가장하여 인사를 하고 난 후의 반응을 체크하는 방식으로 조사를 실시했습니다. 그랬더니 예상 외로 일반주택 지역이 아파트보다 인사하는 비율이 낮게 나왔습

니다. 상식적으로 일반주택이 더 공동체성이 높을 것으로 예상되었는데 상대적으로 아파트가 공동체 의식이 더 높을 수 있다는 가능성을 보여준 것입니다.

노원구의 이런 노력은 다양한 방식으로 확산되었습니다. 예를 들면 중계동의 청구아파트는 인사하기 운동에 기반하여 아파트 엘리베이터 안에 주민의 소식을 전달할 수 있는 메모판을 만들어 소식을 전했는데 이 덕분에 주민들끼리 훨씬 더 친숙해졌다고 합니다. 최근에는 인사하기 청소년 동아리도 만들어졌고, 각종 민간단체 행사 때에 서로 인사를 나누며 행사를 시작하는 경우가 많아졌습니다.

이러한 노력의 결과 노원구의 인사하기 지수는 처음 조사(2012년 5월) 때 38.8P였는데 두 번째 조사(2013년 3월) 때는 45.7P로, 6.9P 상승한 변화를 보이게 되었습니다. 또한 노원구는 인사하기 운동으로 서울시 마을공동체 인센티브 사업에서 우수 구로 선정되었고 많은 지자체에서 벤치마킹의 대상이 되었습니다.

일이 잘 풀리지 않으면 기본으로 돌아가라고 했습니다. 천리 길도 한 걸음부터입니다. 노원구는 마을공동체 복원을 위해 인사하기 운동부터 시작했고 지금도 모든 행사 때에는 반갑게 인사를 나누는 것부터 시작하고 있습니다. 이러한 첫 걸음은 장차 마을공동체 복원에 큰 밑거름이 될 것입니다.

마을공동체 복원의 두 번째 걸음
▶▶▶ **나누면 행복해집니다**

슬픔을 나누면 절반, 기쁨을 나누면 두 배

2012년 가을, 노원구는 마을공동체 복원의 두 번째 걸음으로 옮겨갑니다. 두 번째 걸음의 주제는 '나누면 행복해집니다'입니다. 그리고 '슬픔을 나누면 절반, 기쁨을 나누면 두 배'라는 부제를 달았습니다.

캠페인의 주제가 달라지자 인사하기 캠페인을 좀 더 지속하자는 의견도 있었습니다. 하지만 앞선 캠페인이 중단되는 것이 아니기 때문에 인사하기 캠페인은 계속하는 한편, 새로운 주제를 제안하게 되었습니다. 또한 첫 번째 걸음이 닫힌 마음을 열고 서로를 잘 알자는 취지였다면, 이제는 서로 알게 된 이웃 중에 어려운 이웃을 돕자는 취지가 반영되었습니다.

자원봉사를 열심히 하는 분들이 한결 같이 하는 말이 있습니다. 처음에는 남을 돕는다는 마음에서 시작했는데 어느 순간부터는 남을 돕는 일이 곧 나 자신을 돕는 일이 되었다고……. 그래서 무엇인가를 나누는 일을 참 좋은 일인가 봅니다.

생각은 세계적으로, 행동은 마을에서

4가지 나눔—자원봉사, 헌혈, 장기기증, 기부

좋은 일을 하더라도 반드시 목표
는 있어야 합니다. 하여 노원구는 4가
지 나눔 영역에서 각기 세부적인 목표
를 세우고 운동을 시작했습니다.

첫 번째는 자원봉사를 통해 재능
을 나누는 일입니다.

우리에게는 누구나 나눌 수 있는 것들이 많습니다.

자원봉사를 통한 **재능 나눔**
노원구자원봉사센터
☎ 2116-3120~3

헌혈을 통한 **사랑 나눔**
동부혈액원
☎ 952-0322

장기기증을 통한 **생명 나눔**
사랑의장기기증운동본부
☎ 1588-1589

기부를 통한 **희망 나눔**
노원교육복지재단
☎ 949-7920~1

물질적 소득이 얼마나 많으냐보다 자원봉사에 얼마나 많은 사람
이 참여하느냐는 것이 그 사회의 품격을 보여주는 중요한 척도가 됩
니다. 당연히 선진국으로 갈수록 자원봉사에 참여하는 사람들이 늘
어납니다. 그런 측면에서 자신이 가지고 있는 열정, 재능, 시간, 돈을
필요한 사람과 나누는 운동은 자치단체가 꼭 매개해야 할 일이라고
생각했습니다.

나눔 운동을 시작할 당시 노원의 자원봉사센터에 등록한 봉사자
수는 총 1만 3천여 명이었습니다. 목표는 2013년까지 2만 명을 만드
는 것이었는데, 현재 3만 6천 명이 넘게 등록한 것으로 보면 노원구
의 사회적 품격이 한층 업그레이드될 것이 틀림없을 것 같습니다.

자원봉사자에게 가장 중요한 것은 물질적 보상보다 명예입니다.
저는 구청장이 되어 자원봉사 마일리지 제도를 수첩에 일일이 기입하
는 방식에서 봉사기관에서 직접 카드로 입력하는 방식으로 바꾸도
록 했습니다. 또한 자원봉사 시간이 일정 시간 누적되면 누적된 만
큼의 노력을 인정해주는 기업이나 문화예술 단체들을 늘려나갔습니

다. 연말이면 자원봉사의 내용과 누적 시간에 따라 자원봉사자들을 격려하는 행사를 가져왔습니다. 그리고 2014년부터는 그동안 구청이 직영했던 자원봉사센터를 민간이 스스로 운영할 수 있도록 할 예정입니다.

나눔 운동의 두 번째 과제는 헌혈을 통해 사랑을 나누는 일입니다.

혈액은 사람의 생명을 유지하는 데 결정적 역할을 합니다. 예를 들어 심장마비가 와서 혈액이 4분 동안 뇌에 공급되지 않으면 뇌는 죽습니다. 설혹 심장이 다시 뛰더라도 식물인간이 되고 맙니다. 현대 과학이 급속하게 발전하고 있지만 아직 혈액을 대체할 물질은 없습니다.

이처럼 중요한 혈액을 건강한 사람들이 필요할 때 헌혈을 통해 나누는 일은 진정한 사랑을 나누는 일과 같습니다. 헌혈도 일종의 문화입니다. 자신이 속한 회사나 준거집단이 이타심이 큰 곳이면 헌혈이 확대되고 이기심이 큰 곳이면 헌혈하는 사람들은 줄어들 것입니다.

저는 노원구청부터 솔선하여 자신의 가장 소중한 것을 나누는 데 앞장서는 단체가 되길 희망합니다. 그리고 그런 문화가 노원구 전체로 확산되면 좋겠습니다.

세 번째 과제는 장기기증을 통해 생명을 나누는 일입니다.

장기기증을 서약한 사람의 주민등록증을 보면 만약 뇌사상태가 되었을 때 각막이나 장기기증을 하겠다는 의사가 작은 동그라미 스티커로 표현되어 있습니다.

물론 제 주민등록에도 이 스티커가 붙어 있습니다. 장기기증은 생전에 하기도 하지만 대부분 뇌사상태일 때 미리 본인 의사를 확인해

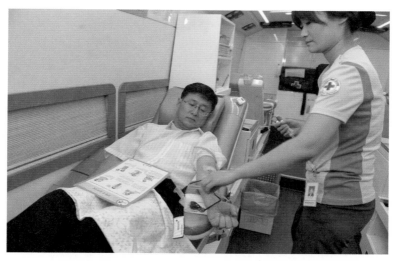
구청 직원들을 위해 구청 앞까지 오는 헌혈버스를 볼 때마다 시간이 허락하는 한 헌혈을 하고 있다.

두고 최종적으로 가족의 동의를 받아서 진행하는 숭고한 나눔입니다. 이 운동은 신체에 칼을 대는 일이라 한꺼번에 확산되기가 쉽지 않습니다.

노원구의 경우 장기기증 운동을 시작할 무렵 서약자가 1만 4천여 명이었고, 3만 명을 목표로 운동을 전개했습니다. 그런데 1년여 동안 3천 명가량 늘어난 것을 보면 아무래도 목표치를 너무 높게 잡았나 봅니다. 노원구민이 60만이므로 3만 명이면 5%에 해당합니다. 저는 우리가 조금만 더 관심을 가지고 노력하면 조만간 목표를 달성할 수 있을 것이라고 생각합니다.

가끔씩 언론에 제3국에 가서 간이나 신장을 돈을 주고 사서 이식했다는 보도가 나옵니다. 참 가슴 아픈 소식이지요. 하버드대학 마이클 샌델 교수의 주장처럼 우리에게는 돈으로 살 수 있는 것과 돈

구청에서 주관하는 행사장에는 항상 장기기증을 홍보하는 부스가 운영되고 있다.

으로 살 수 없는 것이 있습니다. 장기를 돈으로 사고파는 사회는 결코 정의로운 사회가 아닙니다.

저는 아내와 결혼할 무렵 제가 졸업한 대학병원에 시신기증 서약을 했습니다. 살아서 얼마나 많은 일을 할지 모르겠지만 죽고 난 후 시신이라도 의학적으로 쓰일 수 있으면 좋겠다는 생각 때문이었습니다.

나눔 운동의 네 번째 과제는 기부를 통해 희망을 나누는 일입니다.

복지선진국을 들여다보면 복지 행정을 펼치는 데에 크게 두 가지 방식이 있습니다. 하나는 유럽의 국가들처럼 세금을 많이 내서 국가가 복지를 전반적으로 책임지는 방식이고, 나머지 하나는 미국처럼 세금은 조금 적게 내더라도 기부문화를 활성화하여 복지의 빈 공간을 메우는 방식입니다. 어떤 방식이 더 효과적일까요?

저는 둘 다 필요하다고 생각합니다. 유럽 국가들을 보면 보편적 복지는 조세방식으로 운영하면서 동네 단위에서는 각종 기부 등의 방식을 통해 복지 사각지대를 채우고 있음을 알 수 있습니다.

노원구도 국가 차원의 복지는 당연히 조세제도를 통해서 해결해야겠지만, 긴급구호나 복지 사각지대의 문제는 노원구민 스스로의 힘으로 상호부조하는 방식이 필요하다고 생각합니다. 앞서 3장에서 노원교육복지재단을 만든 이유를 설명했지만, 구청장이 누가 되든 관계없이 노원의 공동체 문화를 지지하는 데 기부문화 활성화는 꼭 필요한 일입니다.

이 운동을 시작할 무렵 매월 천 원 이상 기부하는 희망천사를 1만 6천 명에서 5만 명으로 늘리는 것을 목표로 잡았는데 현재 2만 1천 명까지 달성하였습니다. 현재까지의 결과만 놓고 보면 이 역시 목표를 너무 높게 잡았나 봅니다. 하지만 5천 명이 늘어난 것도 대단한 일이지요. 노원 교육복지재단은 장차 노원구민 모두의 수호천사와 같은 역할을 할 것입니다.

노원구가 마을공동체 복원의 두 번째 걸음을 걸으면서 마을 전체의 온기가 올라갔다고 느끼는 분들이 많습니다. 인간의 본성을 곰곰이 들여다보면 이기심도 있고 이타심도 함께 있습니다. 문제는 그 마을의 문화가 어느 것을 더 장려하느냐에 따라 개인과 사회의 모습이 달라진다는 점입니다. 저는 노원구가 나눔 운동의 슬로건처럼 슬픔을 나눠 절반으로 줄이고, 기쁨을 나눠 두 배로 키우는, 따뜻한 사람들이 사는 동네가 되기를 진심으로 희망합니다.

마을공동체 복원의 세 번째 걸음
▶▶▶ **마을이 학교다**

삼인행 필유아사(三人行 必有我師)

2013년 이른 봄, 노원구의 주요 사거리에는 '마을이 학교다! 한 아이를 키우는 데 온 마을이 필요합니다'라는 내용의 마을공동체 복원의 세 번째 걸음을 알리는 플래카드가 걸렸습니다. 첫 번째 인사하기, 두 번째 나눔 운동에 이어 세 번째 캠페인을 시작한 것입니다.

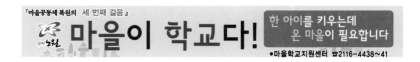

저는 지방자치단체의 가장 중요한 일을 한 가지만 꼽으라고 하면 학령기의 학생들을 잘 키우는 일이라고 생각합니다. 실제 유럽이나 일본 등 선진국의 대부분은 초중등 교육을 지방자치단체가 책임지고 있습니다. 그러니까 태어나서 고등학교까지는 마을이 책임을 지는 것이죠. 그런데 우리나라는 교육자치와 행정자치가 분리됨에 따라 학생은 학교에서 가르치고 지방자치단체는 교육환경을 개선하는 예산을 지원하는 데 그 역할이 한정되어왔습니다.

특히, 최근 들어 청소년기의 다양한 욕구들을 학교의 노력만으로 해결하기에는 역부족인 경우가 많습니다. 따라서 창의력, 협동심, 자존감, 전문성 등 학령기 동안 갖추어야 할 능력은 높이는 한편, 학업중단, 부적응, 왕따, 폭력과 같은 문제를 해결하기 위해서는 학교를 중심으로 마을 전체가 적극적으로 나서야 합니다.

공자님 말씀에 "세 사람이 길을 걸어가면 그중에는 반드시 나의 스승이 있다(三人行 必有我師)"라고 했습니다. 그리고 옛날 시골 마을에서는 동네 어른들이 모두 아이들의 스승이었습니다. 저는 마을공동체가 복원하기 위해서, 그리고 학생들의 미래를 위해서 노원구 전체가 교육장이 되고, 교사 자격증 여부와 관계없이 노원구민 모두가 아이들의 스승이 되어야 한다고 생각합니다. 그러한 바람을 세 번째 캠페인의 주제로 삼은 것입니다.

아이들을 위한 다섯 가지 마을

세 번째 캠페인의 주제는 정했지만 전체적인 사업계획을 세우기는 쉽지 않았습니다. 자치단체가 마을학교 개념으로 교육문제를 전면적으로 접근한 경우가 처음이기 때문입니다. 또한 학생들의 미래가 걸려 있는데 자칫 계획을 잘못 세워 배가 산으로 올라가서는 안 되기 때문입니다.

문제점	현 실태	해결방안
사교육은 부담은 크나 학업의 흥미도는 최저	− 국제학업성취도 평가결과 과학, 수학, 읽기는 최상이나, 흥미도는 최저	『꿈 있는 마을』 체험, 탐구, 의사소통 중심의 청소년 주도형 교육지원 활성화
자발적 학습, 독서하는 청소년 감소	− 인터넷 게임이나 카톡 등의 노출 시간 확대 − 청소년기의 독서량 부족	『책 읽는 마을』 영유아부터 청소년까지 체계적인 자기주도적 독서활동 기반 조성
건강한 놀이 문화 공간 절대적 부족	− PC방, 노래방의 상업공간은 넘치나 체육문화공간 부족	『즐거운 마을』 청소년들이 끼를 발산할 수 있는 청소년 친화 공간 조성
학업중단, 부패의식 흡연 청소년 증가	− 학업중단 청소년 연 7만 4천 명 − 10억 번다면 10년 감옥 살아도 좋다 : 17%	『건강한 마을』 학업중단 청소년 예방 및 지원체계 구축, 건강한 청소년 대책 추진
각종 범죄와 사고로부터의 노출	− 어린이 성폭력, 왕따, 학원폭력증가 어린이 교통안전 사각 지대 상존	『안전한 마을』 범죄와 교통사고로부터 안전한 교육환경 조성

하여 본격적인 캠페인을 하기 이전에 북부교육청과 긴밀하게 협의하는 한편 교육 전문가와 초중고 학부모 간담회, 그리고 권역별 정책 간담회 등 다양한 경로로 의견을 수렴했습니다. 처음에는 그야말로 '맨땅에 헤딩하는' 기분이었지만 정책 간담회가 거듭될수록 마을이 해야 할 일들이 손에 잡히기 시작했습니다.

'마을이 학교다' 사업은 꿈 있는 마을, 책 읽는 마을, 즐거운 마을, 건강한 마을, 안전한 마을 등 5개 마을로 구상을 확정했습니다.

그리고 마을별로 다음과 같이 다양한 사업계획을 세웠습니다. 그중에는 마을학교 개설과 성장이력 관리처럼 완전히 새로운 사업도 있었고, 청소년 테마공원 조성처럼 기존에 시행하고 있는 일을 재분류한 사업도 있었습니다.

꿈 있는 마을 다양한 마을학교 개설, 전 학생 성장이력 관리 지원 등【6개 사업】
책 읽는 마을 북적북적 도서관 학교운영, 돌봄과 독서 통합 지원, 북카페 확대 등【4
개 사업 】
즐거운 마을 청소년동아리활동 지원, 청소년 테마공원 조성, 캠핑장 조성 등【8개
사업】
건강한 마을 대안학교 확대, 힐링학교 운영, 청소년 흡연율 감축 등【5개 사업】
안전한 마을 안전한 어린이 통학로 확보, 방범, 교통 CCTV 확대 등【8개 사업】

2013월 5월 6일. 이날은 오랜 준비 끝에 북부교육청 안정숙 교육
장님을 비롯한 각 학교 교장선생님과 학부모 그리고 마을학교를 만
들어갈 주민대표들이 함께 모여 마을학교 선포식을 한 날입니다. 모
두들 노원구가 처음 시작한 마을학교 사업이 잘 되기를 바라는 마
음을 담아 선포식을 축하해주셨습니다. 저도 무척 기뻤습니다.

'마을이 학교다' 사업에는 앞에서 설명한 바와 같이 모두 31가지
사업이 있지만 가장 핵심적인 것은 마을주민이 직접 마을학교를 개
설하여 운영할 수 있도록 한 것입니다. 마을학교는 아래 절차도와
같이 개인이나 단체가 마을학교 제안서를 마을학교 지원센터에 제출
하면 교육 관련 전문가들로 구성된 마을학교 실무협의회에서 타당

마을학교 개설 및 지원 절차

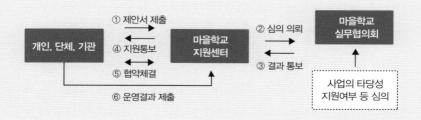

2013년 5월 6일, 각 학교 교장선생님들과 학부모 그리고 많은 구민들이 함께 한 가운데 북부교육청과 공동으로 노원구 전체가 학교인 마을을 만드는 일을 시작함을 선언했다.

성을 검토하여 학교를 개설할 수 있도록 하고 있습니다.

현재 노원구에는 이런 절차를 거쳐 만들어진 마을학교가 138개 있고, 기존 문화예술회관이나 동 주민센터에서 운영하고 있는 공공기관형 마을학교가 288개 있습니다. 또한 학교 내에서 마을학교를 개설하여 진행하고 있는 사업으로는 69개교에 132개 사업이 있습니다.

노원구는 너무 큰 마을이므로 아파트 단지나 동네 단위로 지역 커뮤니티형 마을학교도 만들어가고 있는데, 현재 11곳에서 마을학교를 만들어 운영하고 있습니다. 입주자 대표회의 회장이나 아파트 부녀회장 혹은 퇴직한 선생님이 동네 마을학교 교장이나 선생님이 되어 아이들을 가르치게 된 것이죠.

'마을이 학교다' 사업을 계획하고 실행에 옮긴 지 벌써 1년여의 시간이 흘렀습니다. 2013년은 시범기간이었고 2014년부터 마을학교

東亞日報　2013년 11월 05일 (화)　15면 수도권

부모의 마음으로…"얘들아, 꿈 배워볼까"

주민이 교사, 노원구 '마을학교'

"자, 악보 보고 왼쪽주법으로 다시 연주해보자"

지난달 31일 오후 4시 서울 노원구 중계1동 주민센터 2층에서 흥겨운 기타 소리가 흘러나왔다. 연주곡은 한스밴드의 노래 '오락실'이었다. 초등학생 8명이 악보를 보며 신나게 기타를 치고 있었다. 그 옆에서 기타를 멘 구현순 씨(52)와 이경은 씨(40)는 꼬마 연주자들의 코드 짚는 자세를 자세히 살폈다. 이 씨와 구 씨는 '포크기타 음악 마을학교 선생님'이다.

구 씨와 이 씨는 노원구 학부모 기타 합주단 원이다. 각각 10년, 7년씩 활동한 베테랑으로 아이들을 둔 주부들이다. 취미 생활로 기타를 연주하면 이들이 올해 8월부터 매주 목요일, 두 차례 아이들을 가르치고 있다. 수업료는 없다.

아이들은 각자 집에서 기타만 가져오면 된다. 올 지초교 5학년 심영진 군(11)은 "엄마가 기타를 배워보겠느냐고 하셔서 오게 됐는데 지금은 기타가 파이노보다 쉽고 재미있다"고 말했다.

구 씨처럼 주민들이 교사로 참여하는 마을학교가 노원구에는 80곳이나 된다. 교사로 참여하는 주민이 350명, 수강하는 아이들은 650명이 이른다. 노원구는 올해 7월 학교 폭력이나 따돌림 등 학교 문제를 주민들과 함께 해결하자는 목표로 마을학교 사업을 시작했다. '마을이 학교다', '한 아이를 키우는데 온 마을이 필요하다'는 글이 적힌 현수막도 구내 곳곳에 설치해 주민 참여를 독려했다. 아이들이 방과 후에 학원에 몰려가거나 빈집에서 컴퓨터게임이나 텔레비전에 몰두하는 대신 동네 주민이 가르치는 학교에서 시간을 보낼 수 있도록 해보자는 취지였다.

마을학교는 아이들에게 무언가 가르칠 만한 재능이 있는 주민이라면 누구나 신청할 수 있다. 구는 북부교육지원청과 함께 심사위원회를 구성해 강의 내용을 심사한 뒤 개설을 허가하고 있다. 상업적인 강의를 걸러내기 위한 것이다. 강사에게는 시간당 2만 원가량의 교통비

주민 350명이 80곳에 재능 기부
650명 아이들, 교재·재료비만 부담

영어·논술·토론강의는 기본
예체능·체험프로그램도 많아

만 제공한다. 아이들은 재료비나 교재비 정도를 부담한다. 사실상 무료로 수업을 듣는 셈이다. 구립센터나 구립 도서관을 수업장소로 제공한다. 구 씨는 "아이들 다 키워놓고 봉사할 동 기회를 찾고 있었는데 재능을 활용할 수 있다는 점이 매력적이다"며 "아이들이 장시간 학원을 벗어나 노래를 하며 어울리는 모습을 볼 때 보람을 느낀다"고 말했다.

마을학교에는 영어, 논술, 토론 등 학습과 관련된 강의뿐 아니라 다양한 예체능, 체험학습 프로그램이 마련돼 인기를 얻고 있다. 사실학원에서 수강료를 내도 배우기 힘든 프로그램도 많

다. 상원초교 운동장에서는 현직 과학교사인 이동호 선생님이 학생들과 함께 망원경으로 별과 달을 관찰하는 '별을 보는 마을학교'가 매달 서너 차례 열린다. 장우진 건축가는 초등학생들을 대상으로 세계 유명 건축물의 모형을 만들고 반 려동물의 집을 아이들이 직접 디자인하게 하는 '어린이 건축마을학교'을 운영한다. 노원구는 학생들의 마을학교 활동 내용을 '성장이력관리 시스템'으로 만들어 대학교 입학사정관제 전형이나 기업체 입사에 참고자료로 활용하는 방안을 교육청과 협의하고 있다.

이서현 기자 baltika7@donga.com

서울 노원구 포크기타음악 마을학교에서 어린이들이 구현순 씨(왼쪽)의 지도에 따라 기타를 연주하고 있다. 노원구에는 주민들이 지역 아이들을 위한 교사로 참여하는 마을학교 80곳이 운영되고 있다. 김재명 기자 base@donga.com

동아일보, 2013. 11. 5

사업을 본격적으로 진행할 예정인데, 벌써부터 교육부와 서울시 등 많은 기관에서 이 사업을 주목하고 있습니다. 무엇보다 이 사업에 참여하는 선생님과 학부모 그리고 학생들의 만족도가 높아 저 역시 매우 기쁩니다.

가끔 주민들이 물어봅니다. '마을이 학교다' 사업은 누가 기획한 것이냐고. 주제에 해당하는 '마을이 학교다'라는 말은 박원순 시장님이 희망제작소 시절 쓴 대안학교 탐방기의 제목에서 인용했고, 아프

리카 속담 중에 '한 아이를 키우는 데 온 마을이 필요하다'라는 말이 있는데, 교육가들이 주로 쓰는 말이라 여러 번 듣다 보니 제 귀에 익어서 사용하게 되었습니다. 어쨌든 이 사업이 성공하면 저작권의 상당 부분을 박 시장님께 드려야 할 것 같습니다.

옛말에 말은 제주도로 보내고 사람은 서울로 보내라고 했습니다. 저는 "아이 교육을 잘 시키고 싶으면 노원으로 보내라"라는 말이 유행할 수 있도록 '마을이 학교다' 사업을 꼭 성공시키고 싶습니다.

학업중단 청소년 절반 줄이기
▶▶▶ **예방적 청소년 종합대책**

학업중단 청소년 통계, 착시부터 바로 잡아야

매년 교육부나 여성가족부 등에서는 학업중단 청소년의 규모를 발표하고 그에 대한 대책도 내놓습니다. 지난해 연말에도 교육부는 2012년도 학업을 중단한 청소년이 6만 8천 명인 것으로 조사됐다고 발표했습니다. 한 해 6만 8천 명이면 엄청나게 많은 수이지요. 그런데 이 통계를 자세히 들여다보면 해외 어학연수 등을 목적으로 학업을 중단한 학생들도 포함되어 있습니다.

유학으로 인한 학업중단도 통계에 포함하는 것이 틀린 것은 아니지만, 유학 방지대책을 발표하는 것이 아니고 주로 부적응으로 학업을 중단한 학생에 관한 대책을 발표하기 위한 통계라면 유학으로 인한 학생을 빼고 발표하는 것이 타당하겠지요.

전체 학업중단 학생 중 유학의 비중은 해마다 편차가 있지만 대략 절반 정도입니다. 학업중단 청소년 대책을 발표하는데, 그 대상자를 6만 8천 명이라고 하는 것과 3만 4천 명이라고 하는 것은 이를 받아들이는 국민의 입장에서 큰 차이가 있습니다.

이와 같은 통계상의 착시는 서울시나 자치구의 학생 혹은 청소년 대책을 세우는 데 상당한 장애물이 되고 있습니다. 노원구에서도 같은 문제가 있었습니다.

제가 구청장이 되어 노원의 청소년 종합대책을 세우기 위해 용역을 발주해서 중간보고를 받게 되었습니다. 그런데 보고의 기본이 될 노원구 청소년의 학업중단 통계가 이상했습니다. 2010년을 기준으로 1,259명이 학업을 중단했는데 초등학생만 382명이 된다는 것입니다. 아무래도 상식과 맞지 않아서 자세히 확인해봤더니 382명 중 321명이 유학으로 인한 학업중단이었고 부적응으로 인한 중단은 7명에 불과했습니다.

저는 이런 통계를 바탕으로 제대로 된 대책을 만들 수 있을지 회의가 들었습니다. 하여 통계 바로잡는 일부터 다시 시작했습니다. 그랬더니 총 1,259명(2010년 기준) 중 부적응, 폭력, 학업부진 등으로 학업을 중단한 학생은 503명으로 확인되었습니다. 통계 숫자의 차이가 엄청나지요.

사후 약방문보다 예방적 대책 필요

저는 먼저 목표를 세웠습니다. 궁극적으로 학업중단 학생은 단 한

구분	학업중단학생(부적응 등) 연도별 감축 목표				
	2010	2012	2013	2014	2015
학생수	503	450	370	320	250

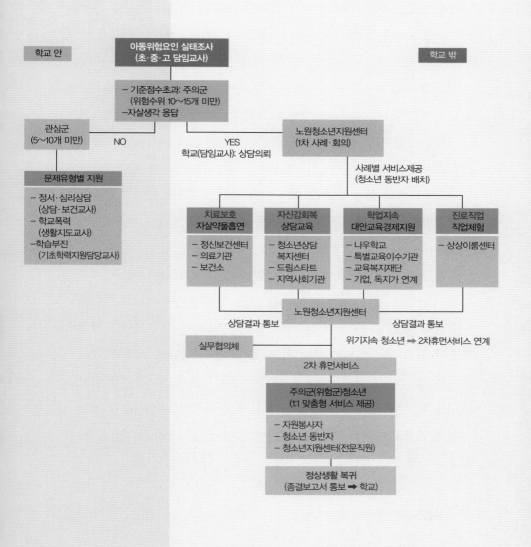

명도 나와서는 안 되겠지만 단계적으로 2015년까지 2010년(503명)의 절반 수준인 250명까지 낮추는 것을 목표로 삼았습니다.

목표를 실현할 방식은 사후 약방문식이 아니라 예방적 대책에 중점에 두기로 했습니다. 학업을 중단하는 학생들을 보면 초등학교에서는 10~20명 수준을 보이다가 중학교 때 70~100명으로 늘어나고, 고등학교에서는 280~380명으로 폭발적으로 늘어납니다. 지역사회에서 청소년 사업을 하는 경우는 대부분 고등단계에서 학업을 중단하기 직전이거나 직후에 이들 청소년을 접촉하는 경우가 많습니다.

그런데 고등학생 단계만 해도 이미 자기 세계관과 습성이 상당히 고착화되어 이 단계에서 학령기의 부적응 문제를 해결하기란 쉽지가 않습니다.

저는 청소년 정책을 제대로 실천하려면 초등학교 고학년 단계부터 접근해야 한다고 생각했습니다. 초등 단계에서는 대체로 학업을 중단하지는 않지만 이미 선생님의 눈으로 보면 조짐이 보이는 학생들이 있습니다. 이 단계부터 학교 안에서는 선생님이, 그리고 학교 밖에서는 노원구가 그 학생과 가정에 대해 집중적으로 관심을 갖고 지원하는 시스템을 만들어야 합니다. 몸 안에 감기 바이러스가 침투하면 곧바로 주변의 백혈구가 모두 몰려들어 감기 바이러스를 몸 밖으로 내몰듯이 말입니다.

구립노원청소년지원센터 설립

2012년 4월, 이와 같은 취지의 '위기 청소년 학업중단 예방을 위한

청소년지원센터는 한 아이도 포기하지 않는 노원을 위한 중심적인 역할을 해주고 있다.

종합계획'을 세우는 데 거의 1년여의 시간이 걸렸습니다. 이 기간 동안 10차례 이상의 전문가 간담회와 치열한 토론이 있었습니다. 이후부터는 일사천리. 5월에는 조례를 만들고 8월에는 구립노원청소년지원센터를 설립했습니다. 센터는 20년 동안 노원에서만 줄곧 청소년운동을 해온 김지선 씨가 맡아주었고 장소는 상계동 선거관리위원회 물품보관창고를 비워서 해결했습니다. 센터 개소식날 새 건물도 아니고 엘리베이터도 없는 4층이라 한편 미안했지만 그래도 노원의 청소년들을 위한 새로운 둥지가 생겼다는 점에서 감회가 남달랐습니다.

자치단체 최초 위탁형 대안학교 개교

2012년 9월 20일, 자치단체에서는 처음으로 중학교 과정 위탁형 대안학교인 '나우학교'를 열었습니다. 그동안 민간기관에서 위탁형 대안학교를 만든 사례는 많이 있었지만 자치단체가 설립한 학교는 노원구가 처음이라는 사실이 오히려 저를 놀라게 했습니다. 그간 자치단체는 영재학교 지원이나 특목고 유치 등에는 많은 관심을 보였지만 정작 위기 청소년을 돌보는 일에는 소홀했기 때문입니다.

이날 개교식에는 북부교육지원청장을 비롯한 여러 중학교의 선생님들이 방문하여 축하해주셨습니다. 한 선생님은 우스갯소리로 노원구가 폭탄(?)처리반을 만들어주어서 고맙다고 하셨습니다. 중학교가 의무교육이 된 후 학업 부적응 학생을 어찌하지 못해 골치인데 노원구에서 이들 학생들을 받아줄 곳이 생겨서 다행이랍니다. 어쩌다가 우리 학생들이 폭탄(?)이 되어버렸을까요?

그리고 2013년 4월 1일, 중학교 과정인 '나우학교'에 이어 고등학교 과정의 위탁형 대안학교인 '참 좋은 학교'를 열었습니다. 이 학교는 북

나우학교는 자치단체에서는 최초로 설립한 중학교 과정 위탁형 대안학교이다.

경향신문

2013년 04월 15일 (월)
14A면 서울

"학업중단 학생, 대안학교로 오세요"

노원구, 중등 대안학교 이어 고등 대안학교 개교

서울 노원구가 지난해 중등 과정의 대안학교를 설립한 데 이어 올해 고등 과정의 대안학교인 '참좋은학교'를 15일 개교한다. 사회경제적 위기, 학교생활 부적응 등으로 해마다 늘고 있는 학업중단 학생을 줄이기 위한 것으로 학력도 인정된다.

교육부 자료에 의하면 전국 초·중·고교생 중 학업중단 학생들은 2010년 6만592명에서 2011년 6만3501명, 2012년에는 7만4365명으로 계속 증가하고 있다. 노원구에서도 학업중단자가 연간 500명씩 발생하고 있다.

노원구는 학업중단 위기 청소년들을 구제하기 위해 지난해 9월 전국 자치단체로는 처음으로 학력이 인정되는 대안학교 '나우학교'를 설립해 운영했다. 그 결과 지난해 입학한 중학생 20명 모두 정규과정을 마치고 일반 고등학교에 진학하거나 본래 소속 학교의 상위 학년으로 진급했다.

이후 주민들은 고등학교 과정을 만들어 줄 것을 요구했고 정원 20명의 '참 좋은 학교'가 북부종합사회복지관 내에 둥지를 틀게 됐다. 나우학교와 마찬가지로 교육청 인가를 받은 '참 좋은 학교'는 국어·영어·수학 등 보통 교과과정과 미술·음악·인문학·조리제빵 등 학생들이 재능을 키우고 자존감을 향상시킬 수 있는 프로그램으로 운영될 예정이다.

지난해 네 차례의 가출을 거듭하고 학교생활에 적응하지 못해 방황했던 김지연양(가명·15)은 나우학교에서 반년간 학습하면서 자신의 재능을 찾았다. 처음에는 교사의 지적에 반발과 심한 저항으로 일관했지만 유독 제과제빵 수업시간에 적극적인 모습을 보이자 교사들은 별도로 일주일에 한 번씩 진로탐색과 연계해 김양을위한 요리 프로젝트를 진행했다. 심리검사를 실시해 문제 원인을 파악하고 주변

사람들과 긍정적인 관계를 맺는 것과 일상 훈련도 병행했다. 김양은 올해 본래의 학교로 돌아가 3학년으로 진급했다.

김양은 "전에는 그냥 놀고만 싶어 가출을 여러 번 했다. 공부 잘하는 학생에게만 신경을 써주는 학교가 싫었다"며 "하지만 나우학교 선생님들은 학생 한 명 한 명을 돌봐주고 관심을 가져줘서 고맙다. 이제 고등학교 졸업 후 제빵 관련 직업을 갖고 싶다는 목표가 생겼다"고 말했다.

노원구는 대안학교 외에도 징계 학생의 학교 복귀를 돕는 특별교육 이수기관으로 노원청소년지원센터, 징검다리거점공간 와락, 마들너 회복지관등 6개를 선정해 운영하기로 했다. 이 기관들은 문제행동 예방 교육, 생명존중 프로그램, 개별상담, 부모교육 등을 비롯해 봉사활동, 예술치료 프로그램 등을 마련해

1~10일 동안 해당 학생들에게 교육을 실시할 계획이다.

김성환 노원구청장은 "위기 청소년들이 학업중단 없이 건강한 시민으로 성장할 수 있도록 지역 사회와 함께 지속적인 지원을 해 나갈 것"이라며 "이를 통해 한 해에 500명을 넘는 학업중단 학생들을 2014년까지 절반 정도로 낮추도록 하겠다"고 말했다.

문주영 기자 mooni@kyunghyang.com

서울 노원구가 지난해 9월 문을 연 대안학교 '나우학교'에서 한 교사가 학생들과 함께 수업을 하고 있다. 　노원구 제공

경향신문, 2013. 4. 15

　　부종합사회복지관의 김범태 관장님이 앞장서 장소를 제공해주셔서 열 수 있었는데, 이로써 노원은 중학교 과정과 고등학교 과정을 완비한 최초의 자치단체가 되었습니다. 이름 그대로 이 학교가 학업중단 위기에 있는 고등학생들에게 참 좋은 학교가 되었으면 좋겠습니다.

　　노원구는 또 징계 학생 교육을 위한 '특별교육 이수기관' 6개소도 추가로 개설했습니다. 징계 학생이 제때에 특별교육을 이수하지 못해 학업을 중단하는 사례가 많은 것을 확인하고 이를 예방하기 위해서 노력한 결과입니다.

청소년 카페 마니또 개소

2013년 10월 30일, 노원의 청소년들에게는 또 하나의 좋은 소식이 있었습니다. 청소년지원센터 아래 2층 공간을 임차하여 청소년들이 직접 운영하는 청소년 카페 '마니또'가 문을 열었습니다. 우리는 청소년 문제를 논할 때 청소년들이 건전하게 놀 문화공간이 없다는 말을 많이 합니다. 마니또 카페는 그런 문제를 해결하기 위해 만든 공간입니다. 마니또(manito)는 '비밀친구'라는 뜻의 이태리어입니다. 저는 이 카페 개소식에 참석하면서 노원구의 청소년들은 서로가 서로를 지켜주는 비밀친구가 됐으면 좋겠다는 생각을 했습니다.

노원구는 이곳 이외에도 마들복지관과 상상이룸센터 그리고 공릉청소년정보문화센터에도 청소년들을 위한 카페를 추가로 오픈했습니다. 앞으로도 더 많은 공간에서 노원의 청소년이 모여 꿈을 노래하면 좋겠습니다.

학업중단 학생 절반 줄이기

노원구가 청소년 종합대책을 만들고 사업을 시작한 지 1년 반 정도의 시간이 흘렀습니다. 옆의 표와 같이 노원구의 학업부적응 청소년은 2010년 503명에서 2011년 370으로 대폭 줄었다가 2012년 451명으로 다시 늘어나는 추이를 보이고 있어 아직 그 성과 여부를 측정하기에는 부족함이 있습니다.

그러나 오늘도 잘 눈에 띄지 않지만 곳곳에서 청소년 동반자 선생

노원구 청소년 학업중단 현황

년도	학교급	총학생 수	학업중단 사유				학업중단율
			유학	부적응	기타	계	
2010	초등	41,767	321	7	54	382	0.5%
	중등	26,531	135	112	75	322	
	고등	32,976	123	384	48	555	
	계	101,274	579	503	177	1,259	
2011	초등	39,278	385	18	71	474	0.4%
	중등	24,445	159	73	41	273	
	고등	32,632	102	279	122	503	
	계	96,355	646	370	234	1,250	
2012	초등	37,029	213	19	27	259	0.5%
	중등	25,480	113	83	24	220	
	고등	23,373	69	349	139	557	
	계	85,882	395	451	190	1,036	

님들과 자원봉사자들이 위기 청소년을 위로하고 함께 놀며 그들 안에 숨어 있는 자존감과 가능성을 일깨우는 일을 하고 있기에 분명 의미 있는 결과가 있을 것이라고 생각합니다.

특히, 노원에서 구상한 초등 고학년과 중학교에 집중하여 예방적 청소년 대책을 펼치는 방식은 장기적으로 우리나라 청소년 정책의 새로운 이정표가 될 것임을 확신합니다.

사람이 책이 되는 이색 도서관
▶▶▶ **휴먼라이브러리**

도서관이나 문화센터 같은 곳에서는 책의 저자를 모시고 '독자와의 대화' 행사를 자주 개최합니다. 저자를 직접 만나면 책을 통해서 저자의 생각을 읽을 때와는 또 다른 맛과 느낌을 경험할 수 있습니다. 또 책을 읽은 것보다 저자와 1시간 동안의 대화가 더 효과적일 때도 많습니다. 이렇듯 사람과 사람이 일대일로 대면하여 지혜와 정보를 나누는 일은 참 좋은 소통방법인 듯합니다.

덴마크에서 시작한 도서관이 세계로 확산

제가 구청장이 된 후 노원의 미래를 위해 새롭게 시도한 일이 꽤 많습니다. 그중에서 가장 인상에 남는 사업이 '휴먼라이브러리'라고 말하는 분들이 많습니다. 아마도 '사람을 대출하는 도서관-휴먼라이브러리'가 주는 느낌이 상쾌하기 때문인 것 같습니다.

휴먼라이브러리는 덴마크 출신의 사회운동가 로니 에버겔이 덴마크에서 열린 한 뮤직 페스티벌에서 창안한 이래 전 세계로 확산되고 있는, 사람을 대출하는 신개념의 도서관을 말합니다.

저는 구청장 선거 전에 당시 노원포럼의 대표이자 상계백병원 내과 과장인 최수전 교수님에게서 사람 대출 도서관에 대해 처음 들었습니다. 제가 구청장에 출마할 예정이라고 했더니 최 교수님이 대뜸 휴먼라이브러리를 공약에 넣으면 좋겠다고 했습니다. 저도 그 느낌이 좋아서 공약집에 넣었는데 막상 구청장이 되어 이를 실행에 옮기려고 하니 생각보다 쉽지 않았습니다. 처음 집행부가 설계할 때는 휴먼북에게 수당을 지급하는 것으로 했기에 가난한 살림에 예산을 감당할 수가 없을 것 같아서 책상 서랍 속으로 넣어버렸던 것입니다.

행정안전부 희망 만들기 사업으로 채택

그러던 중 행정안전부가 2억 원 규모의 '2011 희망 만들기 사업'을 공모했습니다. 저는 정부 지원을 받으면 사업을 좀 더 수월하게 추진할 수 있겠다 싶어서 서랍 속에 넣어두었던 휴먼라이브러리 사업을 신청했는데 다행스럽게 선정되는 행운이 찾아왔습니다.

그래서 휴먼라이브러리 준비위원회를 만들고 사업계획을 전면적으로 재검토했습니다. 우선 휴먼북에 수당을 주는 방식을 자원봉사 방식으로 변경했습니다. 휴먼북의 주된 이용자는 자신의 진로와 직업을 탐구하려는 청소년입니다. 현재 각종 직업군에서 활동하는 선배세대가 마을의 후배세대인 청소년들에게 자신이 경험한 직업적 체험을 전수한다는 개념으로 보면, 이 사업은 자원봉사 방식으로 하는 것이 더 타당하다고 판단했습니다. 장소는 당초 월계도서관 4층 옥

상을 사용하기로 했다가 장소 선정에 여러 가지 장애가 있어서 노원
정보도서관 지하로 변경했습니다.

국내 최초 상설 사람 도서관 개관

2012년 3월 21일, 노원정보도서관 지하 1층에는 학생들과 초록색
조끼를 입은 사람들로 북적였습니다. 이날은 사람을 대출하는 도서
관 휴먼라이브러리가 문을 연 날입니다. 그동안에도 이벤트 형식으
로 휴먼북 행사를 개최한 적이 여러 차례 있었습니다. 그러나 이벤트
형식이 아닌 상시 대출이 가능한 방식으로 사람 책 도서관을 연 것
은 국내에서는 처음 있는 일이었습니다.

사람이 책이 되는 도서관이 활성화되려면 우선 휴먼북으로 등록
한 사람이 많아야 합니다. 도서관은 처음 시작할 때 100여 명으로 시
작했는데 현재는 502명이 모여서 활동하고 있습니다. 그리고 2014년
말까지는 1,000명의 사람 도서를 구비할 예정입니다. 아래 표는 현재
까지 참여한 휴먼북의 직업별 분류입니다. 특정 분야 전문가부터 평

분야별 휴먼북 현황

주민	경제/기업	봉사	언론	건강/의료	문화/예술	스포츠/레저	정치
53	32	11	24	36	56	16	10
법조	종교	교육	전문직	학술/교수	대중문화	복지/상담	사회운동
6	2	46	56	36	6	48	6
소수자	공무원	해외활동	기타				
2	18	30	8				

경향신문

2012년 03월 26일 (월)

노원정보도서관 "사람책을 빌려 드립니다"

서울 노원구 상계동 노원정보도서관에는 '살아있는 책'이 있다. 바로 '사람책(휴먼 북)'이다.

각계각층의 시민들로 이뤄진 사람책은 '열람'을 원하는 독자가 있으면 직접 얼굴을 맞대고 만나 자신이 가진 갖가지 재능, 지식과 지혜 등을 전해준다. 독자들로서는 숱한 궁금증을 풀면서 그야말로 살아있는 정보를 얻을 수 있다.

노원구는 지난 21일 전국에서 처음으로 노원정보도서관 안에 '노원휴먼라이브러리'를 열었다. 도서관 지하 1층에 마련된 휴먼라이브러리는 사람책과 독자 등 50여명이 한꺼번에 자리할 수 있는 공간이다. 이날 개관식에는 사람책 11명이 열람을 신청한 주민 80여명과 대화를 나눴다.

심마니 전병달씨(52)도 사람책 중 한 명이다. 20년 넘게 전국의 산을 다니며 산삼과 약초를 캐온 전씨는 이날 건강과 산삼에 관심이 많은 중년 남성의 열람을 받았다. "무릇 미를 다루면서. 심마니는 '밥을 먹는다'를 다르게 말합니다. 신성한 산에서 속세의 말을 담는 것 불경이라 여겨 심마니들만의 은어를 쓰는 것이요. 심마니 정신의 기본은 산과 자연에 대한 예의입니다."

전씨는 독자들의 질문에 심마니들의 독특한 문화, 산삼 자생지의 특징 등을 열심히 설명했다. 전씨는 "전국의 심마니 스승들을 찾아서 어렵게 얻은 경험이지만 원하는 분들에게 알기 쉽게 전해주고 싶다"며 "오늘 만난 독자들과는 다음번에 또 만나자고 약속했다"고 말했다.

초등학교에 입학할 아들을 둔 이은

**심마니·체육인·법조인 등
다양한 분야 '휴먼 북' 대기
주민들 '열람' 신청하면
직접 만나 정보·지식 제공**

주씨(35)는 혁신학교에 관한 궁금증을 풀고자 혁신학교와 관련된 사람책 열람을 신청했다. 이날 이용한 상원초등학교 교장을 만났다. 이 교장과 대화를 나눈 이씨는 "혁신학교 정보를 얻기까지 어려워 걱정이 많았는데 장선생님와 사람책을 만나 궁금증을 다 소통했다"며 "주변에도 사람책 이용을 권하고 싶다"고 말했다.

현재 노원정보도서관의 사람책은 모두 120명이다. 주부부터 체육인, 공

지난 21일 노원정보도서관에서 열린 휴먼라이브러리 개관식에서 '사람책'과 열람자들이 이야기를 나누고 있다. | 노원구 제공

연기획자, 의료·법조인, 전통무예연구가 등 다양한 분야의 시민들이 사람책이 되어 자신의 재능을 기부하고 있다. 노원구는 연말까지 사람책을 1000명까지 확보할 계획이다. 노원구 측은 "이웃을 위해 자신의 앎을 나누려는 사람책 활동에 관한 문의가 많다"고 밝혔다.

휴먼라이브러리는 김성환 노원구

청장의 공약으로 지난해는 행정안전부의 '희망마을 만들기' 사업 공모에서 대상을 받기도 했다. 김 구청장은 "노원휴먼라이브러리는 사람과 사람이 만나 정보를 서로 소통하는 장소가 될 것"이라며 "주민 스스로 참여하는 마을공동체의 하나로 자리매김하도록 노력하겠다"고 말했다.

사람책 열람 신청은 노원정보도서관 등을 활용하면 된다. 노원정보도서관 홈페이지(www.nowonlib.kr)를 이용하는 온라인시스템은 4월 중 구축된다고 노원구는 밝혔다. 사람책을 신청한 사람은 도서관 측의 양식에 따라 지원하면 휴먼라이브러리운영위원회의 심의를 거쳐 사람책으로 위촉된다. 문의 (02)950-0050

김여란 기자 peel@kyunghyang.com

경향신문. 2012. 3. 26

범한 주부에 이르기까지 다양하게 참여하고 있음을 알 수 있습니다.

저도 휴먼북에 등록했는데 그동안 개별적인 대출 신청이 있어서 상담도 했고, 정규 행사 때에도 수차례 대출 신청이 있어 함께 행사에 참여했습니다.

사람 도서관이 만들어져 운영된 지도 벌써 2년이 다 되어갑니다. 지금은 조금씩 안정되어가고 있지만 처음에는 어려움이 많았습니다. 전국에서 처음으로 사람 도서관을 상설로 운영하려 보니 홈페이지 구축을 포함하여 대출방식 등 여러 가지 면에서 애로를 겪었습니다. 특히 휴먼북을 자원봉사 형태로 구축하는 과정은 쉽지 않은 도전이었습니다. 만약 휴먼북에게 수당을 주는 방식이었다면 쉽게 구

성할 수 있었을 것입니다. 그러나 자원봉사 방식은 한 사람 한 사람에게 취지를 설명하고 동의를 구하는 수고로움이 있고 또 봉사자 스스로 참여하여 만족도가 높아야 지속적인 참여가 가능하기에 더디 갈 수 밖에 없었습니다.

운영방식에서도 관은 시설과 공신력을 담보하고, 민은 휴먼북의 전문성과 자발성을 이끌어내야 하는데, 이 역시 민관협력 교과서에 정답이 쓰여 있지만 실제 현실에서 이를 적용하여 시스템을 갖추기까지는 상당한 시간이 필요했습니다.

그러나 지금은 휴먼북과의 대화뿐 아니라 찾아가는 휴먼라이브러리, 휴먼 명상교실, 소통 공감학교, 힐링 시낭송 등 다양한 방식으로 사람 도서관의 내용을 채워가고 있습니다.

문명과 경험의 새로운 이전 방식

지금으로부터 500만 년 전 인류의 오랜 조상이 나무에서 땅 위로 내려올 때만 해도 인류는 다른 생물종과 크게 다르지 않았습니다. 그러나 직립하여 손을 자유롭게 쓰면서 도구를 사용하고, 불을 활용하다가 급기야 문자를 사용하면서 만물의 영장이 되었습니다. 인류의 문명은 지역, 국가, 세계가 상호 교류하며 사회적으로 누적됩니다. 문명과 지식이 다음 세대로 이전되는 방식은 다양합니다. 수대를 이어 할아버지에서 아버지로 또 아버지에서 아들로 한 가지 사업을 대물림하는 과정으로 이전되기도 하고, 수천 년 전 그리스 철학자 플라톤의 고민이 시공을 뛰어 넘어 한국의 현재 세대로 직접 이전

2012년 03월 24일 (토)

"사람을 빌려줍니다"…휴먼 라이브러리 '인기'

【 앵커멘트 】
책이 아니라 사람을 빌려주는 이색 도서관이 문을 열었습니다.
경험담과 재능을 기부하는 전문가들에게 궁금한 점을 직접 물어볼 수 있어, 주민들도 대환영입니다. 윤범기 기자가 보도합니다.
【 기자 】
평소 스마트폰 사용이 익숙하지 않았던 주부 김정숙 씨.
자녀에게 물어보기도 쉽지 않았는데, 친절한 멘토를 통해 스마트폰 이용법을 배우고 있습니다.
"내가 받은 내용이 좋더라. 이건 내 친구들한테 보내주고 싶다. 이럴 때 쓰는 게 RT입니다. 그래서 화면에서 RT를 누르게 되면…."

▶ 인터뷰 : 김정숙 / 서울 하계동
- "사실 배우고는 싫었어도 제가 어디 가서 배울 데가 좀 그렇더라고요. 오늘 기회가 좋아서 선생님한테 배웠는데 너무 신기하고…."
서울 노원구에서 문을 연 '휴먼 라이브러리'는 말 그대로 사람을 빌려주는 도서관입니다.
▶ 인터뷰 : 김성환 / 노원구청장
- "자신의 롤 모델과 같이 대화하는 것을 통해서 지식을 배우면 훨씬 더 압축적이고 효과적으로 배울 수 있다는 취지에서 휴먼 라이브러리를 만들게 됐습니다."
현재 휴먼북으로는 의사와 여행가, 무형문화재 등 각계 전문가 120명이 등록했습니다.
노원구는 올해 말까지 1,000여 명의 휴먼북을 확보해 이 도서관을 재능과 경험을 공유하는 장으로 발전시킬 계획입니다. MBN뉴스 윤범기입니다. [bkman96@mk.co.kr]

되기도 합니다.

그런 측면에서 휴먼라이브러리는 세대 간 문명과 경험의 새로운 이전 방식으로 매우 뜻 있는 실험이라고 생각합니다. 사람 도서관의 주된 고객은 마을 청소년들입니다. 마을 청소년들은 주로 아버지세대의 다양한 직종과 직업의 경험을 가지고 있는 휴먼북을 대출하여 그 경험을 전수받게 됩니다. 즉, 한 마을 내 아버지세대의 문명과 경험을 문자 속에 숨어 있는 숨결까지를 포함하여 아들세대에게 집단적으로 이전해주게 되는 것입니다.

노원의 휴먼라이브러리가 장차 도서관에 꽂혀 있는 책보다 훨씬 풍부하고 의미 있는 문명과 경험의 새로운 이전방식이 될 수 있도록 더 많은 분들이 새로운 휴먼북이 되어 주실 것을 부탁드립니다.

직업체험을 통해 꿈을 만들어가는 곳

▶▶▶ **상상이룸센터**

디지털 라이브러리의 변신

2012년 9월 21일. 이날 노원역 사거리에서 얼마 떨어져 있지 않은 KT 건물 4층에서는 많은 청소년들과 북부교육지원청 교육장을 비롯한 학교장 그리고 지역의 청소년 단체 대표자들로 북적이는 행사가 있습니다. 매년 서울시 교육청에서 1억 원의 예산을 지원하는 '상상이룸센터'가 서울에서 처음으로 문을 연 것입니다.

상상이룸. 이름이 참 예쁘죠. 이름 그대로 꿈을 현실로 만들자는 뜻을 담은 '상상이룸센터'는 10만 명에 달하는 노원구 청소년들을 위한 직업체험 전문기관입니다. 센터가 개관하는 날 참석하신 모든 분들이 센터의 탄생을 축하해주었습니다. 그러나 이 센터가 탄생하기까지는 우여곡절이 있었습니다.

상상이룸센터가 개소한 곳은 전임 청장 시절 KT건물의 증축허가 당시 지하 1층의 공연장과 함께 KT로부터 기부채납을 받기로 한 공간이었습니다. 제가 구청장이 되어 확인해보니 이곳에는 '디지털 라

2012년 9월 21일에 문을 연 상상이룸센터는 우리 노원구 청소년들의 꿈과 미래를 함께 나누는 곳이 되고 있다.

이브러리'를 설치하기로 예정되어 있었습니다.

조감도를 받아봤습니다. 저는 인테리어는 멋있어 보이지만 자칫 잘못하면 컴퓨터가 100대쯤 설치된 거대한 PC방이 될 것 같은 우려를 지울 수 없었습니다. 어떻게 해야 할까? 고민을 하던 차에 서울시 교육청에서 청소년들의 진로체험을 할 공간을 자치구에서 마련하면 운영비를 매년 1억 원씩 지원하겠다는 계획을 듣게 되었습니다. 이 계획을 듣는 순간 앓던 이가 빠지는 것 같았습니다. 곧바로 서울시 교육청에 노원구의 유치 의사를 밝혀 2012년 5월 교육청과 업무협약을 체결한 후, 당초 계획된 100대 PC 규모의 디지털 라이브러리는 15대 규모로 축소하여 9월 개관을 하게 된 것입니다.

대한 표준 직업분류에 따르면 우리나라의 직업 개수는 대략 1만 2천여 개입니다. 그런데 우리 부모님들이 자신의 자녀가 가졌으면 좋겠다고 생각하는 직업은 약 20개가 넘지 않습니다. 그러다 보니 자녀들은 부모의 생각 안에 갇히는 경우가 많습니다. 저는 노원의 청소년들이 부모의 희망보다는 자신에게 숨겨진 가능성을 스스로 탐구하고 체험하는 과정을 바탕으로 장차 자신의 직업을 선택해나갔으면 좋겠다고 생각했습니다.

청소년기에 넓게 보면 자신의 진로와 직업을 고민하고 모색하는 시기가 세 번 있습니다. 첫 번째는 초등 고학년 무렵이고, 두 번째는 고등학교 선택을 앞둔 중 2~3학년 때이며, 마지막은 고등학교를 졸업할 때입니다. 이중 고등학교 때는 대학입시 준비나 취업 등 현실적인 여건 때문에 다양한 진로체험을 하기에 어려움이 많습니다. 따라서 진로에 대한 탐구나 체험은 초등 5~6학년부터 중학교 과정에서 집중적으로 진행될 필요가 있습니다.

2013년부터 일부 중학교의 1학년은 중간고사를 치르지 않습니다. 시험 부담에서 벗어나 다양한 진로체험을 해보라는 취지로 '자유학기제'가 도입되었기 때문입니다. 그런데 중학생이 자유학기제가 되어 진로체험을 하려면 어디로 가면 될까요?

현실적으로 우리 학생들이 진로체험을 하고 싶어도 이를 체계적으로 안내해주는 곳도 없고 갈 곳도 없는 경우가 많습니다. 대체로 아버지 회사나 잘 아는 친지의 일터를 한 바퀴 둘러보고 진로체험 숙제를 작성해가는 경우가 대부분이지요. 이런 현실에서 노원에 청소년의 진로체험을 체계적으로 지원할 공간이 생겼으니 저로서는 참으로 기쁜 일이었습니다.

상상이룸센터는 직업을 체험할 수 있는 다양한 직업 체험프로그램

서울시와 우리구의 지원으로 만든 '청소년 휴(休)까페'처럼 우리 청소년들이 편안하고 자유롭게 이용할 수 있는 공간들이 점점 더 많아지길 희망한다.

을 운영하고 진로설계와 병행한 체계적인 진로상담, 진로적성검사, 진로 컨설팅을 제공할 뿐 아니라 청소년들이 수시로 자유롭게 방문할 수 있는 카페 형식의 휴식공간을 운영하고 있습니다.

그중 핵심적 과제는 청소년들이 2~3일가량 자신이 희망하는 직종의 일자리에서 직접 직업을 체험할 수 있도록 매개하는 역할입니다. 예를 들어 제과제빵사가 되고 싶은 청소년은 동네 빵집에서 며칠 동안 빵을 만들어보고 의사가 되고 싶은 학생은 병원에서 다양한 병원 체험을 해보도록 하는 것입니다. 센터에는 이와 같은 직업체험 일터 404개소가 등록되어 있고 연간 약 1,500명의 학생들이 이 과정에 참여하고 있습니다. 각 일터에는 청소년 자원봉사 멘토들이 이들을 직업의 세계로 안내하는 역할을 해주고 있습니다.

상상이룸센터는 다양한 직업체험 프로그램을 운영하고 있다.

　저는 영리를 추구하는 사업장의 현실상 소위 돈이 되지 않고 귀찮을 수 있는 청소년 직업체험을 받아줄 수 있는 사업장이 얼마나 될까 의심했습니다. 그런데 의외로 많은 뜻있는 분들이 기꺼이 노원 청소년들의 멘토가 되어주시는 모습을 보고 한편 놀라고 한편 기뻤습니다.

　센터는 2014년 안에 이와 같은 일터를 600곳으로 늘릴 예정입니다. 그런데 이들 직업체험 멘토들에게 언제까지 자원봉사의 헌신성만을 요청할 수 있을지 걱정입니다. 하여 정부 차원에 세제 혜택을 주는 방안을 포함하여 최소한 구 차원에서라도 이들 기업이나 멘토들에게 인센티브를 주는 방안을 마련할 예정입니다. 그렇게 하면 학생과 멘토 기업이 모두 더 즐겁게 직업을 체험해보는 공간이 될 수 있겠지요.

직업체험 현장에서 멘토가 학생들에게 설명하는 모습. 각 일터에는 청소년 자원봉사 멘토들이 청소년들을 직업의 세계로 안내하는 역할을 해주고 있다.

세계일보

2013년 02월 25일 (월)
17면 교육/입시/N/E

"청소년 장래 직업 캠프 참가해 미리 체험해 보세요"

노원구 상상이룸센터 가보니

올해부터 일부 중학교에서는 1학년 중간고사를 치르지 않는다. 시험 부담에서 벗어나 진로를 탐색해보라는 취지에서다. 박근혜 대통령과 문용린 서울시교육감은 각각 '자유학기제'와 '중1 진로탐색 집중 학년제'라는 이름으로 일선 학교에 진로 교육 강화를 주문했다.

이들 제도는 올해부터 서울지역 일부 중학교를 대상으로 시범운영에 들어간 뒤 이르면 내년부터 모든 중학교로 확대할 예정이다. 이에 따라 올해 서울시 자치구에서 운영하는 청소년 대상 진로직업 체험 지원센터가 현재 4곳에서 11곳으로 늘어난다. 진로 교육 내용과 학생들의 반응을 알아보기 위해 서울시 노원구에 있는 '상상이룸센터'(이하 상상이룸)를 찾았다.

◆나는 에디터, 너는 사진작가

지난 16일 오전 11시. 이 센터에서는 스피드 퀴즈가 한창 진행되고 있었다. 단어 설명을 맡은 여학생은 문제를 보더니 곤혹스러운 표정을 지었다. 잠시 머뭇거리는가 싶더니 즐겁게손가락을 펴서 'J'자를 나타냈다.

"일자가 어떻다고?", "일기장?" 여기저기서 답이 튀어나온다. "아∼ 11반? MBC?" 여기저기서 답으로 웃음 변했다. 정답은 일러스트레이터. 스피드 퀴즈는 자율 테니 서먹서먹한 아이들의 긴장을 풀어주기 위해 마련한 진로에슬캠프의 첫 코너다.

서울 노원구 상상이룸센터에서 매월 열린 예슬캠프의 사진팀 학생들이 전문가로부터 촬영기법 설명을 듣고 있다. 예슬캠프 참가자들은 에디터·사진·디자인·아트디렉터로 역할을 나눠 여덟마다 상상이룸센터 제공
상상매거진을 만든다.

다양한 직업체험을 거치면서 노원의 청소년들이 자기 내면에 숨어 있는 가능성을 발견하고, 발견된 가능성을 실현하기 위해 노력하고, 그 결과 자신과 사회가 모두 발전하는 노원구가 되면 좋겠습니다.

노원 상상이룸센터 화이팅!

아동 돌봄이 복지국가의 출발

▶▶▶ 드림스타트센터, 독서 돌봄 마을학교

세 번의 실패와 성공

2012년 7월, 세계적으로 유명한 알메달렌 정치박람회와 스톡홀름 포럼에 참석하기 위해 일행과 스웨덴을 방문하였습니다. 저는 지상 최고의 복지국가로 알려진 스웨덴의 속살을 직접 눈으로 보고 싶었습니다. 스웨덴 방문 첫날 쇠데르퇴른대학에서 오랫동안 정치학을 전공한 최연혁 교수로부터 인생의 세 가지 실패와 그것을 해결하고 성공한 스웨덴의 모델에 대해 인상 깊은 이야기를 들었습니다.

첫 번째 실패는 아동기에 부모의 경제력 격차 등으로 교육과 발달의 기회를 갖지 못하는 것인데 이에 대해 스웨덴은 부모와 관계없이 아동의 출발선을 일치시켰고, 두 번째 실패는 성년기에 직장에서 해고되는 것인데 이에 대해 스웨덴은 실업수당과 직업재훈련 제도를 통해 직종변경의 국가지원체계를 만들었으며, 세 번째 실패는 노후에 건강악화로 인한 경제적 빈곤인데 이에 대해 연금과 1인당 의료비 지출의 상한액을 두어 해결했다고 합니다. 우리나라는 여전히 빈곤

2012년 7월 2일에 스웨덴 고틀란드에서 열린 '2012년 스톡홀름 포럼' 본 행사에서 우리나라와 스웨덴의 지방자치단체 관계자들이 '주민 삶의 질 향상을 위한 지방정부의 역할'이란 주제로 열띤 토론을 벌이고 있다.

이 대물림되고 있고, 고용안정성은 OECD 국가 중 최하위 수준이며, 노인의 상대적 빈곤율이 높고 큰 병이 들면 집안이 휘청하는 상황이니 스웨덴 모델이 참 부러웠습니다.

스웨덴에서의 일주일은 저에게 많은 생각을 할 기회를 주었습니다. 특히 인생의 첫 번째 실패와 성공에 해당하는 아동의 출발선을 일치시켜주는 일 만큼은 구청장으로서 최선을 다해 실천하겠다고 다짐하는 계기가 되었습니다.

노원 드림스타트센터 스타트

스웨덴뿐만 아니라 주요 선진국은 취약계층 아동의 출발선을 일치시켜주기 위한 프로그램을 대부분 운영하고 있습니다. 미국은 1965년 헤드스타트(Head Start)라는 이름으로, 캐나다는 1996년 페어스타트(Fair Start)라는 이름으로, 영국은 1997년 슈어스타트(Sure Start)라는 이름으로 아동 지원 사업을 시작했는데, 우리나라도 드림스타트(Dream Start)라는 이름으로 2008년부터 이 사업을 시작했습니다.

노원구는 우연한 기회에 이 사업을 시작하게 되었습니다. 제가 구청장이 되어 첫 번째 맞은 겨울. 과거 청와대 정책실에서 함께 일했던 중앙부처 공무원과 식사 자리가 있었는데 참석한 복지부 공무원이 드림스타트 사업을 추천했습니다. 저는 이런 사업이 있는지조차 몰랐지만 사업이 선정되면 복지부에서 2억, 서울시에서 1억 원을 지원해준다고 하니 얼른 해보겠다고 했습니다. 이때 마침 중계2, 3동 목련아파트 내에 동 주민센터 신축 때까지 임시로 사용하던 가설건축물이 비게 되었습니다. 하늘의 뜻인지 아동 돌봄 지원이 가장 필요한 대규모 임대아파트 내에 그것도 넓은 인조잔디 운동장을 앞마당으로 둔 안성맞춤의 공간이 생긴 것입니다.

그래서 사업을 신청한 지 석 달 만인 2011년 6월 17일 '드림스타트센터' 개소식을 갖게 되었습니다. 이날은 노원에 아동복지의 새 역사가 시작된 날이었습니다.

센터가 개소하고 얼마 후 또 하나의 좋은 소식이 들려 왔습니다.

2011년 6월 17일, 드림스타트센터 개소식 모습. 이날은 우리 구 아동복지정책이 새로운 전환점을 맞은 날이다.

드림스타트센터 옆에 임대아파트의 각 세대 대수선을 위해 임시로 만든 가설건물이 사업이 종료되어 빈 집이 되었답니다. 센터는 목련 아파트의 소유권자인 서울시 SH공사의 협조를 얻어 이 공간을 도서관과 프로그램실로 만들 수 있었습니다.

도서관의 이름은 '향기나무'입니다. 제가 도서관을 방문한 날 드림스타트센터의 돌봄을 받는 한 무리의 아이들은 자원봉사자를 엄마라고 부르면서 책도 보고 공부도 하고 때론 뒹굴며 놀고 있었습니다. 참 보기 좋았습니다.

센터가 생긴 지 2년 6개월이 지났습니다. 센터는 현재 500명의 취약 아동을 돌보고 있는데 조만간 노원구 전체로 그 대상을 확대할 수 있을 정도로 성장했습니다. 그리고 아동바우처 사업과 돌봄 사업, 교육복지 사업을 상호 연계하는 중심적 역할을 담당함으로써 전국에서 가장 모범적인 센터가 되었습니다.

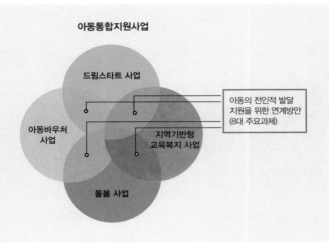

아쉬움이 있다면 돌볼 대상 아동 수에 비해 예산이 턱없이 부족하다는 점입니다. 센터는 빈곤 아동의 수와 관계없이 전국적으로 공히 국시비 포함 3억 원의 예산을 지원받습니다. 노원구는 국시비 지원으로는 너무 부족하여 구비를 매년 1억 원씩 투입하고 있지만 언 발에 오줌 누기 수준입니다. 저는 예산을 똑같이 주는 것이 공평한 것이 아니라 돌봄 아동 수를 고려하여 차등하여 예산을 주는 것이 더 공평하다고 생각합니다. 정부의 제도 개선이 하루 빨리 이루어지기를 바랍니다.

맞벌이 가정의 아동에게도 돌봄 제도 필요

드림스타트센터와 같이 저소득 취약계층의 아동을 대상으로 한 돌봄 시스템뿐 아니라 아동복지의 사각지대 해소를 위해 또 하나 필요한 영역이 있습니다. 바로 중위 소득 맞벌이 부부의 아동들에 대한 돌봄 시스템입니다.

6세부터 15세까지 방과 후에 보호자 없이 홀로 있는 아동이 전국 적으로 240만 명에 달하고 있다고 합니다. 이 아이들은 방과 후에 마땅히 갈 곳이 없어 홀로 지내거나 사설 학원을 전전하는 경우가 많습니다. 교육부에서도 이런 문제점을 인식하고 방과 후 돌봄이 필요한 초등학생 전체를 돌볼 수 있도록 하겠다고 했지만 시설과 예산은 턱없이 부족한 실정입니다. 따라서 절대적으로 부족한 방과 후 돌봄 서비스를 적은 예산으로 지원할 수 있는 시설의 필요성이 늘어나고 있는 상황입니다.

이에 노원구는 중산층 가정의 아동까지를 포괄하여 돌봄 기능을 할 수 있는 대책을 2013년 초부터 고민하기 시작했습니다.

맹자의 어머니는 맹자의 미래를 위해 세 번 이사를 했습니다. 맹모

노원구에서 처음으로 문을 연 상계1동주민센터 내 독서 돌봄학교

중위 소득 가정을 위한 돌봄이 필요했습니다.

240만명 방과후 보호자 없이 홀로 있는 아동(6~15세)

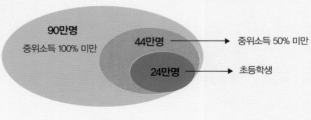

90만명
중위소득 100% 미만

44만명 ──────→ 중위소득 50% 미만

24만명 ──────→ 초등학생

하지만, 대한민국의 현실은 이랬습니다.

마을에서 아이를 돌보기 위한 내 삶의 든든한 이웃, 노원구가 시작했습니다.

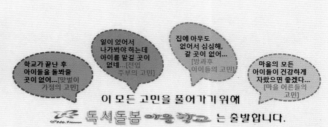

학교가 끝난 후 아이들을 돌봐줄 곳이 없어...[맞벌이 가정의 고민]

일이 있어서 나가봐야 하는데 아이를 맡길 곳이 없네...[전업 주부의 고민]

집에 아무도 없어서 심심해, 갈 곳이 없어...[방과후 아이들의 고민]

마을의 모든 아이들이 건강하게 자랐으면 좋겠다...[마을 어른들의 고민]

이 모든 고민을 풀어가기 위해 독서돌봄 이을 학교 는 출발합니다.

돌봄 유형별 특성

구분	집중 돌봄	독서 돌봄
개념	– 지역아동센터(정원제/종일 돌봄) – 전인적 발달 지원	– 마을학교(회원제/시간제 돌봄) – 도서관 프로그램 제공
대상	– 일상생활지도, 학습지원, 급식지원 이 필요한 취약계층 우선돌봄아동	– 일상생활지도 및 학습지도가 되지만, 방과후 단시간 동안 돌봄이 필요한 아동
운영 시간	– 학기중 : 월~금요일 13:00~19:00 – 방학중 : 월~금요일 10:00~17:00 ※ 여건에 따라 토요운영 실시	– 학기중 : 월~토요일 14:00~19:00 – 방학중 : 월~토요일 11:00~17:00 ※ 상계숲속 북카페는 일요일 운영
급·간식 지원	– 간 식 : 15:00~16:00 – 급 식 : 17:30~18:30	– 간 식 : 15:00~17:00 – 급 식 : 없음
이용료	– 무 료	– 월 5,000원~20,000원

독서 돌봄 마을학교 조성 현황

기 관 명	설치기관(위치)	규모	개 관
월계 독서 돌봄 마을학교	월계종합사회복지관	215㎡	2013. 7월
공릉 독서 돌봄 마을학교	공릉종합사회복지관	172㎡	2013. 7월
상계1동 독서 돌봄 마을학교	상계1동 주민센터	109㎡	2013. 12월
상계3·4동 독서 돌봄 마을학교	상계3·4동주민센터	112㎡	2014. 2월
상계숲속 독서 돌봄 마을학교	상계8동 근린공원내	325㎡	2014. 4월

가 세 번째 이사를 간 곳이 서당 근처여서 맹자가 공부를 열심히 하게 된 것처럼, 저는 우리 아이들이 뒹굴고 놀더라도 책을 가까이 하면서 놀기를 바랐습니다. 그래서 기존의 저소득층 아동의 공부방 역할을 하던 지역아동센터 기능과 도서관 기능을 통합한 신개념의 '독서 돌봄 마을학교'를 만들게 된 것입니다.

장소 문제는 예산 사정을 고려하여 동 주민센터의 유휴 공간을 변경하거나 복지관 공간, 그리고 새로 짓는 북카페의 기능을 일부 변경하여 해결했습니다. 이렇게 하여 노원에 이미 만들어졌거나 2014년 상반기 중으로 개관 예정인 독서 돌봄 마을학교는 앞 페이지의 표와 같습니다.

노원구는 앞으로도 더 많은 곳에 책과 함께 아이들의 꿈이 자라고, 부모 입장에서는 안심하고 맡길 수 있는 독서 돌봄 마을학교를 만들 예정입니다.

"오늘날 나를 여기에 있게 한 것은 하버드대 졸업장이 아니라 집 앞의 작은 도서관이었다"라고 마이크로소프트의 창업자 빌 게이츠가 말한 것처럼, 노원의 신개념 마을학교에서 제2, 제3의 빌 게이츠와 같은 인재가 탄생하기를 기대해봅니다.

한겨레

2013년 12월 18일 (수)

주민센터에 아이 책읽을 쉼터 '둥지'

우수상

서울 노원구 독서돌봄 마을학교

맞벌이 부부의 자녀는 누가 돌봐줄 수 있을까? 노원구의 독서돌봄 마을학교인 '아이휴센터'는 이런 질문에 대한 나름의 응답이다. 돌봄이 필요한 아이는 누구나 동네에서 안전하게 성장하고 보호받을 수 있도록 마을 안에 도서관과 돌봄서비스 기관을 두루 갖춘 공공기관을 마련한 것이다. 사실 옛적에는 마을은 아이들이 뛰놀고 배우고 보호받는 장이었다. 적어도 지금의 40대 이상의 연령층엔 어린 시절 동네는 놀이터였고 쉼터였고 또 교육 공간이었다. 그러나 지금은 어떤가? 동네에서, 골목길에서 아이들의 모습을 보는 것조차 쉽지 않다. 상당

수 아이들은 학원이라는 좁은 공간에 유폐되었고 가정형편이 어려워 학원에 갈 수 없는 아이들은 방치되고 있다. 부모가 맞벌이인 경우는 더욱 답답하고 불안하기까지 하다. 특히 저소득층 아이들에겐 학습지원, 급식지원에 일상생활 지도에 이르기까지 다양한 돌봄이 필요하다. 엄마가 아이를 직접 돌보는 경우라도 주변의 도움은 절실하다. 노원구의 아이휴센터는 아이들의 상황에 따라 맞춤형 돌봄을 제공할 뿐만 아니라 돌봄을 독서와 결합시켰다.

보통 공립형 지역아동센터 1개를 설립하기 위해서는 수억원의 예산이 드는 데 반해 아이휴센터는 동 주민센터 안에 마련해 설치도 쉽고 주민들의 접근가능성도 높였다. 당연히 돌봄의 총량도 증가했다. 그동안은 돌봄서비스가 주로 저소득층 자녀에게 집중됐다. 하지만 아이휴센

터는 중간소득층 맞벌이 부모의 자녀들까지 필요한 돌봄 서비스를 받을 수 있게 한 시도라는 점에서 평가할 만하다. 노원구는 향후 이런 학교를 여건이 허락하는 선에서 추가 설치할 계획이다.

한겨레, 2013. 12. 18

창경궁 옆 국립과학관이 노원으로
▶▶▶ **서울과학관 유치**

행운이 있는 사람

저는 임기 중에 복지전달체계 개편, 자살예방사업, 심폐소생술교육 사업, 평생건강관리사업, 비정규직의 정규직화, 생활임금, 영세사업장 4대 보험 가입, 노원에코센터 건립, 에너지 제로하우스 유치, 목재 펠릿 사업, '마을이 학교다' 사업 등등 많은 일을 추진했고, 이들은 아직 판단하기는 이르지만 처음 구상처럼 성공적으로 진행되고 있습니다.

이런 일들의 성공 배경에는 매사 적극적으로 관심을 갖고 참여해 주신 노원구민들과 어려운 고비가 있을 때마다 곳곳에서 도움을 준 많은 사람들 그리고 헌신적으로 저와 고락을 함께한 1,400여 구청 식구들이 있습니다. 여러 가지 일이 성공적인 궤도에 오를 때마다 저는 참 운이 좋은 사람이라고 생각했습니다.

앞서 언급한 여러 가지 일 중에서도 제가 행운이 있다고 생각한 대표적인 사업이 창경궁 옆에 있던 국립과학관을 노원구로 유치한 일입니다.

뒤늦게 과학관 유치에 뛰어들다

2010년 8월 어느 날이었습니다. 7월 1일부터 정식 구청장이 되어 막 업무 파악을 하고 있을 무렵, 당시 서울영어과학센터장을 맡고 있던 삼육대 최종걸 교수님께서 창경궁 옆 국립과학관이 서울 동북지역으로 이전을 검토 중인데 노원구는 이전 신청을 하지 않았다는 말을 건네주셨습니다. 저는 금시초문이라 자초지종을 확인해봤습니다.

사연인즉, 광화문 사거리에 있던 문화관광부 건물이 현대역사박물관으로 바뀌는데, 당장 문광부가 갈 곳이 없어지자 문광부 소유인 국립과학관으로 옮기게 되었답니다. 그 결과 국립과학관이 폐지되는 상황이 발생했는데 서울 강북권의 과학교육을 위해 폐지보다는 새로운 토지를 찾아 이전하는 것으로 결정하여 땅을 찾게 되었다는 것

과학관 유치 당시 건립 예정지 모습. 이곳에 들어설 서울과학관은 남녀노소 누구나 많이 찾는 우리 노원의 대표적인 명소로 자리매김하게 될 것이다.

입니다.

이 같은 과정을 거쳐 당시 지방선거일인 6월 2일 직후에 공문이 왔는데, 노원구는 적당한 땅이 없어 신청을 하지 않았답니다. 구청장직 업무 인수인계 과정에서 생긴 일인데 만약 최 교수님이 말해주지 않았다면 신청기일을 놓쳐서 과학관 유치 사업은 시작도 못해볼 뻔했지요. 첫 번째 행운이 저에게 온 것입니다.

정부는 과학관 건립이 가능한 16,500㎡ 내외의 면적을 신청 기준으로 삼았습니다. 노원구가 뒤늦게 신청을 하려고 보니 이런 조건을 충족할 땅이 없었습니다. 그런데 불현듯 하계1동 충숙공원 옆에 동네 뒷산 공원화 사업부지가 떠올랐습니다. 이곳은 오랫동안 고물상 등으로 인해 불암산 자락의 훼손이 심해지자 서울시가 수년간 자연복원을 하기 위해 매입한 땅입니다. 따져보았더니 자연공원이지만 과학관 건축은 가능하고, 면적도 32,638㎡여서 정부 기준을 맞추고

창경궁 옆에 위치한 현 국립과학관의 모습

도 남았습니다. 저는 당장 이 사업을 주관하는 교육기술과학부에 신청서를 내고 이 지역 출신 오승록 시의원을 위원장으로 한 '서울과학관 유치위원회'를 정식으로 발족하는 한편 2010년 10월 주민 설명회를 개최하여 유치를 위한 기반을 다졌습니다. 만약 노원에 그만한 땅이 없었다면 어찌 되었을까요? 저에게 두 번째 행운이 찾아온 것입니다.

29만 노원구민의 소망이 모이다

과학관 유치 신청을 한 곳은 노원구를 포함하여 강북, 도봉, 마포구 등 총 4곳이었습니다. 마포구는 한강을 경계로 강북권이긴 하지만 창경궁 옆 과학관을 이용하는 대상자가 주로 서울 동북권임을 감안하여 1차로 대상지에서 제외되었습니다. 남은 곳은 강북, 도봉, 노원. 이들 3개 구는 확인한 바, 모두 서울시가 소유한 땅을 후보지로 추천했습니다. 이중 강북구가 추천한 곳은 '북서울 꿈의 숲' 내 부지였는데 이는 서울시 주관과에서 불가하다는 입장을 내놓음에 따라 최종적으로는 도봉과 노원구가 경합을 하게 되었습니다.

중랑천을 경계로 마주보는 도봉과 노원이 유치경합을 하자 점차 열기가 높아지기 시작했습니다. 하여 제가 선의의 경쟁을 하더라도 주민 서명을 받지 말자고 도봉구에 제안했습니다. 어느 한쪽이 서명을 받기 시작하면 다른 한쪽도 받지 않을 수 없고, 만약 유치에 실패하면 관심이 커진 만큼 주민 실망도 커질 것을 우려했기 때문입니다. 그러던 어느 날 도봉구에서 과학관 유치 서명을 받기 시작했다는 소식이 들려왔습니다. 도봉구청장에게 어찌 된 영문인지 물었더니 주민들 요구로 어쩔 수 없었답니다. 그러면 서명은 받더라도 정부에 제출하지는 않기로 하고, 노원구도 서명을 받기 시작했는데 60만 구민의 절반에 가까운 29만 명이 서명에 참여해주셨습니다.

이렇듯 도봉과 노원은 과학관 유치를 위해 최선을 다했습니다. 당시 두 지역 모두 국회의원은 한나라당이고 구청장은 민주당이었지만 당적과 관계없이 해당 국회의원님들도 자기 일처럼 노력해주셨고, 민주당 지역위원장님들도 여러 방면으로 뛰어주셨습니다. 특히 과학관 후보지가 지역구였던 권영진 전 국회의원님은 서울시와 교과부를 설득하는 데 상당한 역할을 해주셨습니다.

이런 와중에 과학관의 설립 주체가 변경되었습니다. 당초 국립과학관 이전으로 시작된 사업이므로 신설될 과학관도 국립인 것이 당연하지만 기획재정부가 향후 운영비 부담을 염려하여 국립이 되는 것을 강하게 반대한 것입니다. 정부는 480억 국비는 지원하겠으나 운영은 서울시에서 책임지라는 것입니다. 상황이 복잡해졌습니다.

그런데 마침 서울시에 시립 과학관이 하나도 없던 터라 시가 고민 끝에 '국립과학관' 계획을 시립으로 변경하여 '서울과학관'을 짓는 것으로 정부와 협의를 마무리 짓고 드디어 부지 선정을 최종적으로 하게 되었습니다. 당초 구청의 담당과장이 심사위원에게 브리핑하게 되어 있는 것을 제가 직접 현장에 가서 브리핑을 하고 난 후 때를 기다렸습니다.

운명의 순간, 2011년 8월 29일. 이날 교과부는 서울시를 통해 노원구가 최종 후보지로 선정되었다고 통지해주었습니다. 세 번째 행

서울과학관, 자연속으로

2013년까지 노원구 불암산 도시공원으로 이전·480억 투입

국립 서울과학관이 노원구 하계동 불암산 도시자연공원으로 이전된다.

노원구(구청장 김성환)는 서울시로부터 서울과학관을 노원구 하계동으로 이전한다는 내용의 교육기술과학부 '서울과학관 부지선정위원회의 심의결과'를 공식 통보받았다고 30일 밝혔다.

이번 과학관 유치는 그간 지역을 '교육중심 녹색복지 도시'로 발전시키기 위해 구와 역내 과학관 유치를 바라는 주민 29만명 서명참여 등을 통해 끈질기게 함께 노력한 결과다.

이에 따라 현재 종로구 창경궁 옆에 위치한 국립서울과학관은 하계동 산 11 불암산 도시자연공원 일대 약 2만5839㎡ 규모 부지에 들어서게 된다.

교육과학기술부 국립서울과학관 부지 선정위원회는 지난 19일 건립 예정부지의 현장실사에서 "부지가 넓고 불암산의 아름다운 경관과 과학관이 잘 어울릴 것 같다"며 "구의 많은 학교와 학생 등 풍부한 교육 인프라로 시너지 효과를 극대화할 수 있는 최적의 부지"라는 평가를 내린 것으로 구 관계자는 전했다.

이에 앞서 구는 과학관 유치를 위해 지난해 8월 교육과 과학분야, 주민대표, 학교장 등으로 구성된 '노원구 국립서울과학관 유치 추진위원회'를 발족해 교육과학기술부 방문, 주민서명운동 등을 지속적으로 펼쳐왔다.

구는 과학관 주변에 ▲청소년들이 참여할 수 있는 체험 과학관(Feels-on-Science) ▲불암산 자연환경과 어우러진 친환경 과학관(Eco-Science) ▲지역 주민들이 쉴 수 있고 즐길 수 있는 인간 중심의 과학 공원(Science-park)이 조성되도록 할 방침이다..

이와 함께 구는 과학관과는 별도로 불암산의 수려한 자연환경을 기반으로 야외 산림생태 체험장, 숲속산책로, 청소년 모험 체험코스, 야외 캠핑장과 야생초 단지 등 '청소년 체험장'과 '청소년 자연생태공원'을 조성할 예정이다.

이를 통해 청소년들이 다양한 체험을 통해 심신과 창의 인성 발달의 장으로 활용한다는 구상이다.

서울과학관은 종로구 와룡동에 위치하고 있었으나 부지사용 기간이 만료돼 교육과학기술부가 이전을 추진해왔다. 교육과학기술부는 이전부지가 확정됨에 따라 2013년까지 과학관 건립을 마칠 예정이다. 과학관 신축 사업비는 480여억원으로 정부와 서울시가 건립 후 서울시에서 운영할 계획이다.

박종일 기자 dream@

아시아경제. 2011. 8. 31

운이 저에게 온 것입니다. 정말 기뻤습니다.

이후 교과부에 서울시와 노원구가 참여하는 TF팀이 구성되고 건축 설계용역이 발주되어 일사천리로 일이 진행되는 듯했는데 또 한번 급브레이크가 걸렸습니다. 과학관이 지어질 부지가 공원 내에 있어서 절차상 서울시 공원심의위원회를 반드시 통과하게 되어 있었습니다. 그런데 그 심의에서 공원 내에 이 같은 대형 건물을 짓는 것을 원점에서 재검토하라는 결정을 내린 것입니다. 어떻게 유치한 과학관인데 원점 재검토라니……. 하늘이 노랗게 보였습니다.

이 무렵 저는 새로 당선되신 우원식 국회의원님을 통해 다소 규모가 작은 과학관을 확장해보려고 노력하고 있었습니다. 그런데 확장은 고사하고 당장 과학관을 짓지 못하는 문제가 생기자 일단 과학

서울과학관 조감도. 서울과학관에서 꿈을 키운 노원의 학생들이 미래의 노벨 의학상이나 물리학상을 받는 날이 오기를 기대해본다.

서울신문

2013년 12월 04일 (수)

로봇·우주·바이오 새 꿈이… '미래의 窓' 노원

서울과학관 주민설명회 열기

새달 착공…2016년 완공

시네마시티·체험관 운영

"과학교육 특구 될 것" 기대감

"과학에 관심이 많은 고등학생 아들이 하나 있는데 집 바로 앞에 서울과학관이 들어선대요. 그래서 혹시 정보를 얻을 수 있을까 싶어 아파트 주민들이랑 같이 왔어요."

2일 오후 3시 노원구청 대강당에서 열린 주민설명회에 참석한 정민금(54·하계동)씨는 "고등학생인 아들에게도 학습의 장이 되겠지만, 앞으로 노원 지역의 어린이나 청소년들에게 과학과 더 친숙해질 기회를 마련해 줄것 같아 기대에 부풀었다"고 말했다. 강당을 가득 메운 주민 500여명은 내년 1월 착공할 서울

과학관 건립과 관련해 김성환 구청장과 우원식 국회의원 등의 설명에 귀를 기울이며 끝까지 자리를 지켰다. 480억원이 투입되는 과학관 건립에 대해 김 구청장이 추진 과정 등을 허심탄회하게 소개하자 지역 주민들은 박수를 치는 등 크게 반기는 모습이었다. 현재 종로구 와룡동 창경궁 옆에 있는 과학관 이전을 놓고 노원구를 포함한 4개 자치구가 유치 경쟁을 벌였다. 주민 29만명이 서명 운동에 동참하는 등 노력한 결과 2011년 8월 29일 노원구가 유치에 성공했다. 이에 따라 서울과학관은 2016년 2월 노원구 하계동 산 11 불암산 도시자연공원 일대 2만 5839㎡ 부지에 지하 1층, 지상 3층 규모로 들어설 예정이다.

이날 주민설명회에선 과학관 건설을 맡은 희림건축의 손진욱 대표이 직접 사업 추진 현황과 건축계획, 전시 조성 계획 등을 자세히 브리핑

김성환 구청장이 2월 구청 대강당에서 열린 서울과학관 건립 설명회에 참가한 500여명에게 유치 과정 등을 설명하고 있다. 오른쪽은 서울과학관 조감도.
노원구 제공

했다. 건물 내부에 층별로 들어설 전시실에 대한 소개와 외부 공간 활용 계획 등이 이어지자 수첩에 메모까지 하는 주민들도 심심찮게 볼 수 있었다. 이전할 과학관 로비엔 '로봇 창'이라는 로봇시스템의 상징 조형물이 들어서고, 상설전시실 3개와

특화전시실 1곳이 마련된다. 상설전시관에는 서울의 역사와 문명, 문화, 세계 도시별 과학의 역사 등을 화려한 영상쇼로 배우는 시네마 시티를 비롯해 도시 과학, 미래 우주도시, 우주정거장, 우주 탐사의 기술, 도시 폐기물 에너지, 우주 실험실 등이 운

영 및 전시된다. 인체의 세포 및 면역체계 등을 배우고 세균 감출의 모습을 연출해 전시하는 바이오 과학 전시도 곁들여진다. 관람객이 탐정으로 변신해 과학자의 연구 및 생애를 추리하는 체험관도 운영된다.

김정은 기자 kimje@seoul.co.kr

서울신문, 2013. 12. 4.

관 확장 문제는 뒤로 미룰 수밖에 없었습니다. 그리고 당장 과학관을 살리는 일을 매달렸습니다.

그리고 마침내 2012년 10월, 세 차례 심의 끝에 환경 피해를 최소화하는 조건부로 공원심의위원회를 통과하게 되었습니다. 이 과정에서 참 많은 분들이 과학관이 불암산 자락에 세워질 수 있도록 노력해주셨습니다. 저에게 주어진 네 번째 행운이었습니다.

2013년 12월 주민설명회를 가졌고, 과학관 유치가 확정된 이래 2년 6개월 만인 2014년 2월 착공식이 있을 예정입니다. 그리고 예정대로라면 2년 후에 준공될 것입니다. 이 과학관은 과천의 국립과학관보다는 작은 규모이지만 각종 과학적 실험과 탐구 측면에서는 결코 뒤

지지 않는 과학관이 되도록 노력할 것입니다.

　그리고 저에게 만약 마지막 행운의 카드가 한 장 남아 있다면, 그 카드는 이곳에서 꿈을 키워 장차 노벨 의학상이나 물리학상을 받을 노원의 학생들에게 드리고 싶습니다.

노원, 문화의 뿌리를 찾다

▶▶▶ **노원 탈 축제**

북서울미술관, 노원의 품격을 높이다

2013년 9월 24일. 이날 노원에 또 하나의 즐거움이 찾아왔습니다. 서울 도심이나 강남권에 비해 상대적으로 소외되었던 강북지역의 문화격차 해소를 위해 노원구 중계동에 '북서울 미술관'이 정식으로 문

2013년 9월 24일. 북서울미술관이 개관하던 날 박원순 시장님도 함께 참석해 자리를 빛내주었다.

東亞日報

'언덕 위 미술관'
북서울미술관 개관

2013년 09월 25일 (수)
14면 지역

서울 동북부 주민들의 문화 갈증을 채워줄 서울시립 북서울미술관(사진)이 노원구 중계동 등 나무근린공원 언덕에 24일 문을 열었다.

북서울미술관은 시립미술관 서소문 본관과 남서울미술관(관악구 남현동), 경희궁미술관(종로구 새문안길)에 이은 네 번째 시립미술관이다. 지하철 7호선 중계역과 하계역 사이에 있으며 지하 3층, 지상 3층에 연면적 1만7113㎡ 규모로 조성됐다.

수락산과 불암산의 수려한 자연 경관을 작은 동산에서 느낄 수 있도록 언덕 형태로 건립됐다. 공원에서 시작된 녹지의 흐름이 자연스럽게 미술관으로 연장돼 한 편의 풍경화 같다.

공간 구성은 △본전시장인 1, 2층 대형전시실 △1, 2층 사진갤러리 △지하 1층 어린이갤러리 △커뮤니티전시실 △야외조각공원 등으로 다양

화해 어린이부터 어른까지 다양한 계층의 시민이 이용할 수 있다. 관객의 이해와 특성을 반영한 맞춤형 교육 프로그램도 운영한다. 미술사나 인문학 강의부터 영화, 사진, 건축 등 다른 장르와 접목한 분야까지 다양하게 다룰 예정이다.

서울시는 개관 기념으로 12월까지 개관 특별전시를 열고 소장품 3500여 점 중 주제별, 시기별, 미술사적으로 의미 있는 작품 140여 점을 공개한다.

대형전시실에서는 한국 현대미술의 과거와 현재, 미래를 조망하는 '장면의 재구성 #1-SCENES vs SCENES'전(~11월 24일), 사진갤러리에선 서울 관련 사진을 전시하는 '서울풍경-SEOULscape'전(~11월 17일), 어린이갤러리에선 서울과 연관된 설치미술을 선보이는 '아이러브 서울-I ♡ SEOUL'전(~12월 29일)을 만날 수 있다. 02-2124-5268

김재영 기자 redfoot@donga.com

서울시 제공

동아일보, 2013. 9. 25

을 열었기 때문입니다.

2011년 3월 착공하여 2년 6개월 만에 이 미술관이 완공되던 날 박원순 시장님과 저도 축하 인사를 나누었지만 이 미술관이 노원에 유치되기까지는 전임 이노근 청장님과 권영진 전 국회의원님을 비롯한 당시 관계자의 많은 노력이 있었습니다. 감사합니다.

개관한 지 이제 5개월. 북서울미술관은 2013년 서울시 건축상 대상을 수상할 정도로 멋진 외관을 가졌을 뿐 아니라, 평균 평일 6천 명, 주말 1만 명이 찾을 정도로 빠르게 노원의 문화 명소로 자리 잡아가고 있습니다. 미술관을 다녀온 많은 구민들이 미술관 덕분에 노원의 품격이 한 단계 높아진 것 같다고 말씀하십니다. 이렇듯 문화는 사람들의 마음을 풍요롭게 합니다.

양주 산대놀이에서 노원 탈축제를 구상하다

저는 구청장이 된 후 어떻게 노원의 문화를 살찌울지 많은 고민을 했습니다. 노원 문화의 거리에 집중되어 있던 문화행사에서 탈피해 당고개 공원부터 당현천을 지나 석계역 공원까지 주민 참여형 문화 공연을 대폭 늘렸습니다.

그러나 늘 마음 한구석이 허전했습니다. 왜냐면 노원구민의 날인 10월 9일을 전후하여 2012년까지 개최해온 '노원문화축제'가 그동안 우리 구만의 역사성이나 정체성 그리고 지역적 특수성을 담지 못하고 있다는 문제의식이 있었기 때문입니다. 축제 때마다 매년 해왔던 구민노래자랑이나 체육대회는 아무래도 구청과 동 주민센터와 연관된 직능단체 중심으로 진행되다 보니 축제가 있었는지도 모르는 주민들이 다수인 것도 저의 고민거리였습니다. 어떻게 해야 할까?

고민 끝에 보통은 여름철에 시작하는 축제 준비위원회를 2013년에는 좀 더 일찍 구성하도록 하고 창조적인 아이디어를 만들어달라고 요청했습니다. 요청이 있고 며칠 후 축제 준비위원장이자 노원문화예술회관 김승국 관장님이 준비위원회 회의결과를 들고 저를 찾아왔습니다.

김 관장님은 노원에서 '탈 축제'를 해보자고 제안했습니다. 노원구가 서울로 편입되기 이전에 경기도 양주군 노해면이었는데, 예전부터 양주군에는 별산대놀이가 유명했으니 노원구가 산대놀이 때 썼던 탈을 주제로 축제를 하면 역사성과 정체성을 살리면서도 주민의 참여와 흥을 북돋을 수 있을 것이라고 했습니다. 그리고 가능하면 그동안 축제를 진행했던 중계근린공원이 아니라 노원역 사거리부터 순복음교회 앞을 2박 3일간 막고 축제를 하자고 했습니다.

저는 김 관장님의 제안을 들으면서 영화 〈쥬라기 공원〉이 생각났습니다. 〈쥬라기 공원〉에서는 호박 속에 들어 있던 수천 년 전 공룡 DNA 하나를 꺼내서 실제 공룡으로 만듭니다. 양주 산대놀이에서 사용했던 탈을 모티브 삼아 양주의 귀퉁이에 있던 노원이 탈 축제를 여는 것이 〈쥬라기 공원〉의 방식과 같다고 느꼈던 것입니다.

처음으로 길을 막고 축제를 하다

저는 김 관장님의 제안대로 탈 축제를 시도해보기로 했습니다. 다만 주민들이 왜 노원구가 탈 축제를 하는지 이해할 수 있도록 사전 작업을 하고, 첫 시도인 것을 고려하여 토요일 하루만 길을 막기로 했습니다. 그리고 축제는 철저하게 주민 주도로 하되 관은 예산과 행정협조에 한정하여 지원하기로 했습니다.

10월 축제를 준비하는 길목인 7월, 노원의 문화예술인과 주요 인사를 모시고 탈 축제 관련 학술회의를 열었습니다. 학술회의 과정에서 주민들의 반응을 살펴보니 꽤 괜찮았습니다. 이제 남은 일은 1988년 노원구가 도봉구로부터 분구되어 노원구청이 만들어진 이래 단 한 번도 시도하지 않았던 노원구에서 가장 큰 대로를 막는 것이었습니다. 교통을 통제하는 것은 경찰서 소관입니다. 그런데 노원구에 새로 부임한 김성권 경찰서장님은 경찰 입장에서 매우 번거로운 일임에도 불구하고 흔쾌히 길을 막는 일에 협조해주셨습니다. 참 고

마웠습니다.

2013년 10월 12일 토요일, 오랜 준비 끝에 롯데백화점 앞 사거리부터 순복음교회 앞 삼거리까지 교통이 통제된 가운데 첫 탈 축제가 열렸습니다. 축제 인사말을 하면서 하늘을 봤더니 정말로 구름 한 점 없는 쾌청한 날이었습니다. 저는 속으로 '하느님, 땡큐!' 하고 말했습니다. 노원에서 처음 시도한 일인데 비라도 오면 큰일이었지요.

이날 공연은 노원구의 홍보대사이신 김덕수 선생님의 사물놀이를 시작으로 다양한 공연이 이어졌고, 유치원연합회에서는 부모와 학생들이 단체로 참여하여 직접 탈 메달을 만들기도 했습니다. 그리고 이날 행사의 하이라이트인 탈 퍼레이드가 이어졌습니다. 북서울미술관 앞에서 행사장까지 2㎞ 구간을 행진하는 탈 퍼레이드에는 무려 4,000명의 탈을 쓴 노원구민이 참여했고 행사장에 도착한 행렬이 벌인 난장은 탈 축제의 성공을 알리는 백미였습니다.

탈 축제의 하이라이트였던 탈 퍼레이드 모습. 북서울미술관 앞에서 노원역까지 약 2㎞ 구간을 행진하는 탈 퍼레이드에는 4,000여 명의 우리 구민들이 참여했다.

서울신문

2013년 10월 02일 (수)

주민 8000명 탈 쓰고 얼~쑤!

12일 노원구 첫 '탈 축제' 개최

"얼~쑤! 탈 쓰고 신명나게 한판 놀아볼까."

서울 노원구 주민 8000명이 탈을 쓰고 6차선 도로에 나선다. 오는 12일 롯데백화점 노원점 앞에서 순복음 노원교회까지 왕복 6차선 400m에 이르는 도로를 막고 '2013 노원 탈 축제'가 열린다. 서울 25개 자치구 가운데 주민 참여의 탈 축제를 여는 것은 이번이 처음이다.

이날 오후 2시부터 8000여명에 달하는 구민들이 참여해 탈 퍼레이드를 벌일 예정이다. 퍼레이드 구간은 시립 북서울미술관 인근의 등나무근린공원에서 시작해 롯데백화점 노원역까지 2.1km에 달한다. 참가 구민들은 자율적으로 만든 탈을 쓰고 19개 동 만장기 형태의 대형 농기를 앞세워 지역 풍물패와 함께 길놀이 퍼포먼스를 펼칠 예정이다. 퍼레이드가 끝나면 대동 탈춤 한마당이 시작된다. 주무대는 1000석(18m×15m) 규모로 꾸며진다. 구가 자랑하는 서울시 무형문화재 제22호인 마들농요 및 전통 풍물단과 연희패의 공연도 마련돼 각 지방 탈놀이의 진수를 맛볼 수 있게 된다. 노원구 어린이연합 국악관현악단과 김덕수 사물놀이패도 식전 공연에 참여하며 지역 동아리와 대학 동아리 등 17개 팀 30여개의 주민 주도형 공연이 곁들여져 축제 분위기를 고조시킬 예정이다. 행사장 주변에는 어린이들이 뛰놀 수 있는 키즈존이 설치되며 노원역사문화해설 듣기와 탈 만들기, 가족사진 찍기, 떡으로 탈 만들기, 전통탈 전시 등 체험부스도 운영된다.

노원구 관계자는 "탈춤 문화 본거지인 서울에서 이렇다 할 탈 축제를 개최한 곳은 아직 한 군데도 없었다"면서 "노원구는 고려 현종 시대 이래 1963년 서울시 성북구로 편입되기 이전까지 경기 양주군 노해면에 속해 있었다. 이 일대는 양주 문화권 지역으로 '양주별산대놀이'와 '퇴계원산대놀이'의 영향을 받아 탈춤이 전승돼 왔다"고 설명했다.

김정은 기자 kimje@seoul.co.kr

서울신문, 2013. 10. 2

허참 씨의 사회로 진행된 노래자랑까지 포함해 이날 행사에는 5만 명의 주민이 다녀갔고, 축제 전 기간을 포함하면 대략 10만여 명의 주민이 참여한 것으로 파악되었습니다. 주민들은 탈을 쓰고 일상에서 탈출하는 즐거움도 좋았지만, 처음으로 큰 길에서 난장을 펼친 것이 재미있었다고 말씀해주셨습니다.

또한 행사 전체가 민간 주도형 축제로 진행되면서도 노원구의 지역적 특성과 전문성을 갖춘 축제로 첫선을 보였다는 점에서 매우 긍정적인 성과를 달성했다고 생각합니다.

이 축제가 영국의 에든버러 축제처럼 성장해가려면 해결해나가야 할 숙제도 많습니다. 아무래도 첫 시도이다 보니 축적된 노하우도 없었고 매뉴얼도 부족했습니다. 경비도 기존 예산 범위 내에서 집행하다 보니 거의 마른걸레 짜듯 아껴야 했고, 민간 주도 행사임에도 축제 조직의 한시성 때문에 지속적인 사업실행에 어려움이 따랐습니다.

그러나 첫 발자국을 남긴 만큼 해를 거듭할수록 더 많은 주민이 참여하는 가운데 더 큰 창조적 아이디어가 모이고, 그 창조성이 노원의 탈 축제를 장차 세계적 문화축제로 키워나갈 것이라고 기대합니다. 화천의 산천어 축제가 얼음낚시 하나로 세계적인 겨울 축제가 된 것처럼 말입니다.

마지막 달동네의 보존과 개발
▶▶▶ **백사마을 재개발**

서울 하늘 아래 마지막 남은 달동네, 백사마을

백사마을은 중계동 산 104번지 일대를 주거지로 하고 있어 붙여진 이름입니다. 불암산 기슭 노원구 중계본동에 위치한 백사마을은 1960년대 용산, 청계천 일대가 강제 철거되면서 이주한 주민들이 자생적으로 만든 마을입니다. 그런데 1971년도에 이 마을이 그린벨트로 묶이면서 증개축을 하지 못해 현재까지 1960~1970년대 주거형태를 유지하는 보기 드문 마을이 되었습니다.

지금은 재개발을 앞두고 주민들이 많이 떠났지만, 1980~1990년대에는 백사마을의 시장통도 아주 번화했습니다. 그러던 중 2000년 초에 그린벨트 내에도 집단 취락지역은 재개발이 가능하도록 제도가 변경되었습니다. 이때부터 주민들 간에는 개발방식을 두고 오랜 고민과 논쟁 그리고 기다림이 시작되었습니다.

말로 다 설명할 수 없지만 우여곡절 끝에 드디어 2008년 그린벨트 해제, 2009년 주택재개발 정비구역 지정고시, 사업시행자(LH)와

중계본동 백사마을에 아침햇살이 비칠 때의 모습. 재개발을 앞두고 비가 새는 지붕을 비닐천막으로 덮어놓은 주택들이 드문드문 눈에 띈다.

주민대표회의 구성 등 백사마을 재개발 사업이 본격화되기 시작했습니다.

마지막 달동네를 보존하자

이 무렵 제가 구청장이 되었습니다. 같은 시기 같은 조건으로 재개발을 시행한 상계1동 노원마을은 이미 준공하여 입주를 하고 있는데 반해 백사마을은 아직 착공도 못하고 있는 상황이라 저는 최대한 준공시점을 앞당기겠다는 마음을 먹고 사업진행에 박차를 가하고 있었습니다.

그러던 어느 날(2011년 여름 무렵) 서울시에서 이 사업을 총괄하던

경향신문

2011년 09월 08일 (목)
17면 지역

서울시가 5일 주거지 보존 방식의 재개발 정비사업을 밝힌 노원구 중계본동 '백사마을' 조감도(왼쪽). 서울시는 백사마을의 23%인 4만2000㎡를 보존구역으로 정해 노후·불량주택(오른쪽 위 사진)을 정비해 1960~1970년대 주거양식을 고스란히 보존하겠다고 설명했다.
서울시 제공

백사마을 재개발 '달동네' 모습 살린다

서울시, 주거지 보존구역 설정 내년 본격 사업 착수

서울 노원구 중계본동 '104번지'에서 유래한 '백사마을'은 서울의 마지막 달동네다. 주소는 바뀌었어도 백사마을은 여전히 근대화시대 서울의 주거지 역사를 고스란히 갖고 있다. 그런 백사마을이 재개발을 둘러싼 사회 각층의 이견(경향신문 2010년 3월10일자 3면 보도)을 봉합하고 옛 모습을 보존하는 방식으로 재개발된다.

서울시는 백사마을 주택 재개발구역 18만8899㎡ 중 약 23%인 4만2000㎡를 보존구역으로 설정해 1960~1970년대 집과 골목길, 계단길, 작은 마당 등을 살리는 방식으로 재개발한다고 5일 밝혔다.

주거지 보존 방식의 재개발 정비사업은 백사마을이 최초다.

김효수 서울시 주택본부장은 "기존 정비계획상 임대아파트를 지으려고 했던 곳을 보존구역으로 지정해 옛 모습을 살리기로 했다"며 "나머지 부지에는 새 아파트 1610여구와 공원, 근린생활시설 등을 지을 것"이라고 말했다.

이에 따라 백사마을은 옛 모습을 간직한 저층집 354채와 현대식 아파트가 공존하는 마을로 변모한다.

백사마을은 1967년 도심 개발로 강제철거를 당한 청계천과 영등포 등에서 주민이 옮겨 오면서 형성됐다. 이후 1971년 개발제한구역으로 묶였다가 2000년대 들어 개발의 필요성이 제기돼 2009년 5월 재개발 구역으로 지정됐다.

당초에는 아파트 위주의 전면개발 방식이 채택됐지만 인문·도시경관·주거복지 전문가와 사진작가들이 사라져가는 주거 생활사로서 지역 보존이 필요하다고 주장해 주민의 의견 수렴을 거쳐 보존구역으로 지정됐다.

수차례의 간담회와 회의를 거친 끝에 불암산과 연결된 지형과 경관, 허파파리처럼 이어진 얕집과 뒷집, 옆집을 이어주는 소통의 공간인 골목길 등이 보존구역에 포함됐다.

서울시는 향후 보존구역 부지들 매입해 노후주택에 대해서는 내부를 현대식으로 개조한 뒤 임대주택으로 활용할 계획이다. 임대아파트 입주대상 세입자 750가구 중 구역 내 희망 입주자를 임대주택에 배정하고 잔여 세입자는 근처 기존 임대아파트에 입주할 수 있도록 할 방침이다.

보존구역 뒤 9만9900㎡ 부지에는 1610여구의 아파트와 공원, 녹지공간, 근린생활시설이 들어선다. 이는 2009년 5월 결정된 분양아파트 1461가구보다 많은 것으로 서울시는 사업성 확보를 위해 분양아파트 부지를 늘렸다.

서울시는 5일 주민공람 등 의견수렴을 거쳐 올해 말까지 정비계획을 결정할 계획이다. 이어 내년부터 사업시행인가 등 사업에 본격적으로 착수해 2016년 완공할 예정이다.

김효수 본부장은 "백사마을 주거지 보존구역이 향후 관광명소화되면 분양아파트 자산가치도 상승할 수 있다"며 "아울러 백사마을을 역사교육장, 영화촬영지, 관광지로도 활용할 수 있는 방안을 검토 중"이라고 말했다.

문주영 기자 mooni@kyunghyang.com

경향신문, 2011. 9. 8

김효수 주택본부장으로부터 조용히 만나고 싶다는 연락이 왔습니다. 이미 서울시가 기존 재정비 구역을 변경하여 주거지를 보존하겠다는 의사를 전했다는 사실을 간접적으로 들었던 터라 걱정스러운 마음으로 백사마을을 찾았습니다. 먼저 마을 입구에서 김 본부장을 만나 마을을 한 바퀴 둘러보았습니다. 이후 식사자리에서 김 본부장은 다음과 같은 요지의 말을 했습니다.

"백사마을은 서울에 1960~1970년대 도시 모형을 보존하고 있는 유일한 곳이다. 이곳이 사라지면 서울에는 아파트만 남는다. 계획 초기라면 전체 보존계획을 세웠겠지만, 서울시도 일정한 책임이 있으니 전체의 1/4에 해당하는 임대아파트 구역만이라도 보존하자. 이로 인해 추가되는 비용은 서울시가 책임지겠다."

이야기를 들어보니 전혀 틀린 말은 아니었습니다. 그러나 백사마을 재개발만을 손꼽아 기다려온 주민들 입장에서는 이와 같은 변경 절차 때문에 또 6개월에서 1년여 세월을 기다리는 것을 동의하지 않을 것 같았습니다. 취지는 맞지만 시기를 상실한 것이죠.

김 본부장과 헤어지고 곧바로 몇몇 주민대표를 만나 서울시의 입장을 전달했더니 예상했던 바와 같이 반대가 심했습니다. 그러나 재개발의 최종 승인권을 가지고 있는 서울시의 입장은 더 완강했습니다. 구청은 서울시와 주민 사이에서 그야말로 진퇴양난의 상황에 빠져버리고 말았습니다.

앞길이 막막했습니다. 우선 여러 방면으로 서울시의 입장을 원래대로 돌려보려고 했습니다. 그런데 통하지 않았습니다. 이미 당시 오세훈 시장까지 입장이 정리된 것 같았습니다. 서울시의 입장이 확고하니 남은 방법은 주민들을 설득하는 것밖에 없었습니다. 저는 어차피 서울시 입장이 바뀌지 않으면 현재의 방식도 추진이 불가능하고, 임대아파트가 없어지고 저층 주거지가 보존되면 분양아파트의 시야도 넓어지며, 보존지역 덕분에 이 지역이 명소가 되면 전체 지역의 브랜드 가치가 올라갈 테니 서울시의 입장을 수용하자고 설득했습니다.

그리고 2011년 9월, 구민회관에서 일부 주거지 보존 방안에 대한 주민설명회를 개최했습니다. 이날 설명회는 다행히 사전에 주요 대표들을 설득한 것이 주효하여 큰 소란 없이 진행되었고, 결국 서울 하늘 아래 마지막으로 남은 백사마을 달동네는 사라지기 직전에 다시 살아나게 되었습니다.

보존과 개발의 가치

백사마을 일부 지역이 보존되는 과정을 거치면서 저는 문득 에게해의 작은 섬인 산토리니 마을을 떠올렸습니다. 저는 그곳에 가보지는 않았지만 워낙 많은 사람들이 죽기 전에 꼭 가봐야 할 곳으로 꼽고 사진으로 자주 봐서 마치 가본 곳 같은 느낌을 받곤 합니다. 그곳은 아테네의 파르테논 신전이나 로마의 콜로세움 같은 거대한 유적이 있는 곳이 아닙니다. 다만 섬 주민들이 사는 하얀색 단층집이 섬의 풍경과 조화롭게 어울려 명소가 된 것입니다.

만약 산토리니 마을에, 백사마을에 당초 짓기로 한 아파트가 들어섰으면 어떻게 되었을까요? 청와대 옆 북촌 한옥마을도 마찬가지입니다. 지금은 북촌 한옥마을이 인근에서 부가가치가 가장 높은 마을이 되었습니다만, 2001년 고건 서울시장 시절 한옥마을 보존계획을 세우지 않았다면 지금쯤 흔적도 없이 사라지고 말았을 것입니다.

우리나라는 1980년대부터 2010년까지 30년간 아파트 광풍이 불었습니다. 이 시기에는 조금만 낡은 주택이 있으면 헐어내고 고층 아파트를 지었습니다. 아파트가 과거 단독주택보다 편리했고 자고 나면 값이 올랐으니 당연히 태풍이 불었던 것이지요. 하지만 그런 고층

개발과 보존이 조화되는 새로운 모델이 될 백사마을 조감도

아파트들은 서울을 둘러싼 아름다운 산들을 가리고, 넓은 한강을 파리의 세느강보다 더 좁게 느껴지게 만들었습니다.

이제 아파트 시대가 끝나가고 있습니다. 자고 나면 값이 오르던 시대가 끝물에 이른 것입니다. 좁은 바닥면적에 용적률을 높여 겹겹이 쌓은 아파트는 짓는 순간부터 감가상각이 시작되니 수학적으로는 당연한 이치입니다.

이런 측면에서 백사마을의 개발과 보존을 겸한 재개발 방식은 전국 최초의 사업으로 매우 의미가 크다고 하겠습니다. 옛것을 무작정 부수고 천편일률적인 아파트를 짓는 시대를 마감하는 지점에 백사마을이 있습니다. 백사마을의 새로운 실험은 한국 도시계획사의 새로운 전환점을 갖는 계기가 될 것입니다.

요즈음 백사마을은 세상 사람들과 새로운 소통을 시작하고 있습

백사마을 담장에 벽화를 그리는 서울예고 학생들. 학생들은 백사마을 변천사를 벽화를 통해 담아내려고 노력했다.

니다. 낡은 담벼락에 벽화를 그리고 보존될 지역과 아파트로 개발될 지역을 한 바퀴 돌아보는 골목길 투어를 하면서 마을의 정취를 느끼려는 사람들이 하나둘씩 늘어나고 있습니다. 그리고 한겨울이면 여전히 따뜻한 온정을 연탄에 담아 골목길을 오르는 사람들로 백사마을은 가득 찹니다.

옛 골목길 투어도 연탄배달도 이제는 한두 해밖에 남지 않았습니다. 2014년 사업계획이 최종 확정되고 2016년 착공을 시작해 2018년이면 백사마을은 새로운 모습으로 재탄생될 것이기 때문입니다. 특히 보존지역은 예전 골목길의 형태를 그대로 남긴 채 1~3층 규모의 저층 주택단지로 거듭날 것입니다. 백사마을에서 1980년대처럼 다시 사람냄새 나는 마을의 향취가 빨리 느껴졌으면 좋겠습니다.

베드타운 노원 탈출하기
▶▶▶ **창동차량기지 이전**

살기 좋은 노원

노원구는 참 살기 좋은 곳입니다. 저는 1991년 상계9동 보람아파트에 이사를 오면서 노원구와 첫 인연을 맺어 지금껏 살고 있습니다. 살기 좋다고 느끼는 기준은 모두 다르겠지만, 수락산, 불암산과 중랑천에 둘러싸여 환경이 좋고, 교육기반시설이 좋아 아이 키우기에 안성맞춤이며, 백화점이나 문화시설이 잘 갖추어져 있어 주부들이 생활하기에 편리하다는 것이 공통적인 의견인 듯합니다.

이런 의견은 2013년 여름 동북4구(성북, 강북, 도봉, 노원) 주민 각 400명씩을 대상으로 한 설문조사에서 37.5%가 노원의 거주환경이 가장 좋다고 응답한 것처럼 객관적인 평가입니다.

일자리 부족이 유일한 취약점

이처럼 살기 좋은 노원구에 딱 하나 부족함이 있다면 그것은 일자

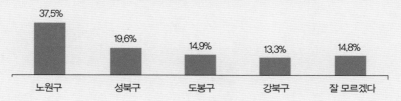

거주환경 선호지역

동북권에 속한 4구 중에 상대적으로 거주환경이 가장 낮다고 생각되는 지역은?

37.5% 노원구
19.6% 성북구
14.9% 도봉구
13.3% 강북구
14.8% 잘 모르겠다

POINT

구분(%)	노원구	성북구	도봉구	강북구	잘 모르겠다
성북구	28.3	42.5	6.5	9.0	13.8
노원구	52.3	8.3	9.3	10.3	20.0
강북구	32.3	17.8	11.0	26.3	12.8
도봉구	37.3	9.8	32.8	7.8	12.5

리가 적다는 점입니다. 베드타운이라는 뜻이지요. 다음 페이지의 서울 일자리 지도를 한 번 보실까요.

색깔이 진한 곳일수록 고용밀도가 높고 따라서 경제적 활력이 높은 곳입니다. 대체로 강남구와 종로 중구, 그리고 여의도를 끼고 있는 영등포가 일자리가 많은 것으로 나타납니다. 반면 노원을 포함한 서울 동북지역은 색깔이 연합니다. 그만큼 일자리가 부족하다는 뜻이지요. 이렇게 일자리가 부족하다 보니 잠은 노원구에서 자지만 도심이나 강남권으로 출근해야 하고 그 만큼 통근시간에 허비하는 시간이 길어지겠지요.

서울에서 가장 통근시간이 긴 곳이 연간 388시간의 노원구와 390

자치구별 고용 밀도

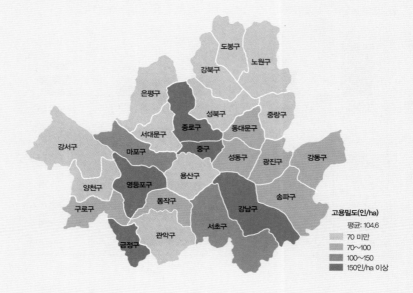

도봉구
노원구
강북구
은평구
성북구
중랑구
서대문구
종로구
동대문구
강서구
마포구
중구
성동구
광진구
강동구
양천구
용산구
영등포구
구로구
동작구
강남구
송파구
서초구
관악구
금정구

고용밀도(인/ha)
평균: 104.6
70 미만
70~100
100~150
150인/ha 이상

경제적 활력 영역의 자치구 간 비교

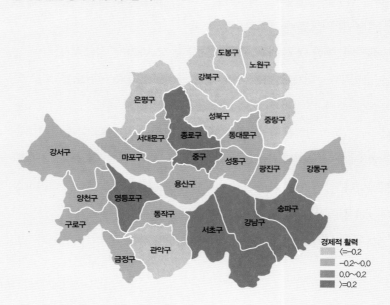

도봉구
노원구
강북구
은평구
성북구
중랑구
서대문구
종로구
동대문구
강서구
마포구
중구
성동구
광진구
강동구
양천구
용산구
영등포구
구로구
동작구
송파구
서초구
강남구
관악구
금정구

경제적 활력
<=-0.2
-0.2~0.0
0.0~0.2
>=0.2

서울시 자치구 평균 통근 통행시간(2006년)

자치구	통행시간(분)	1년 환산* (시간)	자치구	통행시간(분)	1년 환산* (시간)
서울시	41	342	강북	42.9	358
강남	35.9	299	노원	46.6	388
서초	36.3	303	도봉	46.8	390
송파	38.7	323	성북	42.5	354

시간의 도봉구입니다. 가장 짧은 강남구와는 얼추 90시간이나 차이가 납니다. 이렇듯 직장과 거주지역이 멀면 당장에는 개인의 삶의 질이 낮아지고, 국가적으로도 통행량에 비례하여 에너지 소비가 늘어 기후변화 대응에 취약해질 수밖에 없습니다. 또한 구 차원에서도 일자리가 많은 자치구와 재정적 격차가 커지면 그만큼 해당 주민들의 삶에 대한 투자가 부족하여 자치구 간 불균형이 심화되는 문제가 생깁니다.

그럼 이 문제를 어떻게 풀어야 할까요? 상식적인 답변이지만 노원을 포함한 서울 동북권의 주민들이 도심으로 출근하지 않아도 먹고 살 만한 일자리가 집 가까운 곳에 있어야겠지요.

다 지난 일이 되었지만 돌이켜보면 아쉬움이 많습니다. 서울은 1970년대부터 강북은 규제하고 강남 개발에 투자를 집중했습니다. 그러던 중 노원구에는 1980년대 일자리에 대한 고려 없이 일방적으로 아파트만 집중적으로 짓는 오류를 범하게 된 것이죠. 그 무렵 서울시장이 서울의 균형발전 차원에서 조금만 고민을 했더라면 이런 결과는 미연에 막을 수 있었을 텐데…….

노원 100년 미래를 좌우할 기회

이처럼 도시개발의 아픈 역사를 가진 노원구에 드디어 노원 100년 미래를 좌우할 기회가 찾아왔습니다. 지하철 4호선의 종점이 아래 노선도와 같이 현 당고개역에서 남양주시 진접택지개발지구로 연장 됨에 따라 4호선 창동차량기지 부지에 넓은 공지가 생기게 되었기 때

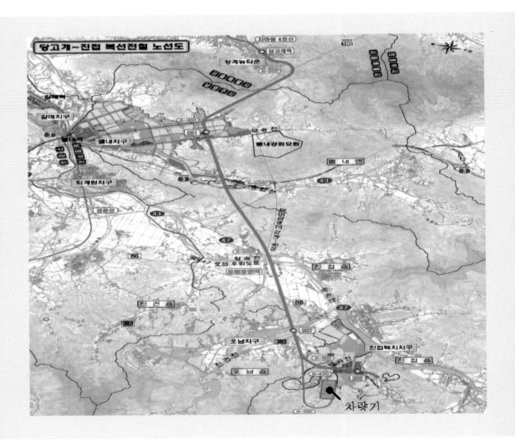

문입니다.

창동차량기지 이전은 노원구가 1988년 개청되면서부터 국회의원 선거 때마다 단골 메뉴로 등장했습니다. 노원구의 중심은 노원역 일대인데 그 한축을 차량기지가 덩그러니 차지하고 있으니 주민들로서는 당연히 옮겨달라고 요구했겠지요.

그런데 마침 차량기지를 옮기고 그 땅에 일자리 등을 만들고 싶은 노원구의 이해와 4호선을 연장하여 시민들의 교통 여건을 개선해야 할 남양주시의 이해관계가 일치하다 보니 두 곳의 국회의원님들과 단체장이 당적과 관계없이 열심히 노력했습니다.

2010년 KDI 주관 예비타당성 조사를 통과하고, 2011년 제2차 대도시권 광역교통시행계획에 신규 광역철도로 지정을 받은 이래 마침내 2012년 9월, 4호선 이전이 국가사업으로 정식 확정된 것입니다.

2012년 10월 17일. 이날은 노원구와 남양주시의 국회의원과 단체장이 모여 4호선 이전 사업을 축하하고 사업의 조속 추진을 위한 공

동선언식을 가졌습니다. 행사에 참석한 모든 분들의 노력 끝에 확정된 사업이라 참석한 구민 모두가 노원구의 발전과 남양주의 미래를 축하해주었습니다.

면허시험장과 차량기지 통합 발전방안 수립

4호선 연장사업은 2014년 중에 기본설계와 실시설계를 마무리하고 빠르면 2014년 말 착공하여 2019년이면 완전히 이전할 예정입니다. 이제는 창동차량기지 부지에 어떤 시설을 유치할 것인가 하는 문제가 남습니다. 그런데 선결과제가 하나 더 있습니다. 차량기지 부지 앞을 가로막고 있는 도봉면허시험장을 이번 기회에 함께 이전해야 하는 과제입니다. 차량기지는 노원역과 동일로 변에서 접근해야 하는데 면허시험장을 그 자리에 두면 차량기지 부지가 외딴 섬이 되어 개발의 효과가 반감될 수밖에 없기 때문입니다.

마침 지난해 9월 박원순 시장님이 노원구에 1박 2일 동안 머물면

서 노원의 주요 현안사업을 함께 둘러보게 되었습니다. 그 자리에서 1순위로 면허시험장 이전 문제를 말씀드렸더니 곧바로 관련 TF팀을 구성해주셨습니다. 아직 면허시험장 이전이 최종 확정되지는 않았지만 이제는 서울시에서도 두 곳을 모두 포함하여 발전방안을 모색하는 변화가 생겼습니다.

차량기지와 면허시험장은 24만 7천㎡에 달하는 넓은 땅입니다. 최근 서울 발전사를 되돌아보면 고건 시장 때는 마포구에 상암 DMC를 만들었고, 이명박 시장 시절에는 송파구 장지동에 가든5를 만들었으며, 오세훈 시장 시절에는 강서구에 마곡지구를 개발했습니다. 이제 서울시에는 이만큼 넓은 개활지가 없습니다. 이제는 노원구 차례입니다.

2014년 1월 28일, 서울시청 기자실에서 서울시장과 동북4개 구청장이 모여 동북4구 행복플랜을 발표했습니다. 이 플랜에는 2012년부

뉴시스

2013년 09월 11일 (수)
정보없음

창동차량기지 이전 논의하는 박원순 시장-김성환 구청장

【서울=뉴시스】김성환 노원구청장이 11일 오전 서울 노원구청에서 박원순 서울시장과 함께 현장시장실 일정으로 창동차량기지 이전 개발 문제를 논의하고 있다

뉴시스, 2013. 9. 11

2014년 1월 28일, 서울시청 기자실에서 서울시장님과 도봉·성북·강북구청장들과 함께 동북4구를 행복4구로 만드는 행복플랜을 발표했다.

터 2년간 동북4구가 지역의 대학과 시민사회 그리고 서울시와 공동으로 마련한 계획이 담겨 있었습니다. 그 중 핵심과제는 '창동과 상계지역에 강남 코엑스 2배 규모의 개발을 통해 8만 개의 일자리를 창출하여 서울시의 새로운 광역중심지역으로 만들겠다'는 것이었습니다. 이날은 베드타운 노원구가 일자리와 주거가 조화로운 명품도시로 전환되는 역사적인 날이었습니다.

물론 남은 과제가 첩첩산중입니다. 당장 면허시험장 이전 부지도 확정해야 하고, 구체적으로 어떤 분야의 일자리를 입지시킬지에 대한 계획도 서울시와 함께 세워나가야 합니다. 급히 서두를 일도 아니지만 2019년 차량기지가 이전하면 곧바로 사업이 시작될 수 있도록 준비하려면 5년 남은 시간이 그리 긴 것만도 아닙니다.

그러나 지금까지 노력해온 것처럼 주민들과 지역의 국회의원을 비롯한 많은 분들이 베드타운 노원에서 일자리가 넘치는 노원으로 바꾸는 일에 함께 노력한다면 2020년대 노원은 서울 발전의 새로운 중추가 될 수 있을 것입니다.

東亞日報

2014년 01월 28일 (화)

창동-상계, 코엑스 2배 개발… 일자리 8만개 창출

서울시, 동북4개구 개발 청사진 발표

서울에서 상대적으로 낙후된 동북 4개구(성북 강북 도봉 노원)를 수도권 동북부의 중심으로 발전시키기 위한 청사진이 나왔다. 창동·상계 지역은 대규모로 개발해 신경제중심지로 육성하고, 지역 숙원이었던 북한산 주변 고도제한도 완화된다. 서울시는 이 같은 내용의 동북권 발전전략인 '행복 4구 플랜'을 27일 발표했다.

● **일자리 창출 거점으로 육성**

창동·상계 지역은 8만 개의 일자리를 창출하는 '신경제중심지(CBD)'로 육성하기로 했다. 앞서 시는 '2030 서울플랜'에서 담쇠 지역 중심이었던 창동·상계 지역을 마포구 상암·송파구 잠실동과 같은 광역 중심으로 위상을 격상해 바 있다.

이를 위해 창동 차량기지와 도봉면허시험장, 환승주차장 등 코엑스의 2배에 이르는 약 38만 m²의 가용 용지를 개발하기로 했다. 자족기능을 강화하고 일자리를 창출하기 위해 업무, 상업, 컨벤션, 호텔 등의 시설을 서울 계획하고 있다.

시는 시비 4000억 원을 투입해 창동 차량기지를 2019년까지 경기 남양주시로 이전하고, 환승주차장 터의 50%를 우선 개발하는 등 창동역 일대를 복합 개발하기로 했다. 도봉면허시험장은 대체 용지를 확보해 옮긴고, 본래 터를 통합 개발한다. 문화체육시설 용지에 공연 인프라를 구축한다.

북한산 인근 최고고도지구(약 356만 m²)의 고도제한을 현재 5층, 20m에서 20m 높이 기준만 적용하도록 완화한다. 높이 기준만 적용하면 주거지의 경우 7층까지 지을 수 있다.

이 밖에 동북선 등 경전철 신설이 가시화됨에 따라 신규 역세권 개발 등과 연계해 상업지역 확대도 검토하기로 한다. 상습 정체구간인 동부 간선도로의 월릉교~의정부 구간은 2016년까지 확장공사를 마무리하고, 장기적으로는 동부 간선도로를 지하화하는 방안을 추진한다.

● **자연과 역사 어우러진 관광벨트로 조성**

시는 15개의 대학이 몰려 있는 동북 4구의 강점을 충분히 활용한다는 구상이다. 취업, 창업, 연구 역량을 강화하기 위해 △창동·상계 지역에 기업 지원 선도 시설 △광운대·석계 지역에 창업보육 및 청년밴처 입주 공간 △공릉 일대에 법원 터를 활용한 창업지원센터를 조성한다. 연구소가 밀집한 홍릉 일대는 지식 교류의 중심지로 활용하고 대학과 초등고교 간 교육 프로그램도 추진한다.

동북 4구의 자연, 역사, 문화 자원도 개발해 '자연역사문화관광벨트'를 조성하기로 했다. 성북 지역은 전통 생활문화의 국제화를 추진해

창동 차량기지 남양주로 이전
업무·컨벤션등 新경제 중심지로

북한산 주변 고도 제한 완화
주거지 7층까지 지을 수 있어

간송미술관 상설전시관, 선잠단지 마을 만들기, 성락원 주변 한옥거리 등을 추진한다.

북한산 둘레길, 불암산 자락길의 끊긴 부분을 이어 자연·역사 자원 연결 보행로(가칭 정릉길)를 만들고, 한양도성 북측 310m에 연내에 '성돼진경 탐방로'를 조성한다. 이와 함께 템플스테이, 한옥 게스트하우스, 가족캠핑장, 박물관 등 체류형 관광 인프라도 확충할 계획이다.

박원순 서울시장은 "이번 계획은 지역과 공동으로 수립한 협력적 지역발전 모델"이라며 "동북 4구에서 첫 날갯짓을 시작했지만 서울의 각 권역으로 퍼져 서울의 미래를 바꾸는 중요한 출발점이 될 것"이라고 말했다.

김재영 기자 redfoot@donga.com

창동-상계 신경제중심지(CBD) 조감도

'행복 4구 플랜' 세부 내용

주요 방향	내용	세부 과제
지역 발전 기반 조성	창동-상계 신경제중심지(CBD) 조성	-상암, 잠실과 같은 광역 중심으로 위상 강화 -38만 m² 가용 토지 활용, 중심업무, 상업, 컨벤션, 호텔 등 시설 도입
	도시계획 제도적 지원	-동북선 등 경전철 신설 고려해 상업지역 확대 검토 -최고고도지구 제한 완화(높이, 20m~층수 및 20m)
	중랑천 중심 녹색환경 기반 강화	-수서~의정부 KTX 노선 연장 추진, 동서 간 도로 개설 -중랑천, 우이천 등을 녹색중심공간으로 조성 -경춘선 폐선 터 공원화 등과 연계해 녹색네트워크 구축 -동부간선도로 지하화 통해 생태문화공간 확충
지역 자원 활용	지식·교육 특성화	-취업, 창업, 연구 여건 조성 (창동-상계~광운대·석계~공릉~홍릉) -대학과 초중고 협력사업 추진 -평생교육 환경 조성
	자연역사문화관광벨트 조성	-역사 문화 자원 활용한 지역 명소화 -자연·역사 자원 연결 보행로(가칭 정릉길) 조성 -체류형 관광 인프라 확충
지역 현안 해소	문화·복지·체육시설 확충	-△성북: 정릉공영차고지 지하화 커뮤니티 공간 조성, 강남 문화복합미디어센터 건립 -△강북: 가칭 북 연결 보행길 -△도봉: 가칭을 도서관, 장애인 복지관 건립 -△노원: 어울림 스포츠센터 건립
	생활기반시설 개선	-재활봉, 기피시설 현대화 -시설물 개선, 소음 저감, 도로 확충 등

자료: 서울시

5부

백척간두진일보

코사지를 하지 않는 불편함
▶▶▶ **구민이 주인이다**

왜 봉사자가 꽃을 달까?

행사장에 빠지지 않는 단골손님 중 하나가 내빈용 코사지(corsage)입니다. 이 말이 콩글리시가 되어 우리는 흔히 꽃사지라고도 부릅니다.

제가 구청장이 되어 각종 행사에 참석하면 저를 포함하여 국회의원 그리고 시·구의원들에게 의례껏 코사지를 달아줍니다.

행사장에 앉아 곰곰이 생각해봤습니다. 이 행사의 주인은 누구일까? 구청 행사의 경우는 구민이 주인이고, 체육이나 문화 행사의 경우는 그 모임의 회원들이 주인입니다. 그렇다면 주인들이 꽃을 달아야 할 텐데 정작 주인은 꽃을 달지 않고, 그 주인들에게 열심히 봉사하기 위해 뽑힌 사람들이 꽃을 답니다.

이 같은 방식이 옳은 것일까? 저는 주객이 전도된 것이라 생각했습니다. 특히 구청은 구민을 주인으로 모시는 기관인데 구청행사에서 이 같은 관행이 계속되는 것은 옳지 않다고 봤습니다. 하여 우선 구청이 주관하는 모든 행사에 코사지를 없애버렸습니다. 이렇게 하고 나니 꽃가게 사장님들에게는 미안했지만 행
사 의전을 담당해야 하는 실무자 입장에서는
누구는 꽃을 달고 또 누구는 꽃을 달지 않아야
하는지 등에 대한 의전상의 골칫거리가 없어졌
습니다.

　문제는 민간단체가 주관하는 행사에 참석할 때입니다. 요즘은 민
간단체 행사도 코사지를 하지 않은 곳이 늘었지만, 여전히 코사지를
하는 곳도 많이 있습니다. 처음 입구에서 방명록을 쓰고 나면 꽃을
달아주는데 제가 코사지를 하지 않으면 행사 진행을 담당하는 분들
이 꽤 당황해 하십니다. 그리고 제가 제일 불편한 마음이 들 때는 다
른 내빈들은 코사지를 하고, 저만 코사지를 하지 않고 있는 모습을
지켜볼 때입니다. 그럴 때면 '작은 일인데 내가 너무 고집스러운 것은
아닌가' 하는 고민이 듭니다. 과연 어떻게 하는 것이 좋은 방법일까
요?

편한 의자

　2010년 7월 1일, 제가 구청장에 취임한 첫날, 구청 2층 대강당에서
직원들과 첫 상견례가 있었습니다. 그날 저는 구청의 공무원들에게
다음과 같은 요지의 말을 했습니다.

　"저는 4년 계약직 공무원입니다. 여러분은 특별한 잘못이 없으면
정년이 보장된 정규직 공무원입니다. 그러니까 사실상 주인은 내가
아니고 여러분입니다. 그러나 헌법적 지위로 보면 노원구민이 주인이

고 여러분들은 봉사자입니다."

저는 평소 공무원들에게 다른 것은 몰라도 헌법 1조 2항(대한민국의 권력은 국민으로부터 나온다)과 7조 1항(공무원은 국민의 봉사자이다)은 반드시 외울 것을 주문합니다. 이 두 헌법 조항을 연결하면 노원구의 주인인 구민을 봉사자인 구청 공무원이 어떻게 모셔야 할지가 명확해집니다.

저는 구민을 주인으로 모셔야 할 계약직 공무원으로서의 마음을 '편한 의자'라고 표현했습니다. 제가 4년 동안 들고 다닌 명함 뒤편에는 이런 글이 쓰여 있습니다.

구민이 주인입니다.
언제 어디서나 쉬어갈 수 있는
"편한 의자"가 되겠습니다.

제가 노원의 주인인 60만 구민들에게 얼마나 편한 의자가 되었는지 저로서는 알 수 없습니다. 저 스스로의 평가는 주관적일 수밖에 없기 때문입니다. 다만 편한 의자가 되겠다는 마음만큼은 변치 않고 노력했다고 생각합니다. 평가는 저의 몫이 아니라 주인들의 몫입니다.

닫힌 철문을 열고 소통하다

4년 전 구청장 선거운동 과정에서 느낀 일입니다. 저는 상계동에서 주로 활동해왔던 터라 중계, 하계, 공릉, 월계동이 모두 낯선 곳이었

서울신문, 2011. 7. 27

습니다. 하여 곳곳의 주민들을 찾아다니며 "저를 구청장으로 뽑아주
시면 실망시키지 않고 열심히 하겠습니다"라고 말씀드리며 선거운동
을 했습니다.

그런데 많은 분들이 공통적으로 하시는 말씀이 있었습니다.

"선거 때만 열심히 한다고 하지 말고 평소에 잘해라."

"선거 때는 인사 잘하는데, 당선되고 나면 어깨에 힘주고 만나기
도 어려운 것 아니냐."

이런 말씀들이었습니다. 그동안 많은 선출직 공직자들의 행태를
보아온 주민들의 입장에서는 당연한 문제제기이지요. 저는 이렇게 말
씀하시는 주민들의 의견에 공감했습니다.

구청장이 되어 집무실이 있는 본관 5층에 와서 보니 계단이 두 곳
있고, 출입문도 두 개 있는데 구청장실 바로 앞에 있는 철문은 365일
닫혀 있었습니다. 그리고 구청에 집회 및 시위가 있거나 항의성 민원

구청장이 된 후 가장 먼저 한 일은 이전까지 주민들과의 소통을 가로막던 구청장실 앞 철문을 여는 것이었다.

이 있으면 나머지 한쪽 문도 잠그고 엘리베이터가 5층에 서지 않도록 했습니다. 이렇게 되면 구청장실은 이른바 철옹성이 됩니다. 철옹성이 되는 만큼 주민과 구청장의 간극은 멀어지게 되는 것이죠. 저는 이런 방식으로는 문제해결이 되지 않는다고 생각했습니다.

그래서 구청 본관 5층 구청장실 앞에 있는 철문을 여는 일부터 했습니다. 노원구청 건물이 세워진 이래 한 번도 열리지 않은 철문이 처음으로 열리게 된 것입니다.

주민이 구청장을 찾아올 때는 무작정 찾아오지 않습니다. 보통은 민원과 관련된 과나 동 주민센터를 찾았다가 문제가 잘 해결되지 않거나 억울한 일이 생길 때 구청장을 찾습니다. 이런 상황에서 철문을 닫고 구청장이 만나주지 않으면 억울함이 쌓이게 됩니다.

저는 설혹 해결이 되지 않는 민원이라도 구청장이 귀 기울여 들어주는 것만으로도 문제의 절반은 해결된다고 생각합니다. 주인인 구민이 구청장을 만나자고 하는데 봉사자인 구청장이 피하는 것은 기본적인 도리가 아니지요.

구민이 주인이고 저는 구민의 집을 4년간 잘 관리하라는 임무를 받고 세 들어 사는 세입자입니다.

인사가 만사다
▶▶▶ **인사의 세 가지 원칙**

어떤 일을 할 때 그 일을 이루어내는 것은 결국 사람입니다. 그것이 사업이든 국가경영이든 구민의 삶의 질을 높이는 일이든 마찬가지입니다. 따라서 적절한 인사는 일을 성공으로 이끄는 데 큰 도움이 되는 반면 인사를 제대로 하지 못하면 되던 일도 그르치기 십상입니다. 그래서 '인사가 만사'라는 말이 있습니다.

구청장직을 3년 반 넘게 하면서 가장 어려운 일은 역시 인사문제였습니다. 윗직급으로 올라갈수록 자리는 줄어들고, 그 자리로 올라가려고 애쓰는 사람은 많으니 인사철마다 고민하지 않을 수 없었지요.

인사의 원칙 세 가지

저는 구청장이 되어 몇 가지 인사 원칙을 정했습니다.

첫 번째는 인사를 하는 데 있어 어떤 경로로든지 뒷돈을 받지 않겠다는 것입니다. 그동안 공공연한 비밀로 승진 단가가 정해져 있었다고 합니다. 6급 승진할 때 2천만 원, 5급 승진할 때 5천만 원이랍니다. 인사를 둘러싼 돈 거래는 대체로 은밀하게 진행되기 때문에 잘 드러나지 않습니다. 그러나 준 사람이 있고 받은 사람이 있으면 언젠가 소문이 나게 되어 있습니다. 저는 취임 첫해, 전 직원과 함께한 워크숍 자리에서 이 같은 실상을 공개하고 인사문제로 돈 거래를 하지 말 것을 직원들에게 요청했고 제 자신이 그렇게 하겠다고 약속했습니다. 그리고 지금껏 이 첫 번째 원칙을 지키고 있습니다.

두 번째 원칙은 지역 간 차별을 두지 않겠다는 것입니다. 저는 민주당 소속 구청장으로는 노원에서 사실상 처음 구청장이 되었습니다. 민선 초대 구청장이 민주당 소속이었지만 6개월 만에 선거법위반으로 도중 하차한 이래 자민련에서 3년, 새누리당의 전신인 한나라당에서 12년간 구청장을 했습니다. 그러다 보니 상대적으로 민주당 지지 성향의 공무원들이 인사상 불이익을 당해왔습니다.

저는 그동안 능력이 있으면서도 정치적 성향이나 고향 때문에 불이익을 본 직원들은 적극적으로 구제해야 한다고 생각했습니다. 그런데 자칫 정반대의 편향이 나타날 수 있는 문제도 차단할 필요가 있었습니다.

제 고향은 호남입니다. 저는 태어나서 초등학교 4학년 때 서울에 올라왔고 노무현 대통령 시절 청와대에 근무하면서 비교적 '지역색'이 없다고 생각합니다만 그래도 인사라인을 균형적으로 배치하려고 했습니다. 그래서 인사라인의 중추라 할 수 있는 부구청장과 행정지원과장은 반드시 비호남 출신을 임용하려 했고 현재까지 그렇게 하고 있습니다. 아무래도 출신지가 다양하면 인사에서의 편향을 최소화할 수 있을 테니까요. 실제로 저는 전임 구청장 시절 인사의 핵심

라인인 행정국장, 총무과장, 총무팀장을 모두 한 직급씩 승진시키기까지 했습니다.

세 번째 원칙은 연공서열과 능력을 대체로 절반씩 적절하게 안배한다는 것입니다. 공무원은 퇴직할 때의 직급이 평생의 호칭이 되는 경우가 많습니다. 그 직책에서 무슨 일을 했는지, 몇 년간 일을 했는지는 덜 중요합니다. 중요한 것은 정년 당시 마지막 직급이 주는 상징적인 명예입니다. 따라서 저는 정년이 임박하거나 한 직급에 너무 오래 머물러 있는 경우 특별한 하자가 없는 한 최대한 승진에 우선적으로 배려했습니다.

노원구에는 그동안 여성 국장이 한 명도 없었습니다. 얼마 전 첫 여성국장이 탄생했는데 과장급의 경우 공로연수가 6개월이고 국장급은 1년이라 이 여성 공무원은 관행적으로는 국장 진급이 불가능한 상황이었지만 3개월간 근무하는 조건으로 국장으로 승진한 후 정년을 맞도록 해주었습니다. 국장이라는 자리는 그녀의 40년 공직생활에 가장 짧게 근무한 직급이었겠지만 가장 영광스러운 자리였습니다.

고기를 잡아주기보다 잡는 방법을 가르쳐라

연공서열은 앞선 방식대로 반영했지만 문제는 '능력에 따른 인사를 어떻게 할 것인가'였습니다. 사람의 능력은 종이 한 장 차이라고 했습니다. 공무원들은 대체로 인사부서나 감사 혹은 예산부서를 선호합니다. 이들 부서는 아무래도 구청업무 전반을 다뤄볼 기회를 상대적으로 많이 갖게 되어 소위 안목이 넓어지게 된다고 생각하기 때문입니다. 반대로 일선의 특정 업무만 담당하다 보면 자신에게 숨겨진 능력을 발휘할 기회가 원천적으로 배제되고 결과적으로 승진 서열에서도 뒤로 처지는 일이 생긴다는 것입니다. 반드시 그런 것은 아니지만 이런 주장을 펴는 공무원이 많은데, 저도 공감 가는 주장이라고 생각했습니다.

《1만 시간의 법칙》으로 유명한 베스트셀러 작가 말콤 글래드웰이 쓴 책 《아웃라이어》에는 캐나다 하키를 지배하는 철의 법칙이란 대목이 있습니다. 캐나다 아이스하키 국가대표 선수의 생일을 조사해 봤더니 1월생이 압도적으로 많았답니다. 이유인즉, 인기 있는 종목은 어려서부터 나이별로 클럽활동을 하다가 그중 잘하는 선수가 높은 레벨로 또 승급하는 시스템인데, 특히 나이가 어릴수록 한두 달 차이에도 근육 발육이 다른지라 같은 나이대에는 1월생이 유리하답니다. 그리하여 1월생에게는 좀 더 많은 기회가 주어지고 그 기회 덕분에 최종적으로 능력 있는 선수가 많이 나올 수밖에 없다는 것입니다.

저는 책을 읽으면서 구청 인사에서 예산 파트 공무원이 되는 것과 1월생이 캐나다 국가대표 하키선수로 뽑히는 경로가 비슷하다고 생각했습니다. 이 문제를 어떻게 해결할지가 고민이었습니다. 그렇다고 모든 공무원을 몇 개월씩 순환하며 인사나 예산업무를 맡길 수도 없기 때문입니다.

성경을 보면 예수님은 고기를 잡지 못하고 있는 어부 베드로에게 말씀하십니다. "깊은 데로 가서 그물을 치고 고기를 잡아라." 베드로가 예수님이 시키는 대로 하니 그물이 찢어질 정도로 고기를 잡았다고 합니다.

물론 제가 예수님은 아니지만, 어떻게 하면 공무원들에게 '고기를 잡아주지 않고, 고기 잡는 법을 가르쳐줄 수 있을까' 하는 고민을 많이 했습니다. 하여 제가 읽은 책 중에서 공무원의 안목을 넓힐 수 있는 책이 있으면 대체로 1~2개월에 한 권씩 추천하였습니다.

　제가 직원들에게 책을 권하게 된 것은 전적으로 저의 경험에서 출발합니다. 저는 취미가 독서입니다. 요즘 취미로는 조금은 촌스럽지요. 저는 우주가 어떻게 만들어졌고, 지구가 어떤 과정을 통해 오늘에 이르렀으며, 요즘 세계의 석학들은 무슨 고민을 하는지가 늘 궁금했습니다. 그리고 우리나라의 경제, 복지, 부동산, 교육 등 여러 가지 문제에 대해 궁금증이 생기면 자신만의 해법이 찾아질 때까지 관련 서적들을 뒤적여보곤 했습니다. 이런 취미 덕분에 저는 한 번도 인사나 예산 파트에서 일해본 경험은 없지만 청와대 정책실에서 소위 잘나가는 중앙부처 국·과장들과 만 4년 6개월을 함께 일할 수 있었습니다. 그리고 가끔 노무현 대통령님을 뵐 때도 두려움 없이 국정에 대해 토론할 수 있었습니다.

책 읽는 논술제도를 만들다

　이런 생각으로 몇 권의 책을 추천한 후 어느 날 우연히 승진을 앞둔 공무원들과 점심을 먹게 되었습니다. 승진을 앞두고 있으면 지푸라기라도 잡는 심정으로 구청장이 추천한 책을 읽었으려니 하여 독서 여부를 물어봤는데 유감스럽게도 책을 읽은 사람이 아무도 없었습니다. 모두들 회사에서 자기에게 주어진 업무 챙기기도 바쁜데, 그리고 혹시 시간이 남으면 취미활동도 해야 하고, 가정사도 챙겨야 하는데 거기에 책까지 읽으라고 하니 쉽지 않은 일이겠구나 싶었습니다. 어떻게 해야 할까?

예전에는 간부급 공무원 승진 시에 시험을 봤습니다. 그런데 민선 자치시대가 되면서 시험제도가 없어졌습니다. 그러다 보니 9급으로 시작하여 6급 팀장이나 5급 과장으로 승진하기까지 근 20~30년 동안 자신의 역량을 높이기 위한 노력을 상대적으로 게을리 할 수밖에 없는 조건이 되었습니다.

고민 끝에 저는 책 읽기와 승진을 연계시키기로 마음먹었습니다. 아무래도 승진을 앞둔 사람이면 승진을 위해 무슨 노력이든 하게 되어 있습니다. 근평의 서열을 높이기 위해 상사에게 잘 보이려고 노력하고, 최종 인사권자인 구청장 혹은 그 측근을 찾아가 충성맹세(?)를 하면서 밥을 사기도 할 것입니다. 저는 이런 열정이 있으면 그 시간에 책을 보면 좋겠다고 생각했습니다.

그래서 매 승진 시 두 권의 책을 읽고 책의 내용과 자신의 주장을 적는 논술제도를 도입했습니다. 시험의 공정성과 객관성을 유지하기 위해 시험문제 출제는 제가 하지만 채점은 미리 책을 읽은 5~6명의 국·과장이 참여하여 평균을 매기는 방법으로 했습니다. 시험지 채점은 당연히 이름을 가리고 했는데 처음에 필사로 했더니 글씨체를 구분할 수 있다는 지적이 있어서 한글 워드로 방식을 변경했습니다. 논술을 어느 정도 반영할 것인가도 고민거리였습니다. 하여 근평+다면평가+논술의 가중치를 합산하는 방식을 시행해보기도 했습니다. 처음에는 5, 6급 승진까지 적용했다가 7급까지 확대했습니다.

논술제도를 시행하니 직원들의 불만이 많아졌습니다. 제가 직원 입장이더라도 승진을 앞두고 책을 읽고 중요 부분을 외우고 써보고 하는 일은 힘들고 스트레스가 심한 일이겠지요. 그러다 보니 노동조합에서는 조합장 선거에서 논술 폐지가 공약으로 나오기도 했고, 임기 말에 가까워지면서 공무원들이 대부분 노원구에 사는데 공무원 입김이 세다는 등의 은근한 압박도 있었습니다. 제 아내도 논술시험의 주제가 너무 어렵다며 제발 좀 쉽게 내라고 상당한 압력(?)을 행사하기도 했습니다.

하여 최근에는 당초 목표인 책은 읽되 시험 당사자의 스트레스는 최소화할 수 있도록 했습니다. 7급은 독후감으로 대체하고, 5급과 6급은 시험시 20분간 오픈 북을 허용하여 책의 내용을 다시금 볼 수 있도록 했습니다. 논술의 기준을 상대평가에서 절대평가로 바꾸고 6급 승진 시에는 논술시험 횟수를 줄였습니다. 문제의 난이도 역시 조금 쉽게 했습니다.

이와 같이 논술시험이 거듭되는 과정에서 직원들의 의견을 반영하여 조금씩 제도가 변경되긴 했지만 당초의 취지는 변하지 않았습니다. 저는 이 책의 제목 '생각은 세계적으로, 행동은 마을에서'처럼 공무원들이 세상을 조금은 넓게 바라보면서 지금 눈앞의 일을 해 나가기를 바랍니다. 그 바람을 담아서 논술 1위자는 지금도 조건 없이 승진시키고 있습니다.

어떤 조직이든 조직 구성원의 사기가 중요합니다. 사기에 가장 영향을 많이 미치는 일이 인사문제입니다. 누구는 빽(?)으로, 누구는 돈으로 승진했다고 하면 자연히 그 방향으로 조직 전체가 움직이게 되

한겨레
HANI.CO.KR

2012년 03월 08일 (목)

노원구의 과거시험 인사청탁 물렀거라

5급사무관 승진 논술시험 성균관 유생 '알성시' 재현

7일 오후 2시25분 서울 상계동 노원구청 3층 정보화교육장. 사무관(5급) 승진 심사 대상인 이 구청 6급 공무원 12명이 대입 수능시험을 보는 수험생처럼 잔뜩 긴장한 표정으로 앉아 있었다.

노원구는 2010년 6월 이후 공무원 승진 심사 때마다 논술시험을 통해 승진자를 뽑고 있다. 승진이 개인의 능력보다 연공서열이나 인사권자와의 지연·학연에 좌우돼온 관행에서 벗어나기 위해서다.

박화순(57) 자활지원과 주거복지팀장은 시험 시작 직전까지 전날 밤 사무실에서 밑줄을 그어가며 되풀이해 읽던 〈역동적 복지국가의 길〉의 요점을 연신 되새겼다. 이번이 두번째 5급 승진 심사라는 박 팀장은 "답안 타이핑을 제대로 할 수 있을지 모르겠다. 손이 다 떨릴 지경"이라고 말했다.

오후 2시30분 시험 시작에 맞춰 김성환 노원구청장이 논술 주제가 적힌 족자를 펼쳐보였다. 조선시대 임금이 직접 성균관 유생을 상대로 문제를 냈던 과거시험 '알성시'의 형식을 본뜬 것이다. '복지국가를 만들기 위한 당면 과제와 이를 위한 조세 및 재정정책 방향', '복지국가 만들기와 지방정부의 역할', '미국 사회에 불황이 반복

되는 이유와 이를 극복할 방안'. 승진 대상자들은 김 구청장이 직접 출제한 주제들 중 두 가지를 택해 논술을 써야 한다. 어느새 시험장은 컴퓨터 자판 두드리는 소리와 함께 간간이 들리는 나직한 한숨 소리로 채워졌다.

1시간40분 동안 이들이 작성한 논술은 구청 4·5급 간부들로 짜인 심사위원단이 채점한다. 승진 대상자 12명 중 단 3명만 승진하며, '장원'의 논술 답안은 구청 전 직원들에게 공개한다. 논술시험과 관련된 필독서는 양극화를 다룬 〈위기는 왜 반복되는가〉와 〈역동적 복지국가의 길〉로, 지난달 15일 미리 공지됐다.

김성환 구청장은 "승진시험으로 논술을 치르니 인사청탁에서도 자유로워졌다"고 말했다.

박기용 기자 xeno@hani.co.kr
사진 노원구 제공

한겨레, 2012. 3. 8

어 있고 속으로는 멍이 들고 사기는 바닥에 떨어지게 되어 있습니다.

저는 노원구만큼은 조선의 마지막 개혁 군주시대였던 영정조 시대의 탕평책이 현실에서 실현되는 구청을 만들고 싶었습니다. 그리고 그러한 마음가짐으로 지난 4년여간 인사를 실천했습니다. 제 임기 동안 승진시킨 국·과장 수를 헤아렸더니 무려 50명이 넘었습니다. 4년 임기 중에 이렇게 많은 분들을 승진시키기도 쉽지 않은데 저로서는 행운이 있었던 것이죠.

행운은 제몫일 수 있지만 평가는 역시 제몫이 아닙니다. 조선왕조실록 수준은 아니더라도 훗날 그와 유사한 노원구정실록이 쓰여진다면 그때쯤 노원 탕평책에 대한 평가가 내려지겠지요.

지방자치
▶▶▶ **그 새로운 모색**

　우리나라는 역사적으로 오랜 기간 중앙집권적 행정체제를 유지해 왔습니다. 물론 역사를 거슬러 신라의 화백제도에서부터 지방자치의 원류를 찾는 시각도 있지만 우리나라에서 근대적인 의미의 지방자치는 1949년에 제정된 지방자치법 시행으로 비롯되었다고 할 수 있습니다. 그리고 최초의 지방의회 선거가 1952년에 실시된 이래 몇 차례 지방선거가 있었으며 1960년에는 모든 단체장이 민선으로 선출되었으나, 5.16 군사쿠데타 이후 지방의회가 해산되고 그 후 30여 년간 지방자치는 사실상 중단되었습니다. 이후 1991년 지방의원 선거가 다시 실시되고, 1995년에는 자치단체장 선거가 부활되어 본격적인 지방자치 시대가 열리게 되었습니다.

　저는 1995년에 노원구의회 의원을 지냈고, 1998년에는 서울시의원으로 활동했습니다. 그리고 2010년부터 구청장이 되어 활동하고 있으니 1991년 지방자치가 부활된 이래 23년간 시행된 자치 현장을 누구보다 잘 아는 사람 중의 하나입니다.

기초자치단체 정당공천제 논란, 정답은?

2014년 6월 전국동시지방선거를 앞두고 기초자치단체의 정당공천 여부를 둘러싸고 여야 간 논쟁이 치열합니다. 이 문제는 지난 대통령 선거에서 유력한 대통령 후보가 모두 기초자치단체의 정당공천을 폐지하겠다고 공약하면서 문제가 불거지기 시작했습니다. 그런데 박근혜정부와 새누리당은 위헌론을 제기하며 대통령 선거 당시의 공약을 뒤집었습니다. 무엇이 정답일까요?

정당공천제 찬반을 주장하는 측에는 각각의 논리가 있습니다. 저는 개인적으로는 정당공천제가 필요하다는 입장입니다. 대의민주주의를 실행하는 국가에서 정당은 정책과 노선에 따라 매 선거 때마다 국민의 선택을 받으면서 국가나 지방의 발전을 꾀해 나갑니다. 따라서 정당이 자신의 정강정책에 맞는 후보를 추천하는 것은 당연하다고 하겠습니다.

정당공천의 폐해는 대체로 특정 정당이 선출직을 독식하는 곳에서 많이 나타납니다. 영남이나 호남의 경우 특정 정당이 대부분 싹쓸이하다 보니 해당 주민들보다는 공천권을 쥐고 있는 정당이나 국회의원들에게 매달리는 현상 때문에 정당공천을 폐지하자는 의견이 많습니다. 저는 전자에 찬성하지만 후자도 일리 있는 의견이라고 생각합니다.

그러나 현재 더 큰 문제는 이 과정에서 신뢰의 위기가 생겼다는 점입니다. 우리나라 정치구조에서 가장 영향력이 큰 대통령 선거에서 대통령직에 당선된 분이 수차례 공약한 사안을 아무런 변명이나 사과 없이 침묵하는 가운데 대통령이 속한 정당이 사실상 이를 뒤집는 상황을 지켜보면서 국민들은 어떤 생각을 할지 궁금합니다. 역시 선거 때의 공약(公約)은 당선을 위한 사탕발림이자 빌 공(空)자, 공약(空約)이라고 느끼지 않을까요?

정치나 행정은 주로 말로 하지만 그 말에는 책임이 따르기에 행동으로 증명되어야 합니다. 저는 4년에 가까운 시간 단체장으로 일하면서 말과 행동이 다른 사람이 되지 않기 위해 부단히 노력했습니다. 정당공천제 폐지 여부도 기본적으로 그와 같은 문제라고 저는 생각합니다.

보편적 복지 시대 지방재정의 위기

지방선거를 앞두고 정당공천제 찬반논쟁 때문에 뒷전으로 밀린 절박한 현안 문제가 있습니다. 그것은 보편적 복지 시대에 맞는 지방재정의 위기를 어떻게 타개할 것인가의 문제입니다.

4년 전 지방선거의 최대 쟁점은 무상급식이었습니다. 당시 선거는 복지과제가 전면에 나선 첫 번째 선거였습니다. 지난 대통령 선거에서도 경제 민주화와 복지국가 만들기가 최대 쟁점이었습니다. 그 결과 무상급식에 이어 무상보육 시대를 맞이하게 되었고 노령연금도 대폭 늘어나게 되었습니다. 경제 양극화가 확대되고 저출산에 노인 빈곤율이 높은 상황에서 이 같은 선택은 시의 적절했다고 생각합니다. 문제는 중앙정부의 정책결정이 지방정부의 재정에 큰 부담을 안기고 있다는 점입니다.

대표적인 사례가 보육재정 문제입니다. 보육재정의 경우 총 예산의 20%는 정부가 부담하고 80%는 서울시와 자치구가 나누어 부담하도록 법률에 규정되어 있었습니다. 참고로 다른 지방은 정부와 지방이 5대 5로 부담하는 구조인데, 서울은 재정자립도가 높다는 이유로 부담비율을 더 높게 잡아놓은 것이죠. 기존처럼 보육 관련 비용을 대부분 가정에서 부담하고 일부 저소득층의 비용만 지원하는 상황에서는 총 예산 규모가 크지 않기 때문에 이런 재정부담 구조가 덜 부담스럽습니다.

그런데 무상보육 시대가 되면서 생색은 정부가 내고, 재정부담은 사실상 지방이 떠안는 상황이 발생한 것입니다. 실제로 2013년 서울의 경우 무상보육으로 인해 늘어난 예산규모가 무려 5,180여 억 원에 이르고, 지난해에는 최종 부족액 약 2,000억 원을 지방채를 발행하여 해결하기도 했습니다. 노원구의 경우에도 취약한 재정구조 탓에 매칭비율이 상대적으로 낮음에도 불구하고 64억 원의 추가부담이 생겼습니다. 하여 서울의 경우 '2대 8' 구조를 '4대 6'으로 바꿔 재정부담을 다소나마 완화하기 위해 노력한 끝에 '3.5대 6.5'까지 제도를 변경하게 되었습니다. 그 결과 기존 부담 구조보다는 조금 좋아졌지만 그렇다고 문제가 해결된 것이 아닙니다.

정부와 지방 간 재정구조 대전환이 필요

저는 차제에 정부와 지방의 재정구조를 근본적으로 조정해야 한다고 생각합니다. 지방자치란 말 그대로 일정한 지역을 기초로 하는 지방자치단체나 일정한 지역의 주민이 중앙정부로부터 상대적인 자율성을 가지고 그 지방의 행정 사무를 자치 기관을 통하여 자율적으로 처리하는 활동을 말합니다.

지방자치가 제대로 작동하려면 국가와 지방의 역할을 잘 구분하고, 지방은 지방이 잘할 수 있는 일을 최대한 자율성을 가지고 추진해야 합니다.

예를 들어 기초수급권자에게 지급하는 각종 급여, 무상보육 예산, 기초노령연금 등은 대한민국 국민이면 어디에 살든 누려야 할 권리이자 혜택입니다. 따라서 이와 같은 사업은 전적으로 국가 사업이므로 비용 역시 전액 국비로 부담하는 것이 타당합니다. 이른바 내셔널 미니멈(National Minimum)이 필요하다는 것이죠. 그런데 이와 같은 국가사업이 예산으로는 매칭방식으로 되어 있습니다. 지방의 입장에서는 아무런 자율성이 없는 사업임에도 정부의 결정에 따라 예산만 지원하는 꼴이 되는 것입니다.

그렇다면 보편적 복지 시대에 지방이 잘할 수 있는 일은 무엇일까요? 정부가 국가 표준에 따라 국민 복지 기본선을 보장해준다면 지방은 주민의 특성에 맞는 각종 교육과 훈련, 재활, 문화, 여가 등을 지원하는 일을 해야 합니다. 농촌과 도시가 다르고, 산업도시와 주거도시의 특성이 다릅니다. 서울만 해도 문화재가 많은 종로구와 임대아파트가 밀집한 노원구나 강서구의 역할은 다를 것입니다. 아이들이 많은 곳에는 도서관이 필요하고, 어르신이 많은 곳은 노인 복지시설을 만들어야 합니다. 그런데 보편적 복지 시대에 국가사업에 매칭으로 예선을 배정하다 보면 이런 사업을 하는 것이 불가능해집니다.

2014년 노원구 연간 예산은 약 5,500억 원입니다. 그중 복지 분야 예산 비중이 60%를 넘어섰습니다. 그런데 이 사업 중에 97%는 기초 수급권 급여나 무상보육 등과 같이 의무적으로 집행해야 하는 사업입니다. 노원구는 복지 분야에서 3%만큼만 자율성을 가지고 있는 것입니다. 이제는 보편적 복지 시대를 맞이하여 중앙정부와 지방정부 간 역할과 재정배분에 대한 보다 근본적인 전환이 필요한 시기입니다.

혁신과 발전의 원동력은 절박함

지구본을 놓고 자세히 살펴보면 열대지방보다 온대지방이나 한대지방의 나라들이 더 잘사는 것을 알 수 있습니다. 열대지방은 한겨울에도 얼어 죽을 염려가 거의 없고 자원도 비교적 풍부한 편인데 왜 선진국이 되지 못했을까요? 저는 혁신과 발전의 원동력은 자원의 풍부함보다 사람의 절박함에 있다고 생각합니다. 사계절이 있는 나라는 열심히 땀 흘리지 않으면 겨울을 날 수 없습니다. 얼어 죽거나 굶어 죽을 수 있기 때문입니다.

지방의 혁신을 통한 발전도 마찬가지입니다. 노원구는 25개 자치구 중에 재정자립도가 가장 낮습니다. 기초자치단체의 지방재정은 대부분 재산세인데 상업이나 업무시설이 적다 보니 건물분 재산세 비중이 낮고, 서민 중산층이 많다 보니 주택분 재산세도 많지 않은 편입니다. 반면 수급권자나 장애인, 어르신들이 많아서 정부나 서울시비 지원이 많다 보니 자연히 재정자립도가 낮아집니다. 이런 상황에서 노원구가 자율성을 가지고 새롭게 집행할 수 있는 예산은 2014년 기준 5,500억 예산 중에 50억이 채 되지 않습니다.

노원구의 인구는 송파구 다음으로 많은데 중산 서민층의 비율이 높아서 해야 할 과제도 많습니다. 저는 소위 '보도블록 예산'을 최소화 했습니다. 불요불급한 예산은 집행을 최소화하는 반면 시스템을 변경하거나 주민들의 적극적 참여를 통해 해결할 과제에 집중했습니다. 자살예방사업이나 심폐소생술사업, 복지전달체계 개편사업, 비정규직의 정규직화, 생활임금제도 도입, 도심형 바이오에너지 사업, 놀이터 모래빨래 사업, 고독사 예방대책 마련, 탈 축제와 같은 것들이 대표적입니다.

같은 사업을 하더라도 사업의 수혜자나 당사자들이 사업 추진의 시작단계부터 참여함으로써 예산 집행의 효율성을 최대한 높였습니다. 예를 들어, 전국 최초 에너지 제로 환경교육장인 노원에코센터의 경우 설계과정부터 환경교육 책임자가 참여하여 건축함으로써 에너지 낭비도 막고 건물 이용도 최적화할 수 있었습니다.

지방행정기관 간 협업을 통해 주민의 삶의 질을 높이는 사업도 효과가 컸습니다. 북부교육지원청과 함께한 '마을이 학교다' 사업, 노원경찰서와 함께 한 'CCTV 공유를 통한 범죄 예방 사업' 북부노동지청과 함께 한 '영세사업장 4대 보험 가입 사업'이 대표적입니다.

규모가 큰 사업은 정부 예산이나 서울시 예산을 최대한 활용하여 추진했습니다. 도봉면허시험장과 창동차량기지 부지를 활용한 일자리 만들기, 광운대역 일대의 개발계획, 에너지 제로 주택단지 건설, 북서울미술관 개관, 서울과학관 건립, 북부지원 부지 활용, 동부간선도로 확장, 중계동 자연마당 조성 등과 같은 사업은 정부와 서울시의 권한과 재원을 최대한 활용하여 추진했습니다.

혜성여고 운동장을 가로지르는 서울시 부지와 학교 부지를 맞바꾸는 사업을 통해 수십 년 묵은 학교 민원을 해결하고 학생들에게 청소년 교육문화 공간을 제공한 것도 대표적 사례라고 하겠습니다.

이렇듯 노원구는 지난 4년간 많은 혁신과 발전이 있었습니다. 그러나 노원구가 구 예산을 대규모로 투자하여 추진한 사업은 거의 없습니다. 저는 혁신과 발전은 돈으로 하는 것이 아니라고 생각합니다. 물론 어떤 사업을 추진하든 최소한의 예산이 필요합니다. 그러나 더 중요한 것은 어떤 문제를 해결할 때 그 일을 추진하고자 하는 절박함이 얼마나 있느냐에 따라 성패가 나뉜다고 믿습니다.

소통과 공감의 행정

행정이든 정치든 어떤 일을 추진하는 과정에서 오류가 생길 수도 있습니다. 제가 청와대 정책실에 근무할 때의 일입니다. 행정고시를 우수한 성적으로 패스하고 각 부처를 대표하여 청와대에 파견온 젊은 사무관들에게 일이 가장 힘들 때가 언제냐고 물었습니다. 대부분 밤새워서 일하는 것보다 어렵사리 만든 사업계획이 제 역할을 다하지 못할 때 힘들다고 말했습니다. 예를 들면 수락산에 올라가려고 등산을 시작했는데 올라가 보니 불암산일 때 허탈해진다는 것입니다. 소위 '이 산이 아닌가봐' 하는 상황이 생길 때이죠.

저는 4년간 행정을 하면서 저의 구상과 계획이 늘 오류가 있을 수 있다고 생각했습니다. 그런데 조직에 상명하복의 권위주의가 팽배해지면 오류를 수정할 수가 없게 되고 결국 최종적 피해는 주민들에게 돌아갑니다. 인간은 누구든 전지전능할 수 없습니다. 다만 잘못을 발견했을 때 그것을 얼마나 빨리 수정할 수 있느냐가 중요합니다. 수락산에 오르려 했는데 불암산 정상까지 올라갔다가 다시 내려오는 방식이 아니라 불암산 기슭에서 곧바로 수락산으로 옮겨 탈 수 있어야 된다는 것이죠.

저는 이를 위해 의사결정 구조를 최대한 간결하게 하되, 문제가 있을 경우 즉시 수정할 수 있는 조직문화를 만들기 위해 노력했습니다. 이를 흔히 권위주의에 대비하여 수평적 네트워크 조직이라고 합니다. 이런 조직은 권위에 복종하는 것이 아니라 조직의 리더가 방향과 가치를 제시하고 구성원 전체가 목표를 향해 함께 나아가는 것을 특징으로 합니다.

네트워크 사회나 조직 운영의 핵심은 소통입니다. 대의제 민주주의는 정기적으로 선거 과정에서 정당이나 후보자가 공약을 제시하고 당선이 되면 그 약속을 지키는 과정이 반복됩니다. 그러나 그것이 전부는 아닙니다. 더 바람직한 대의 민주주의를 위해서는 선거 당시 전체의 뜻에 기본하지만 일상적으로는 공론의 장에서 끊임없이 소통하면서 정책추진 과정에서 생길 수 있는 오류를 최소화하는 것이 필요합니다.

구청장 취임 초기 저에게는 두 종류의 명함이 있었습니다. 하나는 핸드폰 번호가 있는 명함이고 다른 하나는 핸드폰 번호가 없는 명함이었습니다. 아마도 구청장 직통 핸드폰 번호를 주민들에게 공개하면 일상 업무를 보기 어려울 것이라는 생각 때문에 비서실에서 그렇게 했던 것 같습니다. 그런데 막상 명함을 나누다 보니 너무 불편했습니다. 그래서 바로 핸드폰 번호가 없는 명함은 폐기해버렸습니다. 그리고 줄곧 핸드폰 번호가 있는 명함을 사용해왔는데 생각보다는 전화가 많이 오지 않습니다. 비서들이 괜한 걱정을 한 것이죠.

저는 대략 1개월 단위로 구청 직원들에게 이메일로 편지를 씁니다. 그리고 인터넷 민원도 직접 확인하고 답글을 씁니다. 구청장을 만나자는 주민이 있으면 어떤 곤란한 민원이든 피하지 않고 만나서 해결 방안을 함께 찾는 노력을 게을리 하지 않았습니다. 저는 대통령이든 시장이든 구청장이든 끊임없이 공론의 광장에서 서로 소통하고 대화해야 한다고 생각합니다.

마을공동체의 복원이 지방자치의 핵심

최근 노원구에서는 동별로 제설지도를 그렸습니다. 지난 수년간 '내 집 앞 눈 치우기' 홍보를 해왔기에 상가 앞은 대체로 눈을 잘 치우지만, 상가가 없는 인도나 뒷골목은 눈을 치울 사람이 없는 경우가 많습니다. 저는 동별로 제설 자원봉사 업무와 연계하여 사람이 걸어 다니는 모든 길에 눈을 치우는 봉사자들을 정하게 했습니다.

그동안은 '내가 아니더라도 누군가 눈을 치우겠지' 하며 이기심 속에 숨어 있었다면 이제는 '내가 먼저 내 집 앞의 눈을 치우자' 하며 직접 나서도록 만들고 싶습니다. 그런 변화 속에 지방자치의 핵심이 녹아 있다고 생각합니다. 지방자치는 주민 스스로 참여하여 자신이 속한 마을을 아름답게 만드는 일입니다. 내 집 앞 청소나 제설을 주민 스스로 하는 것, 우리 마을의 아이들을 주민 스스로 가르치고 돌보는 것 등등. 궁극적으로 요람에서 무덤까지 생로병사(生老病死)의 전 과정에 공동체가 살아 숨 쉴 수 있도록 해야 합니다.

이를 위한 가장 중요한 과제는 바로 마을공동체의 복원입니다. 지방자치의 혁신과 발전의 궁극적인 목표는 곧 마을이 행복한 공동체가 되는 것입니다. 노원구가 이와 같은 면에서 전국 기초자치단체 가운데 가장 행복한 마을공동체가 될 수 있도록 하는 것이 저의 꿈입니다.

꿈을 한 사람이 꾸면 꿈에 불과하지만 여러 사람이 함께 꾸면 꿈이 현실이 된다고 합니다. 노원에는 이미 많은 사람들이 이런 꿈을 꾸고 있습니다.

노원구의 꿈이 현실이 되면 그 꿈이 널리 퍼져서 대한민국의 모든 마을이 행복 공동체가 될 수 있을 것입니다.

노원구가 발전해야 대한민국이 발전합니다.

노. 발. 대. 발!

생각은 세계적으로
행동은 마을에서

초판 1쇄 인쇄 2014년 2월 19일
초판 1쇄 발행 2014년 2월 24일

지은이 • 김성환

발행인 • 양문형
펴낸곳 • 타커스
등록번호 제313-2008-63호
주소 서울시 마포구 성산1동 253-1번지 성산빌딩 4층
전화 02-3142-2887   팩스 02-3142-4006
이메일 yhtak@clema.co.kr

ⓒ 김성환 2014

ISBN 978-89-98658-04-5 (03340)

타커스는 끌레마출판사의 정치·사회 분야 브랜드입니다.

* 값은 뒤표지에 표기되어 있습니다.
* 제본이나 인쇄가 잘못된 책은 바꿔드립니다.

이 도서의 국립중앙도서관 출판시도서목록(CIP)은 서지정보유통지원시스템 홈페이지
(http://seoji.nl.go.kr)와 국가자료공동목록시스템(http://www.nl.go.kr/kolisnet)에서
이용하실 수 있습니다.(CIP제어번호: CIP2014004586)